★ 本书系浙江省哲学社会科学规划项目：

  马克思主义理论和思想政治教育研究的专项课题（06MLZB16YB）

★ 本书得到浙江工业大学政治与公共管理学院

  思想政治教育学科的资助

浙江省马克思主义理论研究工程成果

全球化与当代中国马克思主义国家理论的新发展

—— 一种国家治理的视角

■ 罗许成 著

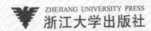

ZHEJIANG UNIVERSITY PRESS
浙江大学出版社

图书在版编目（CIP）数据

全球化与当代中国马克思主义国家理论的新发展：一种国家治理的视角／罗许成著. —杭州：浙江大学出版社，2009.8

ISBN 978-7-308-06937-3

Ⅰ. 全… Ⅱ. 罗… Ⅲ. 马克思主义－国家理论－研究－中国 Ⅳ. D03

中国版本图书馆 CIP 数据核字（2009）第 121870 号

全球化与当代中国马克思主义国家理论的新发展
——一种国家治理的视角

罗许成　著

责任编辑	田　华	
封面设计	刘依群	
出版发行	浙江大学出版社	
	（杭州天目山路 148 号　邮政编码 310028）	
	（网址：http://www.zjupress.com）	
排　　版	杭州中大图文设计有限公司	
印　　刷	杭州浙大同力教育彩印有限公司	
开　　本	787mm×960mm　1/16	
印　　张	18.75	
字　　数	316 千	
版 印 次	2009 年 8 月第 1 版　2009 年 8 月第 1 次印刷	
书　　号	ISBN 978-7-308-06937-3	
定　　价	40.00 元	

目　　录

导　论　当代中国马克思主义国家理论的新发展

——一种国家治理的视角

全球化作为一种具有重大理论意义和实践意义的社会历史现象,已经成为多门学科研究的重要对象和分析问题的重要概念、切入点或背景。而且,在全球化所引起的各种争论中,关于国家的地位、主权和利益等恐怕是最富争议的问题了。因为它关系到我们还需不需要国家,还需不需要一种国家理论。在全球化中,当代中国马克思主义国家理论何以可能?我们又该如何发展当代中国马克思主义国家理论? 改革开放30年来,尤其是党的第三代领导集体以来,党所提出的一系列新理论、新思想、新观点对当代中国马克思主义国家理论有何发展意义? 这些问题必须放置到全球化的背景中,以新的分析视角和分析框架加以审视。

一　研究主题

本课题的研究对象是马克思主义国家理论在当代中国特色社会主义实践中的新发展。

发展马克思主义国家理论,是中国特色社会主义建设的一个重要理论内容。党的第三代中央领导集体以来,我国面对世界多极化和经济全球化的大潮,在改革开放和发展社会主义市场经济的新的历史条件下,高举邓小平理论的伟大旗帜,按照"三个代表"的要求,积极推进中国特色社会主义国家制度改革和创新,发展社会主义民主政治,壮大国家的综合国力。当代中国建设的巨大成就,使中国特色社会主义事业进入了一个全新的历史时期。在此过程中,党的第三代中央领导集体以来,党提出了一系列的新理论、新思想、新观点和新理念,在马克思主义国家理论层面上具有重要的意义。

所以,及时、全面、系统地从国家理论层面上总结中国特色社会主义国家建设过程中的各种理论,无疑是马克思主义国家理论当代系统建构的一个紧要的任务。这个任务的紧迫性还在于国外各种国家理论的复兴及其所展示出来的理论优势。其中,西方马克思主义国家理论的研究成果显得尤为突出。密里本德、列菲弗尔、阿尔都塞、普拉查斯等西方马克思主义者在 20 世纪六七十年代主张全面检讨并创建或重建马克思主义国家理论。他们用马克思主义的或自以为是马克思主义的分析框架去考察当代资本主义国家的现实,形成了"马克思主义国家理论"的当代形态,即所谓的"新马克思主义"(Neo-Marxism)国家理论。这些"新马克思主义"国家理论,有新工具主义、结构功能主义、资本逻辑学派、系统分析学派、生活世界理论、国家自主论等。随着经济全球化逐渐展示其在国内和国际政治生活中的巨大影响,如今又出现了种种"后马克思主义"(Post-Marxism)国家理论形态,如制度分析的国家理论,组织实在论(Organizational Realism)国家学说等等。这些"新"和"后"马克思主义国家理论虽然没有真正达到重建马克思主义国家理论的目的,但却大大拓展了国家理论的研究视野,对当代中国马克思主义国家理论的研究具有重要的借鉴意义。

二 分析框架

当代中国社会主义市场经济的发展,我国产生了近似近代西方市民社会与国家二元分离的历史现象,这使得西方"市民社会理论"似乎可以成为分析当今中国国家问题可资借鉴的理论视野和分析框架。然而,国内市民社会论者在探讨中国政治问题时,曾一度把马克思主义的社会决定国家的批判传统同具有西方经验特征的"市民社会"粘连起来,并暗含了西方政治现代化模式及其发展道路具有普遍性的预设,①这不能不引起我们的重视。那么,马克思是如何看待"市民社会"的呢?马克思在批判黑格尔的社会历史观的基础上指出,不是国家决定市民社会,而是市民社会决定国家。在马克思看来,"市民社会"是黑格尔的一种不成熟概念,它无法准确表达和说明人类社会物质生活,因而市民社会的概念也就被"经济结构"或"经济基础"等更为准确的概念所代替。另一方面,马克思认为,由于国家批判不可能只限于对国家的一般政治考察,而必须探究国家问题之所以产生的社会根源,因此,纯粹的政治批判不可能使国家理论有突破性进展。所以,马克思主义坚持认为把社会整体的政治、经济、社会和文化各部分分割开来是不符合实际的和武断的。因此,马克思主义才将关于社会与国家的政治之论拓展或者说上升到"经济基础"与"上层建筑"的哲学之论,把作为对政治解放之超越的"人类解放"视作自己全部理论批判的终极目的。如我们所知,正是首先通过对整个社会的物质生活解剖,马克思创立了他的唯物史观,而建立在唯物史观基础上的"社会决定国家"才是马克思主义国家理论的基本理论视野和批判传统,它超越了一般的"市民社会"分析方法。

所以,对中国的国家问题的分析必须祛魅"市民社会",坚持马克思主义批判传统,依据中国特色社会主义现代化的情势和需要,在国家理论的马克思主义传统与国家实践的现代性诉求之间构建一种具有开阔的国际视野和相应理论预设的分析框架。

在全球化条件下,一方面由于社会经济生活的市场化、民主化、自治化要求消肿政府的职能,另一方面社会公共事务的复杂化、专业化、系统化又要求调整并强化政府的管理职能。在这种情形下,西方的国家治理愈来愈陷入市场的失效和国家的不足的两难境地,这就在某种程度上意味着,具有"经济自由化—政治民主化"性质的放任自由主义和干预主义的国家批判分析框架,似乎都已不足敷用了。有鉴于此,新保守主义政治热衷于以公共治理机制来对付市场的失效和国家协调的失败。20 世纪 90 年代以来,在罗西瑙(J. N. Rosenau)、格里·斯托克(Gerry Stoker)、戴维·赫尔德(David Held)等人的建构下,"治理"逐渐成为一种颇具解释力的理论分析框架。

---

① 参见邓正来:《国家与社会——回顾中国市民社会研究》,载张静:《国家与社会》,浙江人民出版社 1998 年版,第 263—302 页。

其实,在元意义上,治理首先是作为一种指称政治活动或政治行为意义的词语,语义大体上是指借助权威使"乱"的状态变成"治"即有序的状态。在国家政治活动上,作为政治学科中的一个政治行为范畴,治理通常是指在国家政治系统的特定范围内行使权威,对政务或公共事务作出有效的安排,以达到维护统治秩序和维护既定政治价值的目的。就此用法而言,治理一般被认为是国家作用的运转问题,即国家治理问题。但西方政治学家和经济学家赋予了"治理"一词新的含义,其涵盖的范围已远远超出了传统的经典意义。"治理"与"统治"是两个既相联系又有区别的概念:"治理"源于"统治",又发展了"统治",其基本内涵也在与"统治"的比较中得到深化和确认;"统治"被认为是民主制度以前统治阶级运用国家权力(公共权力)管理社会、维护政治统治的主要方式,而人类进入民主制度时代以后,国家权力垄断公共事务的"统治"的办法已经不能适应社会发展的需要。由此,"治理"概念逐渐被界定为:由共同目标支持的管理活动或协调互动的过程,这些管理活动的主体未必是政府,也无须依靠国家的强制力量来实现。① 换句话说,与政府统治相比,"治理"的内涵更加丰富,它既包括政府机制,同时也包括非正式的、非政府的机制。从"治理"理论的起源以及目前研究者对"治理"的各种界定来看,我们至少可以理出"治理"所能或所欲涵盖的基本哲学要义:其一,"治理"含有一种浓厚的国家权力回归社会的吁求,是市场分权使然,因而,彰显出社会治理的价值取向;其二,"治理"依然要依赖政治权力,甚至国家政治的强力,这是"治理"界限和责任得以界分的最终根据;其三,"治理"以民主、协商和合作为基础,所以,治理的法制化、制度化和规范化是"治理"的题中应有之意,在要不要制度化问题上,西方国家治理理论是没有任何争议的;其四,"治理"是因传统的国家治理效率低下或国家治理失败而兴起的。② 所以,追求治理效率的最大化与追求治理的科学性(技术性)之间往往发生矛盾,这种矛盾又往往以牺牲治理应有的价值性为代价。这些基本哲学要义表明:"治理"依然可以界定为国家治理,其实质是传统国家治理的现代形式,只不过这种"治理"在行为上试图排斥国家的权威垄断,在话语上试

---

① 参见《我们的全球伙伴关系》,牛津大学出版社 1995 年版,第 2—3 页,转引自俞可平:《治理和善治引论》,载《马克思主义与现实》1999 年第 5 期;罗西瑙:《没有政府统治的治理》,剑桥大学出版社 1995 年版,第 5 页。

② 参见程寿:《公共治理理论哲学基础的演进及其对我国政治发展的启示》,《攀登》(哲社版)2004 年第 6 期,第 36—40 页。

图排斥政治学知识中"统治"的独霸地位,它以多中心治理、民主自治、宪政改革等内容丰富和发展了传统的国家治理。

然而,西方这种国家治理分析框架的理论基础是西方"市民社会"理论,暗含的是一种在自由经济的基础上建构市民社会,进而在市民社会的基础上实现政治民主化的政治预设。这种政治预设和社会诉求使西方治理理论本身存在一系列重大理论问题,如治理实践上的非政治化倾向问题、治理目标上的公平与效率失衡问题、治理的责任缺失问题、第三部门失效问题,等等。① 所以,确立当代中国的国家治理分析框架,不仅不能脱离中国社会现代化发展的实际,而且也绝不能没有自身的理论基础和逻辑预设。

中国的国家治理分析框架的理论基础是马克思主义社会决定国家的逻辑,它符合当代中国的国家和社会的实际和需要。改革开放以来,中国社会的确发生了类似西方工业革命以后的变化。第一,社会资源的占有与控制已逐渐呈现多元化态势,社会很大程度上可以利用这些自由流动资源和自由活动空间发展出独立于国家的物质生产和社会交往形式。第二,伴随着社会资源占有与控制的多元化,个人独立性相对扩大,表现为个人受组织、身份的限制趋于减弱,寻求自身发展的选择余地不断增加,个人财产权、言论权、出版权、隐私权及其他权利的状况较以前有所改善。第三,随着从旧体制摆脱出来的新的社会力量和角色群体的发展壮大,在政府行政组织之外开始了民间社会的组织化过程,经济、社会、文化领域的非营利团体和非行政化的营利性经济组织日益成为国家不能忽视的社会主体。社会的变化要求国家权力的运行在保障社会秩序的有效供给和社会资源的有效调控的基础上,充分反映社会的利益和需求,逐渐进行国家权力的结构、功能的调整,努力提高国家权力的运行效率及其服务水平。实际上,当代中国政治生活已经在一定程度上产生了某种治理性转向。这种转向突出地体现在国家权力运行的变化上:一是政治主体凸显公共的特性,国家、政府、执政党和政治权力执行者开始逐渐摆脱其私域特征,从代表阶级的利益到代表社会普遍利益;二是政治理念的公共价值取向,即国家政治生活以社会公共利益为价值导向,开始逐渐确立起了民主、法治、公正、服务、效率、负责等现代公共价值理念;三是政治权力有了

---

① 参见程寿:《公共治理理论哲学基础的演进及其对我国政治发展的启示》,《攀登》(哲社版)2004 年第 6 期,第 36—40 页。

一定的"公意"内涵,即强化对政治权力的监督和约束,实行行政责任追究制,拓展社会对政治权力的公意表达和同意的范围和渠道。国家政治生活的这种实质性变化,在一定程度上已经改变了国家的治理方式和治理状况。

这种转向表明,我们确立的国家治理分析框架乃是一种社会主义的分析框架,而不是国家主义的分析框架。社会主义是国家主义的天然对立物,[①]在社会与国家的关系方面,其基本价值取向是社会本位,因而国家治理的社会主义分析指的是坚持国家职能的社会化、国家权力运行的人民化和国家政治目标的"人本"化(以人为本)的分析。第一,中国特色社会主义建设,是逐渐实现国家职能的社会化调整的过程,从以阶级斗争为纲的政治职能逐步调整或过渡到以经济建设和社会管理、服务社会为主的社会职能上来。第二,中国特色社会主义建设,是从代表统治阶级利益转变到代表社会公共利益的过程,即最广大人民的根本利益。因为,作为当代中国国家治理的价值根基的"统治阶级的利益",已不是原来意义上的统治阶级的利益了,而是占人口绝大多数的人民的根本利益。第三,中国特色社会主义建设,是从实现人的政治解放到实现以人的全面自由发展的社会化目标的过程。由此可见,国家治理分析框架是一种国家向社会过渡的分析框架,其理论预设是中国特色社会主义通过一种即区别于又高于"无产阶级专政—国家过渡"的方式实现自己的政治目标。从这个意义上说,我们创建中国特色社会主义国家理论的根本题旨应该是作为初级阶段的中国特色社会主义向发达的社会主义(共产主义)过渡的国家。

三 阐释体系

从理论建构方面来看,马克思主义国家理论从未被系统地理论化过。从马克思本人起到所有主要的马克思主义者所撰写的政治著作,大多是

---

① 郭道晖先生指出:"人们经常谈论社会主义,把这一概念同资本主义相对立,这固然不错;殊不知,之所以称为'社会主义',还在于它也是同国家主义相对立的。后者主张国家至上,国家决定一切;前者则主张国家应以社会为基础,是'市民社会决定国家',国家最终要废除或消亡。"参见郭道晖:《法的时代精神》,湖南人民出版社1996年版,第502页。

特定历史事件和特定环境的产物,他们对国家理论的探讨也多半是不系统的和片断的,而且往往是其他著作的一部分,大多数马克思主义经典著作都属于这样的情况。因此,西方马克思主义者密里本德就认为,马克思主义政治著作的性质决定了马克思主义国家理论需要仔细"辨认",才能够发现。① 另一位西方马克思主义者列菲弗尔也说:"如果有人想在马克思的著作中寻找国家理论,也就是想寻找一种连贯和完全的国家学说体系,我们可以毫不犹豫地告诉他,这种学说体系是不存在的。反之,如果有人认为马克思忽视了国家,我们也可以告诉他,国家问题是马克思经常关注的问题。在他的著作中,有关于国家的一系列论述和一种显然已经确定了的方向。"②

虽然,我们并不认同这种观点,但马克思、恩格斯和他们最杰出的继承人没有系统建立国家理论却是事实,这就意味着我们需要从马克思主义著作中大量的各种各样的片断材料中创建和重建马克思主义国家理论。这将是一个浩大而又十分需要精力和智慧的解释和建构性的工程,显然是本研究所力所不逮的。然而,我们还是可以从马克思主义创始人对国家问题的浩繁的论说中,归纳出一些国家理论的基本主题或领域,如国家的起源性质作用、国家的政权、国家的形式、国家的职能、资产阶级国家问题、过渡时期的国家即无产阶级专政以及国家的消亡等问题。如今,西方马克思主义国家理论研究也已经开拓出了许多新的研究领域,如国家的发展、国家的自主性、国家的治理、国家意识形态、全球化中的民族国家、国家的能力、国家与资本、社会主义国家与市民社会等论域。因此,本研究从当代中国特色社会主义建设的实际情况出发,依据当代中国马克思主义理论发展的实际,选取国家的政权基础、国家的政体建构、国家的治理、国家的发展、国家的职能变革、当代中国民族国家建构等方面,总结和阐释全球化背景下党的第三代中央领导集体以来,党对马克思主义国家理论的最新发展成果。

---

① 参见密里本德:《马克思主义与政治学》(第一章),商务印书馆 1984 年版。
② 列菲弗尔:《论国家——从黑格尔到斯大林和毛泽东》,重庆出版社 1993 年版,第 122页。类似的评论还有很多,杰索普(Bob Jessop)说:马克思"没有提供一种与《资本论》的见识和严密性相当的对资产阶级国家的理论分析。他论国家的著述,由一系列片段的、不系统的哲学思考、当代历史分析、报刊文章、偶发事件的评论组成"。杰索普还论为,这种情况也适用于马克思主义的其他经典作家,如恩格斯、列宁、托洛茨基和葛兰西(Bob Jessop,"Recent Theories of the Capitalist State",Cambridge Journal of Economical,1977,p.354)。

　　围绕着这一主题,本书除导论外,由相互联系的八个章节构成。第一章主要是在述评全球化的实质、全球化对马克思主义国家理论的挑战的基础上,总结和阐释了党的第三代中央领导集体以来,党对马克思主义国家理论的实践与创新:以社会主义市场经济体制建设依托,探索社会主义公有制的有效实现形式;以国家职能调整为目的,加强政府行政体制改革和创新;以执政党建设为核心,提高中国国家主权能力和执政能力;以开放合作为原则,积极参与全球化维护国家利益。第二章主要论述了作为当代中国马克思主义国家理论的创新成果的集中体现的"三个代表"重要思想。笔者认为,"三个代表"重要思想揭示了当代中国政治生活中,党的建设、政党执政与国家治理在马克思主义国家理论上的价值一致性,"最广大人民的根本利益"是当代中国国家治理的价值根基,"合乎规律的社会经济发展"是当代中国国家治理的实践原则,"社会本位主义"是当代中国国家治理历史发展的价值趋向。"三个代表"重要思想体现了马克思主义国家理论精华,是马克思主义国家理论的新发展。第三章着重探讨了当代中国社会主义国家政权的新基础。首先探讨了无产阶级国家的政权基础以及中国社会主义国家的政权基础的历史变迁,指出必须随着社会经济的发展充分重视国家政权的经济结构、阶级结构、利益结构、社会秩序结构等方面的基础建设,指出"公有制为主体"、"最广大人民的根本利益"、"两个范围的联盟"和"稳定、有序与社会和谐"是当代中国国家政权的新基石。第四章,在论述马克思主义国家政体理论的基础上,指出无产阶级国家的政体选择和改革的思想旨趣是民主共和、人民当家作主和"议行合一",当代中国社会主义国家的政党推动型国家政体建构模式既是现代政党政治的逻辑,也是无产阶级专政的政治逻辑,其最新理论成果有:科学定位党的权力;形成了以先进性、执政能力、党内民主的建设为内容的党的建设理论,提高了政党推动国家政体建构能力;丰富了社会主义国家基本政体理论。第五章论述了马克思主义国家治理理论的新逻辑,指出政党治理国家是无产阶级国家治理的政治逻辑,无产阶级政党是无产阶级治理的关键。在全球化背景下,治理的制度化、有效性和价值性是当代国家治理的三个基本"中轴原理",当代中国国家治理的新逻辑是"以德治国"、"依法治国"和"治国必先治党",这是确保国家治理的制度化、有效性和价值性的基本方略。第六章在马克思主义国家职能思想的基础上,总结了社会主义国家职能变革的经验教训,阐述了全球化背景下,国家职能变革的一般特点和一般规律,指出当代中国国家职能理论的新成就:系

统国家职能观、新型政府职能观、初见端倪的"新型国家安全观"。第七章
分析了马克思主义关于无产阶级专政的国家发展的思想,指出新中国成
立,中国共产党经过几代领导集体的艰苦探索形成了中国特色的社会主
义国家的发展道路和发展模式,概括了党的第三代中央领导集体以来,党
在推进社会主义国家发展的历史进程中所取得的国家发展的理论成果:
国家发展战略布局理论、国家的科学发展观、和谐社会理论、国家创新理
论、新型工业化理论。第八章分析了马克思主义民族国家理论的基本思
想,指出现代民族国家是民族政治化与国家民族化相互建构的产物,而全
球化中民族国家的建构总是围绕着国家利益、国家主权和国家认同来展
开的,揭示了当今国家建构的实质,并从国家的利益、主权和认同三个方
面总结和阐释了党的第三代中央领导集体以来,党对中国民族国家建构
的理论成就。最后,指出当代中国马克思主义国家理论实质上是一种由
国家治理走向社会治理(管理)的理论。

四　研究方法

本研究坚持以马克思主义辩证唯物主义和历史唯物主义为指导,在
具体的研究过程中,主要采用历史与逻辑相统一、规范分析与经验分析相
结合的方法。

历史从哪里开始,思想进程也应当从哪里开始。由于马克思主义国
家理论不是给定性的,而是解释性的,因此,为了科学地、如实地概括和阐
述党的第三代中央领导集体以来的国家实践对当代中国马克思主义国家
理论所作出的理论贡献,就首先需要对我们所选取的几个主要理论论题
或论域,作一些必要的建构性的阐释。这种建构性的阐释,一方面自然是
依据马克思主义经典著作,遵循马克思主义的基本观点和基本原则,另一
方面是依据中国马克思主义国家理论发展的需要,如实反映当代中国特
色社会主义建设的伟大实践,做到理论的建构既有明确的理论依托,又有
坚实的现实基础。所以,对于国家的政权基础、国家的政体建构、国家的
治理、国家的职能、国家的发展、民族国家等几个主要论域,我们首先是阐
释马克思主义的基本观点,然后力图以全球化的理论视野审视当代国家
实践和国家理论,如此,我们才能比较准确而公允地概括和阐释党的第三
代中央领导集体以来,党对马克思主义国家理论的理论贡献。

规范分析和经验分析是政治学研究的基本研究方法。前者是一种应然分析,主要关注"应该是"的问题,强调政治研究的价值标准,并用以判断各种政治现象、政治行为、政治形式的价值,对它们作定性分析;后者是一种实然分析,主要关注"是什么"的问题,强调以实证的事实与数据来验证一般的理论和原则,经过验证得出普遍性的结论。本研究的出发点是试图对党的第三代中央领导集体以来党在探索中国特色社会主义实践中的一系列思想、理论、政策、策略和经验,从马克思主义主义国家理论层面上作一定性分析,阐明其马克思主义国家理论意义,总结自第三代领导集体以来的国家实践对马克思主义国家理论的新贡献,这使得本研究必然涉及规范分析。同时,本研究在马克思主义国家理论层面上的任何价值判断和规范分析要必须紧密联系当代中国特色社会主义国家建设的实践,全面掌握中国社会主义建设中丰富的实证事实和经验材料,在对当代中国的国家实际政治运行状况的描述和阐释的基础上,进行科学的价值判断,使这一判断具有经验的、可验证的基础。

第一章　全球公共性、全球治理与民族国家

——全球化背景下党的第三代中央领导集体以来的国家实践

全球化是总结和阐释党的第三代中央领导集体以来国家理论新发展的背景和切入点,因而我们需要从理性的高度公允地揭示全球化的性质,以及全球化给国家所带来的各种挑战,而不能仅仅停留在某一具体学科意义进行描述和概括。马克思主义唯物史观及其方法论依然是我们认清全球化与国家问题的理论基础,惟其如此,党的第三代中央领导集体以来的国家实践及其理论成果才具有马克思主义国家理论意义。

一　全球化:何种性质的世界历史进程

社会历史演进的过程,从总体上说,是一个人类活动和影响的范围不断扩大、人类之间的交往不断密切和深化的过程。二战后,随着科学技术的迅猛发展及其广泛应用与传播,世界生产、贸易、服务日益突破国家和地区的界限,逐渐趋于形成互相联系、互相依赖的全球性的经济格局。经济领域的全球化迅速引发政治、文化、社会等方面的全球化趋势或过程,并在 20 世纪最后几十年里形成一股席卷整个世界的浪潮。

全球化浪潮的兴起引发人们对全球化实质的研究和探讨。全球化已经成为我们一种可以经验到的事实:全球化已经渗透到社会生活中的各个领域。我们可以很容易地在全球化的概念中描述从国际贸易、金融市场到因特网的所有事物。并且,二战后,大多数国家的经济之所以能够持

续增长,一些后发国家之所以能够迅速崛起,也可以在全球化的浪潮中找到成功的经验。

但是,在经验意义上,对于如何认识全球化的实质,人们表现出不同的甚至对立的观点。英国学者戴维·赫尔德等人在他们鸿篇巨制《全球大变革》中,把这些不同的理论观点分为三大阵营:极端全球化主义者、怀疑论者和变革论者。对于极端全球化主义者来说,全球化标志着人类历史的一个新的时代,在这个时代中,包括民族国家在内的各种旧制度在经济全球化面前或者完全过时或者正在失去存在的基础,市场成为决定和解决所有问题的唯一力量。这种全球化观点一般把经济逻辑奉为圭臬,而且其新自由主义变种把单一全球市场的出现以及全球竞争规则赞美为人类进步的标志。怀疑论者则通过历史比较的方法来证明全球化神话。在他们看来,经济互相依存的当代水平绝不是前所未有的,现有的经济整合水平既不符合"理想模式",也没有超过19世纪晚期古典金本位时期的水平,所以当代"全球化"的程度被完全夸大了。而且,国际化力量并没有摆脱控制,相反要依靠国家政府的管制权力来确保经济自由化的不断进行,全球主义实质上是一种新自由主义的意识形态。而变革论者的观点是,确信在新的历史时期,全球化是推进社会政治以及经济快速变革的中心力量,这些变革正在重新塑造着现代世界和世界秩序。同时,变革论者也强调,这种"变革更新"的方向是不确定的,全球化是一个充满矛盾、本质上偶然的历史进程。[①]

对全球化实质认识上的分野,既是论者们不同利益、立场和所代表的社会关系的反映,也是全球化的复杂性和多样性的反映,因而在相当长的时间内,这种争论将依然存在并难以决出胜负。对于全球化实质的经验认识,赫尔德等人有了方法论自觉,他们认为:"任何令人满意的全球化解释都必须提供:一种前后一致的概念化;对因果逻辑的合理解释;一些明确的历史分期主张;对全球化影响的明确分析;以及某些对于过程本身发展轨迹的合理思考。"[②]遵循这种方法论,有些学者把全球化描述为一个发展进程,"这种发展进程的结果是民族国家与民族国家主权被跨国活动

---

① 戴维·赫尔德等:《全球大变革:全球化时代的政治、经济与文化》,社会科学文献出版社2001年版,第3—14页。

② 戴维·赫尔德等:《全球大变革:全球化时代的政治、经济与文化》,社会科学文献出版社2001年版,第20页。

主体,被它们的权力机构、方针取向、认同与网络挖掉了基础"。① 埃及学者萨米尔·阿明考辨了全球化的概念。他在接受我国学者王逸舟的采访时指出,在法语中,全球化有两个词,"mondialisation"和"globalisation"。前者指人类历史中朝向普及化、一体化和互相依存的强有力趋势,这是一种客观趋势,一种客观力量。②

从阿明的考辨中,我们可以看到,作为客观事实和人类历史发展进程的全球化确实存在,而且很早就开始了。很多人认为,如果说人类社会出现的时候起全球化就开始了,这样的说法未免太缺乏"全球"内涵的话,那么,把这一进程的起点定义为15世纪末的地理大发现,应该是比较恰当的。正是新大陆的发现以及资本主义生产方式的推动作用,马克思也充分肯定资本主义时代的世界历史意义,"大工业便把世界各国人民互相联系起来,把所有地方性的小市场联合成为一个世界市场,到处为文明和进步做好了准备,使各文明国家里发生的一切必然影响到其余各国"。③ 事实上,变革论的代表人物吉登斯也主张全球化是一个自然历史过程,不可抗拒。并且,随着构成现代世界共同体的国家与社会之间的互动的加强,人类社会这一进程会大大加快,不断"扩展"和"深化"。所以,他认为,人类社会凸显并历经全球化是一个不可移易的自然历史过程。④

如果说这个自然历史过程在历时性上表明的是人的生存方式的一种自觉和进步,那么它同时也在共时性上表明,人的生存方式的一种矛盾和冲突。人在自身生存方式上的自觉和进步,指的是人类基于物质生产活动和社会交往活动不断拓展而发现人的"个体性"、"群体性"和"类"的存在方式,并总是把后者对前者的超越作为一种美好的价值和理想来呼吁和追求。人在自身生存方式上的矛盾和冲突,指的是人在现实生存境遇中始终存在着"个体"与"群体"、"个体"与"人类"以及"群体"与"人类"之间的差别、矛盾和冲突。这种差别、矛盾和冲突的根源是个体、群体和类在利益、权利(权力)和价值认同上的差别和对立。一方面,人首先是要满足个体的利益和需要,为此他总是要借助"群体"——氏族、部落、阶级、民族、国家——作为实现个体利益的天然的屏障或保险箱,由此而形成特定

---

① 乌尔利希·贝克:《什么是全球化》,华东师范大学出版社2008年版。

② 王逸舟:《全球化背景下的第三世界——萨米尔·阿明访谈录》,《世界经济与政治》2001年第2期。

③ 马克思、恩格斯:《马克思恩格斯选集》(第1卷),人民出版社1995年版,第115页。

④ 吉登斯:《第三条道路:社会民主主义的复兴》,北京大学出版社2000年版,第35—36页。

"群体"的利益和藉以维护利益的权力；另一方面，为了维护"群体"和"全人类"更为长远和根本的利益，"群体"与个体、"全人类"对"群体"又会形成现实的制约；与此同时，人们又总是基于特定的生存境遇积累并形成特定的历史文化意识和价值认同，并且以此作为自身利益的合法性辩护。然而，我们始终不能忘记的一点是：在生存条件和生存境遇存在巨大差异的情况下，人们的"个体意识"、"群体意识"和"类意识"始终存在着差别、矛盾和冲突。

所以，历史地看，人的"群体"存在方式的发现以及"群体"意识的形成，并不意味着"个体"存在和"个体"意识的消解，同样，人的"类"存在方式的发现和"类"意识的凸显，也并不意味着"群体"存在方式和"群体"意识的消逝；反倒是形成了人的生存方式和生存意识"个体"、"群体"和"类"上的竞争与互动。如今，我们从经验上可以看到，人类依然以地区、国家、民族、种族和利益团体等群体方式存在着，全球化必然也伴随区域化和民族化，而且，在某种条件下全球化乃是以区域化、民族化来加以体现的。因此，我们对全球化实质的认识就有了规范性意义，即不同的国家、不同的民族、不同的地区的人们，甚至是同一国家、地区的不同群体，基于自身的利益、主权和价值认同，都对全球化有自己的价值主张和现实态度。所以，全球化的历史进展并不是任性无序的，也不是由某些强势"群体"任意摆弄的，它必然是各种"群体"价值主张和规范倡导共同作用的结果。当今，引起世界普遍关注和声讨的就是基于西方新自由主义意识形态的资本主义主导的全球化价值观念及其现实模式。

20 世纪 80 年代到 90 年代中期，西方主要资本主义国家进行了新自由主义改革，新自由主义成了资本主义世界的主流意识形态，在国内通过经济全球化、后工业化、互相依存和提高竞争力的宣传和各种制度的作用，把政治与经济分离，把经济决策与公众压力隔开，以防止社会民主冲突等等；在国际上，新自由主义改革主要集中在贸易、资本和投资的自由化上。这些政策，尤其是"重新私有化"的举措使国家失去了对绝大部分经济资源的控制，从而大大推进了经济全球化进程。在此过程中，新自由主义的意识形态以"华盛顿共识"的形式不断向世界各国推销。

新自由主义主张资本主义主导全球化，并力图证明全球化是资本主义已经解决了其内在矛盾的新的发展阶段。新自由主义的"全球化决定论"和"市场决定论"，适应了垄断资本打破国内福利国家体制束缚、民族国家疆界和国家主权等障碍的需要，成为占主导地位的意识形态和政策指导。保罗·史密斯说:"全球化大体上说是一种意识形态,宣布一种尚未到来的原教旨主义的资本主义。"①雅克·阿达说:"论述全球化,就是回顾资本主义这种经济体制对世界空间的主宰……资本主义在空间进行的拓展已经遍及世界的各个角落,而全球化既是这一空间拓展的表现,也是并且首先是一个改变调整以至最后消除各国之间自然的和人为的疆界的过程。"②阿里夫·德里克指出,全球化意味着资本主义进入了"全球资本主义"阶段,在这个阶段上,资本主义生产方式将"第一次在历史上以真正意义的全球性分离形式出现"。③ 而乔姆斯基则指出,新自由主义市场神话的意识形态的真实目的在于:(1)为美国进一步干涉别国内政提供"新工具";(2)为美国大公司接管别国经济的支柱产业提供便利;(3)使商业和富人获益;(4)使成本转移到老百姓头上;(5)为对付民主所产生的威胁提供新式的和潜力强大的武器。④

　　面对新自由主义的咄咄逼人的全球化价值观念及其现实威胁,第三世界国家普遍持反全球化的态度。当然这种反全球化并不是反对一般意义上的全球化,而是反对大国主宰的、不公正的全球化,反对将给自己带来严重后果的全球化;也不是反对一般意义上的全球化理论,而是反对为这种不公正全球秩序进行辩护的新自由主义全球化理论。在他们看来,全球化的确存在,并深刻认识到这种一般意义上的全球化对自己的国家和民族有着至关重要的意义。他们认为,全球化的资本主义形态可以也必须被超越。法国著名的反新自由主义全球化学者苏珊·乔治指出:"新自由主义并不是人类的一种自然状态,它是能够被挑战和被替代的,因为它自己的失败将要求这一点。"⑤阿明在批判资本主义的全球化的同时,更是提出了"社会主义全球化"概念。

　　当然,"社会主义全球化"是否一种现实趋势,是否具有马克思主义意义上的社会主义胜利的必然性,这里我们暂且存而不论,但是,提出这一

　　① 保罗·史密斯:《一个世界:全球性与总体性》,载《全球化症候》,天津社会科学院出版社2001年版,第96页。

　　② 雅克·阿达:《经济全球化》,中央编译出版社2000年版,第3页。

　　③ 阿里夫·德里克:《全球性的形成与激进政见》,载王宁、薛晓源主编:《全球化与后殖民主义批评》,中央编译出版社1998年版,第16页。

　　④ 参见乔姆斯基:《新自由主义和全球秩序》,江苏人民出版社2000年版,第三章"对自由市场的偏爱"。

　　⑤ 苏珊·乔治:《新自由主义简史》,《国外理论动态》2002年第11期。

概念本身至少是具有一种现实针对性的,它针对的不仅是资本主义主导的全球化,还针对全球化进程中新自由主义所提出的各种思想和理念对民族国家及其理论所带来的挑战。

二 全球化中的国家:马克思主义国家理论面临的挑战

全球化与国家的关系已经成为全球化进程中争论的核心问题。全球化之于国家的传统含义、地位和作用的巨大影响,理论界存在两种针锋相对的观点。一种认为,全球化造成国家权威的衰弱,它销蚀着国家和政府的主导作用。英国学者苏珊·斯特兰奇就是这种观点的积极主张者。另一种则认为,全球化"本质上不应该视为国家主权的削弱过程,恰恰相反,它本质上正是当今民族—国家体系在全球化范围得以扩张的主要条件"。① 可见,以国家主权观为基础的国家角色定位也因此相分别。那么民族国家的权威在全球化过程中到底是遭受到了严重的侵蚀,还是在进行着前所未有的主动扩张?这种变迁之于当代中国马克思主义国家理论的建构的意义是什么呢?下面我们需要先分析全球化中的全球公共性与全球治理问题,因为这些问题对于国家的存在及其理论具有十分重要的意义。

(一)全球公共性与全球治理

造成民族国家权威变迁的因素是十分复杂的。全球公共性的兴起是民族国家权威变迁的基本原因。全球公共性首先是从经济领域衍生出来,然后在政治、文化、社会等领域凸显出来,突出体现在一系列的全球性问题上。诚然,全球化加强了各国经济的交流与互补,推动了资源在全球范围内的优化配置,促进了生产要素的高速流动,开辟了网络经济时代,使世界经济的生产、流通、消费等各个环节紧密地联结在一起,但也产生了如市场竞争与规则问题、商品贸易与服务问题、技术合作与知识产权保护问题、金融监管与汇率问题,等等。与此同时,在"市场决定论"的驱动下,市场机制似乎成了人类命运和自然环境的唯一主宰,给社会带来严重的负面效应。这种负面效应的具体表现可以列出一张足以毁灭社会的问

---

① 安东尼·吉登斯:《民族—国家与暴力》,生活·读书·新知三联书店 1998 年版,第 6 页。

题单子。"排在这个单子的最前面的是巨大的失业人口（特别是青年失业）、犯罪与暴力作为一种文化在流行、种族歧视与文明冲突、国内民族制度受到全球化经济的打击、握有经济支配权力的人对政治的支配、公司追求自身利益对劳工权利和生态环境的破坏、当代标准的贫困人口的快速增长、财富及知识与教育分配的两极分化、极端主义（诸如恐怖主义）蔓延、人民对现有任何政治体制与模式丧失信心、不平等、金融危机、战争、劳动力流动与资本流动的不对称、劳动权利（包括妇女的权利）受到侵害"[①]，等等。

20世纪70年代开始，国际社会就已经开始关注和回应各种全球性问题的挑战，特别是在那些政治和意识形态色彩比较弱的问题与领域，在突破国家的视界和管理方式、充分发挥非政府组织、创造平等协商机制等方面，更是表现出了丰富的想象力，作出了非常有益的尝试，也提供了许多有启示性的个案。但是，全球性共同问题的解决，更需要某种超越民族国家政治局限的行动机制和途径。这种超越民族国家政治局限的行动机制和途径主要表现在全球社会的层面上，即以全球公民社会为依托建立起来。因为，全球公民社会作为公民社会的全球化衍生形式，其社会民主、自治的公民活动范围超出了民族国家的主权、地理和公民认同的界限；其行为主体超越了民族国家的局限，主要表现为跨国非政府组织、跨国倡议网络、跨国社会论坛、跨国社会运动等组织；其价值理念和思维旨趣逐渐超越了"民族国家"的狭隘性，以"世界公民"为对象，以全球意识和"普遍性思维"为工具，批判性地反思以整体性的"共在"、"共生"、"共享"等为特征的经验事实，致力于对人类的"生存"、"利益"、"命运"的深切关注。

当世界为解决共同问题吁求某种超越民族国家政治局限的行动机制和途径时，当人们从民主制度在国内的确立与普及转向全球性的民主制度的完善与事实民主时，一些民族国家以及国际社会无论是出于自觉还是无奈，都更多地立足并依托于国家、国际组织和全球公民社会的对话、协调与合作，以善治为目标，探索并建构市场与民主之间、国家与社会之间和国内与国际之间等各种关系合理定位的新型治理模式，即全球治理模式。全球治理的兴起表明了人类变革现行的政治经济制度和管理模式的历史趋势，它是一种内在的、本质的要求。冷战的结束为这种历史要求

第一章　全球公共性、全球治理与民族国家

———————

① 庞中英：《全球化、反全球化与中国》，上海人民出版社2002年，第13页。

和趋势的进一步发展提供了契机,①因为冷战的结束意味着真正意义上的全球化过程开始了,真正意义上的政治开放逐渐形成了,这两个条件使得普遍性的全球交往成为可能,而且,可能使得人们做到超越社会制度和意识形态的差异,共同应对人类面临的种种生存和发展的危机和挑战。

关于全球治理的概念,人们有各种理解,而被学术上引证得最多的全球治理的定义是由全球治理委员会作出的。这个定义是:"治理是各种各样的个人、团体——公共的或个人的——处理其共同事物的总和。这是一个持续的过程,通过这一过程,各种互相冲突和不同利益可望得到调和,并采取合作行动。这个过程包括授予公认的团体和权力机关强制执行的权力,以及达成得到人民团体的同意或者认为符合他们利益的协议。"作者后来对这一包括国内和国际层面的治理进行了解释:"从全球角度来说,治理事物过去主要被视为处理政府之间的关系,而现在必须作出如下理解:它还涉及非政府组织、公民的迁移、跨国公司以及全球资本市场。伴随着这些变化,全球性的大众媒体的影响大大加强了。"②治理理论的主要创始人之一詹姆斯·N·罗西瑙则通过对治理与统治的比较来界定治理。他指出:"与统治相比,治理是一种内涵更为丰富的现象。它既包括政府机制,同时也包括非正式、非政府的机制,随着治理范围的扩大,各色人等或各种组织得以借助这些机制满足各自的需要,并实现各自的愿望。"③另一位全球治理研究著名学者托尼·麦克格鲁则把全球治理定位为多层全球治理,并认为:"多层全球治理指的是,从地方到全球的多层面中公共权威与私人机构之间一种逐渐演进的(正式与非正式)政治合作体系,其目的是通过制定和实施全球的或跨国的规范、原则、计划和政策来实现共同的目标和解决共同的问题。"④戴维·赫尔德等在其颇有影响的《全球大变革》一书中谈道:"全球治理不仅意味着正式的制度和组织——国家机构、政府间合作等——制定(或不制定)和维持管理世界秩序的规则和规范,而且意味着所有的其他组织和压力团体——从众多跨国公司跨国社会运动到众多的非政府组织——都追求对跨国规则和权威

---

① 蔡拓编:《全球治理与中国公共事务管理的变革》,天津人民出版社 2005 年版,第 7 页。

② 英瓦尔·卡尔松等主编:《天涯成比邻——全球治理委员会的报告》,中国对外翻译出版公司 1995 年版,第 2 页。

③ 詹姆斯·N·罗西瑙主编:《没有政府的治理》,江西人民出版社 2001 年版,第 5 页。

④ 转引自俞可平主编:《全球化:全球治理》,社会科学文献出版社 2003 年版,第 151 页。

体系产生影响的目标和对象。"①

而托马斯·韦斯等学者则把全球治理定义为："给超出国家独立解决能力范围的社会和政府问题带来更有秩序和更可靠的解决办法的努力。"②中国学者俞可平则对全球治理也表达了自己的看法："所谓全球治理,指的是通过具有约束力的国际规制(regimes)解决全球性的冲突、生态、人权、移民、毒品、走私、传染病等问题,以维持正常的国际政治经济秩序。"在同一篇文章中,他又对全球治理作了另一种解释："全球治理是各国政府、国际组织、各国公民为最大限度地增加共同利益而进行的民主协商与合作,其核心内容应当是健全和发展一整套维护全人类安全、和平、发展、福利、平等和人权的新的国际政治经济秩序,包括处理国际政治经济问题的全球规则和制度。"③

从上述诸多关于全球治理的解释或定义中,我们可以得出全球治理的基本要义。建立在全球公共性基础上的全球治理无非关涉到这么几层关系:政府行为与非政府行为之间的关系;国家与社会之间的关系;领土政治与跨领土政治之间的关系。

(二)全球治理的国家角色

在全球治理背景下,非政府行为在一定程度和一定范围内打破了政府对公共事务管理的垄断,并在国内和国际公共管理领域发挥着巨大的作用,尤其是在推动国际社会应对人类共同问题和挑战,协调一致制定共同的法规、标准,协调各国的具体行动上发挥了无可替代的作用。如"地球之友"、"绿色和平组织"、"大赦国际"等组织在环境、人权,甚至传统安全领域,起到了重要的推动作用;国际清算标准委员会确立了全球的清算规则,国际标准化组织(ISO)在全球促进标准化工作的发展,至今已制定13736条国际标准,其中包括著名的 ISO9000 质量管理认证体系和ISO14000 环境管理认证体系。这些个案表明,非政府组织、跨国运动、全球公民网络、跨国公司等在同政府分享公共权力和政治权威,弥补了政府在人类社会生活的日益复杂、联系的日益紧密、涉及的范围日益扩大的背

---

① 戴维·赫尔德等:《全球大变革——全球化时代的政治、经济与文化》,社会科学文献出版社 2001 年版,第 70 页。

② 转引自俞可平主编:《治理与善治》,社会科学文献出版社 2000 年版,第 267 页。

③ 俞可平:《全球治理引论》,《马克思主义与现实》2002 年第 1 期。

景下，对公共管理在体制、方式和能力上的不足。但是，迄今为止非政府行为所发挥的作用依然是以政府或国家为依托，并通过政府行为起作用。如果说非政府行为的不断崛起、其能力不断增强是全球化国家生存境遇中的一种趋势，那么，政府（国家）就需要不断地调整自己的角色，提高自己的能力。

在全球治理中，政府角色的调整和能力的提高似乎是一种比较直观的变化趋势，其根本原因是人类全球化生存境遇中的社会因素的增长，这种变化体现的是国家与社会的关系的新变化。自由市场和社会民主是支撑起全球治理的两大支柱。虽然新自由主义所主张的市场决定论遭到了来自包括发达国家自身在内的一些国家的反对，但毫无疑问，治理的兴起以及治理的主体、主题、条件等从根本上无不与市场化推动密切相关。市场化的不断推进创造了新的社会公共性和新的社会力量，在这种历史发展情形面前，一方面国家被要求加强对市场和社会公共性的管理，有效承担起自由市场的建构者和社会的守夜人的角色责任，为社会提供"秩序化"和"社会化"的有效支持；另一方面，市场要求获得充分的独立性，要求国家向市场放权，让各种非政府组织分担政府的公共责任，这样国家与市场关系中长期存在的权力配置上的矛盾又以新的形式呈现出来了。这又意味着国家的角色、地位和功能必须进行调整。从社会对民主权利的要求上，国家应适应社会的发展逐渐向社会转移其公共权，这种权力的转移具有历史的必然性和合理性，它朝着还政于民、权力回归社会迈出了具有历史意义的一步。

同样，国家与市场和公民社会的权力配置上的矛盾必然要在国际层面上凸显出来。当为地方的生产逐渐转变成为全球市场的生产时，一些较少具有政治敏感性的权力就已经开始从民族国家那里转移到了全球市场的行为主体和跨国活动主体的手中，于是那些非政府组织、跨国公司、无主权行为体、议题网络、政策协调网、社会运动、全球公民社会和知识共同体等组织就获得了某种"功能性政治空间"和政治权威。"在这种情况下，政治公共体自身的意义不仅仅局限于领土逻辑，还存在于一个由多种利益组成的跨国共同体。"[1]正是基于此变化，西方自由主义的主流学者在全球化与国家问题上，基本上对民族国家持否定态度，日本学者大前研

---

[1] 戴维·赫尔德等：《全球大变革——全球化时代的政治、经济与文化》，社会科学文献出版社 2001 年版，第 86 页。

一就明确无误地断定：全球化已经开始导致"民族国家的终结"，民族国家已经成为管理经济事务的过渡性组织形式，国家主权对经济的繁荣已经成为一种极大的阻碍。[①] 他甚至公开宣称应将弱小国家的主权让与列强国家。

但是，从民族国家与全球公民社会之间的权力配置矛盾的本身逻辑和当下民族国家的经验事实来看，在这一矛盾中，民族国家仍然是矛盾的主导方面，仍然主导和支配着全球公民社会和全球治理所赖以存在和变迁的权威力量。也就是说，当下的全球治理及其发展的可能限度是远不足以达到消弭民族国家的历史地位和作用的程度，远不足以完全消解国家主权和国家权威。关于这一点，西方左翼学者利奥·潘尼奇、琳达·韦斯等人给予了有力的论证。琳达指出，"无权力的国家"理论过分夸大了早期国家的权力，过分夸大了国家间反应的一致性，也过分强调了政府之于全球化的无能为力。[②] 保罗·赫斯特和格雷厄姆·汤普逊一起在质疑"民族国家终结论"时，充分肯定了民族国家在全球化和全球治理中的重要作用：民族国家在国内和国际层次的治理过程中仍将扮演重要角色；新的国际市场的治理形式和经济活动仍然与民族国家直接相关，但它的角色要求是全新的；民族国家在全球复杂治理中仍然拥有独特的重要的持续性作用。这些都表明：民族国家在与当下"全球公民社会"的权力配置矛盾中仍然处于主导地位；但民族国家如何保持这种主导地位，如何进行角色的全球转换，无疑面临着严峻的挑战。

总体而言，置身于全球化中的发展中国家须以社会为价值取向，发展和培育社会因素，建立国家与社会之间的良性互动的新型关系。具体而言，国家不仅要扮演市场的建构者及其守护人的角色，而且还要以社会为国家权力运行取向，加强政治民主改革和建设，不断扩大社会民主，强化国家的福利职能，全面提高自身的社会公共管理能力，在改革和发展中"重塑政府"。

国家与社会关系的调整首先意味着国家权力运用和运行的治理理念的确立，构建国家与社会之间的良性互动的新型治理结构，也就是说，在新的国家治理理念的指导下，逐渐调整国家的权威结构及其功能。"治

---

① 大前研一：《民族国家的终结》，郭明辉译，中信出版社 2006 年版，第 87 页。

② D·赫尔德、J·罗西瑙：《国将不国——西方著名学者论全球化与国家主权》，俞可平等译，江西人民出版社 2004 年版，第 94－97 页。

理"是一个基于市场分权基础上的,由国家和社会构成的权力网络的复杂互动过程,与传统的国家统治行为比较,它实际上是国家权力向社会的回归,是国家与社会之间的一种良好合作关系。治理所要构建的是"自主自治"的网络体系,①它与新自由主义的"市场逻辑"操纵社会截然不同,后者主张政治责任的私有化,而前者主张共同分担治理责任。显然,政治责任私有化最严重的后果就是责任的缺失,治理失效,最终还是要政府来为其承担责任。所以,在国家治理过程中,"如果政治放弃自己的责任或者以存在强大的国际离心力为理由不再参与塑造社会,那它就会使社会受到严峻的考验",②因此,发展中国家在构建国家与社会新型治理结构过程中,必须充分发挥国家主权强大的规划与控制作用。为此,发展中国家必须不断创新其国家政权的合法性基础。因为,在马克思主义看来,国家是从控制阶级对立的需要中产生的,同时又是在这些阶级的冲突中产生的,它表面上就不是真的驾于社会之上的力量,它是有偏向的,"照例是最强大的、在经济上占统治地位的阶级的国家"。③ 所以,发展中国家也必须使国家政权确立在坚实的社会基础上,并且随着社会的发展不断在阶级力量、经济结构、人民利益、社会秩序上获取新的合法性基础。

在对待全球治理上,发展中国家必须采取灵活的战略和策略积极倡导和参与全球化。全球化一方面使国家的单一决定在一定程度上丧失了权威性,但另一方面,国家又必然成为全球化和全球治理的规制和发展趋向的最后主导者,这样就导致了一种充满矛盾并且是政治化的世界政治决策结构的形成。如何在这个多元权威并存的治理体系中保持国家主权的特征并发挥自己的主权声音,是发展中的国家及其理论建构所面临的新挑战。面对激烈的国际经济竞争,国家必须在自身的创新发展、文化意识认同、本国企业的国际竞争力等方面上有所作为,只有国家才能解决全球化带来的如环境、贫穷、安全、移民和公民身份等一系列问题。因此,国家必须积极参与关于全球问题的对话与合作,承担自己相应的责任。

综上所述,全球化开辟着跨国性和全球性活动空间与方式,演绎出新的行为主体,形成着社会生活的新制度、新规则、新观念。这一切无不与

---

① 参看王立行:《论公共治理与政府治理模式创新》,清华大学第二届公共政策与管理国际研讨会论文,2002年。

② 殷叙彝:《施罗德、吉登斯谈公民社会与国家的互动关系》,《国外理论动态》2000年第11期。

③ 马克思、恩格斯:《马克思恩格斯选集》(第4卷),人民出版社1995年版,第172页。

人们已经熟悉并适应的民族国家及其制度、观念和理论发生冲突,从而在某种程度上销蚀了民族国家的主权,这一点,在本质上是现代市场分权和社会民主发展使然。但是,另一方面,从经验事实上,国家并没有成为全球化的牺牲品,反而成了全球化的推动者和主导者,国家正不断地调整自己的角色和功能,以新的方式承担着自己的历史使命。所以,全球化时代,我们不仅需要国家,而且还需要一种新的国家理论,一种适应自己角色和功能变更而不断发展的国家理论。在这种生存境域中,马克思主义国家理论的全球化重构必然要被纳入国家治理机制和全球治理机制中,重新想象、实践和创新它的政权(主权)基础、政体建构、治理模式、职能发挥、发展战略、民族化建构、自主能力等问题。

三 党的第三代中央领导集体以来的国家实践: 马克思主义国家理论的创新

紧密结合建设中国特色社会主义的伟大实践是我们实践和创新马克思主义国家理论的出发点和归宿。社会主义改造的完成的标志是以"生产资料公有制和按劳分配"[①]为基础的社会主义国家制度的建立。随着改革开放的发展特别是社会主义市场经济的建立和参与世界全球化浪潮,当代中国的国家建构又面临着新的历史机遇。那么,如何进行国家的现代建构呢?

按照马克思的基本观点,国家不是从来就有的,而是人类社会生产发展到一定历史阶段的产物。这就是说,国家不是来自于社会外部的一种存在,而是社会内部活动自身运动所产生的一种矛盾的结果。根据历史唯物主义的基本原理,推动人类社会历史前进的基本力量是人类生活的生产与再生产。这种生产又包括了两种内容:一种是生活和生产资料的生产和再生产;另一种是人类自身的生产和再生产。由一定生产力发展水平决定的生产关系所规定的社会群体在生产、交换、分配、消费关系中各种位置的总和就构成了一般社会结构,它是通过一定的社会纽带而进行排列组合的,这种纽带就是社会制度。有什么样的社会结构,就会有什么样的社会制度,社会制度就是社会结构的表现形式。社会结构的变化

---

① 列宁:《列宁选集》(第3卷),人民出版社1972年版,第62页。

必然引起社会制度的变迁,所以,要把握国家及其理论的建构就必须正确把握社会结构变化的"度"的问题。对社会主义国家来说,这个"度",在社会功能上,就是坚持公有制的主体地位,确保社会主义国家政权及其有效运行;在社会利益上,就是坚持按劳分配为主体,维护并实现最广大人民的根本利益。改变了这一点,社会结构就会发生质的变化,国家的性质也就会偏离社会主义方向。

公有制是我国社会主义国家的基本经济制度,是无产阶级掌握和运用国家政权,推动社会经济发展的基础,也是实现最广大人民根本利益和共同富裕的根本保证。没有公有制,就难以实现社会的平等和公正,也就谈不上什么社会主义国家。这是中国特色社会主义国家建构的"度",而把握这个"度"的关键在于保证公有制的主体地位和探索公有制的有效实现形式。社会结构的"度"的另一方面就是社会利益的分配和实现。社会利益结构是社会结构的关键和核心。社会经济结构、社会政治结构和社会文化结构等无不是围绕着社会利益的分配而形成、展开的;而社会结构的实际状况和运行又反过来影响人们的现实利益。在这一点上,国家政权的意义就表现为,为社会提供一种公平、公正和稳定的利益分配机制,维护并实现好最广大人民的根本利益。为此,国家的制度和政策与执政党的理论、路线、纲领、方针和各项工作,必须坚持把人民的根本利益作为出发点和归宿,在社会不断发展进步的基础上,使人民群众不断获得切实的经济、政治、文化的利益。

在全球化和全球治理的国家生存境域中,如何把握社会结构这个"度",是科学和合理建构中国特色社会主义国家,创新马克思主义国家理论的重要前提。为此,国家(政府)在参与全球化的活动中必须有自己明确的总体战略、行动原则、规范倡导、基本任务和终极目标。如,在战略方面,继续坚持社会主义的独立自主的和平外交战略、实施"走出去"战略;在原则方面,坚持维护国家利益、处理国家间关系的和平共处五项原则;在规范倡导方面,主张坚持建立公正合理的国际经济秩序,建立面向 21世纪的新型国家关系,提倡世界的多样性与各国的自主选择性相统一;在基本任务方面,努力维护国家安全,提高国家的国际竞争力;在终极目标方面,就是实现各国间的发展、团结和合作与世界和谐,等等。明确这些国家战略、原则、主张、任务和目标,有利于我们把握国内社会结构变化的"度"。

根据马克思主义社会生产和社会结构决定社会制度的基本原理,党的第三代中央领导集体以来,我党把握了经济建设和发展民生这两个中心问题,围绕什么是社会主义、怎样建设社会主义这个理论问题,创造性地实践了马克思主义国家理论,取得了令世人瞩目的成就。

(一)以社会主义市场经济体制建设为依托,推进社会主义公有制建设的创新

社会主义公有制是社会主义经济制度的基础,它决定劳动者在生产中的互助合作关系和按劳分配关系。社会主义公有制是社会主义区别于其他社会形态的最主要的标志之一,也是社会主义优越性的根本所在。邓小平说:"社会主义有两个非常重要的方面,一是以公有制为主体,二是不搞两极分化。公有制包括全民所有制和集体所有制。"①又说:"不管怎样开放,不管外资进来多少,它占的份额还是很小的,影响不了我们社会主义的公有制。"②江泽民在党的十五大报告中强调,以公有制为主体、多种所有制经济共同发展,是我国社会主义初级阶段的一项基本经济制度。

但是,如何坚持和完善社会主主义公有制,如何保证社会主义公有制的主体地位,如何实现社会主义公有制,这是党的第三代中央领导集体以来,我党坚持和完善社会主义基本经济制度的重大问题,也是把握社会结构,保证我国的国家基本制度的社会主义性质的根本问题。如我们所知,经济制度和经济体制是社会经济发展最基本的内容。过去我们在很长一段时间内,把两者混为一谈。在这一领域,邓小平把"计划与市场"从"制度"层面上解脱出来,赋予了"手段"、"方法"的含义,并提出了"社会主义也可以搞市场经济"③的论断,从而开了社会主义与市场经济相结合的先河,也为坚持和完善社会主义公有制,探索社会主义公有制的有效实现形式提供了全新的理论视野和实践空间。

党的十四大确立了我国经济体制改革目标是建立社会主义市场经济体制,推进市场体制改革,从根本上消除束缚生产力发展的体制性障碍,为经济发展注入新的活力。江泽民对社会主义市场经济体制作出了深刻的阐述:"我们要建立的社会主义市场经济体制,就是要使市场在社会主义国家宏观调控下,对资源配置起基础性的作用,使经济活动遵循价值规

---

① 邓小平:《邓小平文选》(第3卷),人民出版社1994年版,第138页。
② 邓小平:《邓小平文选》(第2卷),人民出版社1994年版,第351页。
③ 邓小平:《邓小平文选》(第2卷),人民出版社1994年版,第231页。

律的要求,适应供求关系的变化;通过价格杠杆和竞争机制的功能,把资源配置到效益好的环节中去,并给企业以压力和动力,实现优胜劣汰;运用市场对各种信号反应比较灵敏的优点,促进生产和需求的及时协调。……社会主义条件下的市场经济,应该也完全可能比资本主义条件下的市场经济运转得更好。"①社会主义市场经济比资本主义市场经济运行得更好,是因为社会主义市场经济是同社会主义基本制度结合在一起的。社会主义基本制度的基础和核心是社会主义公有制。社会主义国有经济、集体经济同个体经济、私营经济和外资经济以及各种各样的混合所有制经济一道进入市场,成为社会主义市场经济中的平等竞争主体,自主经营、自负盈亏。在平等的市场竞争中,社会主义公有制经济只要在国民经济占有主导地位,就可以进一步强化社会主义国家的宏观调控作用,充分发挥社会主义国家的政治优势,使政府的经济社会政策、经济法规、必要的行政管理能够有效地发挥出国家治理的作用,为社会主义市场经济的有序运行创造一个统一的、稳定的、安全的和公正的社会环境。

党的第三代中央领导集体以社会主义市场经济为依托,对公有制为主体的所有制结构以及公有制的实现形式等问题进行了创造性的实践探索和理论总结。

1. 关于公有经济的主导地位问题

社会主义公有经济的主导地位,一方面体现在公有经济的在国民经济中的优势地位,即公有经济在社会资产总量上的优势和在运行质量上的优势;另一方面体现在公有经济对国民经济命脉的控制力上。江泽民指出:"公有制的主体地位主要体现在:公有资产在社会总资产中占优势;国有经济控制国民经济命脉,对经济发展起主导作用。这是就全国而言,有的地方、有的产业可以有所差别。公有资产占优势,要有量的优势,更注意质的提高。国有经济起主导作用,主要体现在控制力上。要从战略上调整国有经济布局。对关系国民经济命脉的重要行业和关键领域,国有经济必须占支配地位。在其他领域,可以通过资产重组和结构调整,以加强重点,提高国有资产的整体质量。只有坚持公有制经济为主体,国家控制经济命脉,国有经济的控制力和竞争力得到增强,在这个前提下,国

---

① 《十五大以来重要文献选编》(上),人民出版社2000年版,第20页。

有经济比重减少一些,不会影响我国的社会主义性质。"①公有经济对国民经济命脉的控制力表明了,在社会主义市场经济条件下,社会主义公有经济的主导作用必须在社会主义初级阶段基本经济制度的框架内发挥,同多种所有制经济和产权主体多元化相适应,同国有经济的合理定位和职能相适应,同经济全球化背景下国家经济竞争的需要相适应。公有经济对国民经济命脉的控制力主要体现为这么几个方面:其一,公有经济能够控制国家基本经济制度的性质、状况和发展方向;其二,公有经济能够控制国家经济生活中关系国计民生的资源、产品的配置和生产,实现国家的可持续发展;其三,公有经济能够控制国家宏观经济的运行及其质量,在规避经济风险上发挥积极的作用;其四,公有经济能够在发展民生、维护社会公平、战胜各种灾害等重大社会问题上,起到关键性的作用。

2. 关于公有经济的实现形式问题

社会主义公有制经济不仅包括国有经济和集体经济,还包括混合所有制经济中的国有成分。"公有制实现形式可以而且应当多样化。一切反映社会化生产规律的经营方式和组织形式都可以大胆利用。要努力寻找能够极大促进生产力发展的公有制实现形式。"②股份制是现代企业的一种资本组织形式,有利于所有权与经营权的分离,有利于提高企业和资本的运作效率,资本主义可以用,社会主义也可以用。不能笼统地说股份制是公有制还是私有制,关键是看控股权掌握在谁的手中。国家和集体控股,具有明显的公有性质,有利于扩大公有资本的支配范围,增强公有制的主体作用。

3. 关于公有经济的整体质量和竞争力问题

"当前国际竞争的实质,是以经济和科技实力为基础的综合国力的竞争。"③而国家之间的竞争的主体就是各国企业之间的竞争。所以,以公有制经济为主体的基本经济制度决定了我国必须大力加强公有制企业的竞争力建设,尤其是国有大中型企业的竞争力的建设。从中共十四大以来,我国国有企业的经济增长方式开始从粗放型向集约型转变,转到主要依靠科技进步和提高劳动者素质上来,转到以经济效益为中心的轨道上

---

① 《十五大以来重要文献选编》(上),人民出版社 2000 年版,第 21 页。
② 《十五大以来重要文献选编》(上),人民出版社 2000 年版,第 21—22 页。
③ 《江泽民论中国特色社会主义》(专题摘编),中央文献出版社 2002 年版,第 89 页。

来;我国经济产业结构开始进行战略性调整,国有经济实行"抓大放小"的方针,有针对性地从某些竞争性的行业退出,转向高新技术领域,并用高新技术改造传统产业;以市场为导向,加快企业技术改造步伐,提高生产技术水平,增强企业技术创新和技术开发的能力,在具备比较优势的工业企业中重点加快国际品牌和国际竞争力建设;以产权改革为核心,实行政企分开,落实企业自主权,实行国有企业的投资多元化,建立现代企业制度。

4. 关于以公有制为主体的中国特色社会主义的所有制结构问题

我国的所有制结构是在坚持社会主义国家性质基础上,适应社会主义初级阶段多层次生产力发展水平的需要而建立起来的有中国特色社会主义国家的经济所有制结构,即以公有制为主体、多种所有制经济共同发展。社会主义公有制经济包括全民所有制的国有经济、集体所有制经济、股份制中的公有部分、国家资本主义经济等;多种经济成分包括,全民所有制的国有经济、集体所有制经济、个体经济、国家资本主义经济、私营经济五种经济成分。同时还有一些经济联合体所有制经济、社会主义集团所有制经济、股份经济等新近发展的或一时难以确定其经济成分的所有制形式。其中"非公有制经济是我国社会主义市场经济的重要组成部分。对个体、私营等非公有制经济要继续鼓励、引导,使之健康发展"。① 中国特色社会主义所有制结构,不仅保证了国有经济和整个公有制经济在市场竞争中不断发展壮大,始终保持公有制经济在国民经济中的主体地位,充分发挥国有经济的主导作用;而且适应了中国社会主义初级阶段的基本国情,使各种经济成分在"三个有利于"的前提下促进国民经济的发展,为社会主义服务。因此,中国特色社会主义的所有制结构为当代中国的国家及其政权的社会主义性质提供了强有力的保证,符合社会主义事业的本质要求。

(二)以国家职能调整为目的,加强行政体制改革和创新

国家职能是国家机器运行的总方向、总任务、总目标,是国家在实施其政治统治和社会管理活动中担负的职责和功能,是阶级性和社会性的有机统一。从这个意义上来说,国家的基本职能应该包括两个方面即政

---

① 《江泽民论中国特色社会主义》(专题摘编),中央文献出版社 2002 年版,第 50 页。

治统治职能和社会管理职能。然而，随着社会的发展，尤其是近代以来，一方面国家在主导和推动社会经济发展方面所发挥的作用越来越大，甚至起到关键性的作用；另一方面，由于社会时刻面临着大量的复杂而尖锐的社会公共问题，社会生活的民主化以及应对公共事务的专业化，不断要求政府强化其"合理的职能"，①即公共管理职能。国家职能状况与国家生存的历史境遇密切相关，所谓国家的生存境遇指的是国家作为政治实体，其赖以存在、发展和发挥作用的社会历史条件及其构成，包括经济的（如生产力发展水平、基本经济制度和经济运行体制、人们经济生活现实境况等）、政治的（如国内政治力量结构、基本政治制度、国家政权运行基本状况、国际政治基本态势等）、文化意识的（如政治思想、意识形态、历史传统等）、社会的（社会结构、社会治理状况、人口等）以及自然的等方面。这些社会历史条件也就构成了影响国家职能调整和变革的基本因素。

　　影响当代中国国家职能调整的因素主要体现在以下几个方面。其一，以公有制为主体，多种经济成分共同发展和以按劳分配为主体多种分配形式并存的社会主义基本经济制度是国家职能调整的基本政治前提。因为，社会结构决定社会制度，从而也决定建立在这种制度上的国家（政府）权力的基本职责和功能。其二，社会主义主义市场经济体制的确立和不断完善是国家职能调整的体制因素，社会主义市场经济同样要求国家放权，转变权力角色。其三，社会经济的发展和现代技术的进步，不断增强了社会行为主体的独立性、多元性和自主性，其权益、愿望和思想的表达与实现需要政府（国家）转变权力运用和运行的价值取向，为公民社会提供更为广阔的空间。其四，当下中国确实存在比较严峻的国家治理问题，如公共治理效率低下、权力腐败问题、社会公正问题、生态环境恶化、政治和文化的认同问题，等等，缓解或解决这些问题迫切要求国家实现职能重点的转移。其五，全球化的内在要求及其治理趋向是当代中国国家职能调整的外部因素。

　　应该指出的是，这里所讲的国家职能的调整并不是说国家职能重心的游移即淡化一个方面，强化另一个方面，更不是政府职能基本性质的改变，而是指国家的职能的范围、结构、价值取向、运行方式和合法性前提的变革以及履行职能的效率、能力和科学统筹上的提高。由于国家职能不

---

① 马克思：《〈法兰西内战〉二稿》，《马克思恩格斯选集》（第 2 卷），人民出版社 1972 年版，第 437 页。

外乎是围绕着国家意志的表达和执行两个方面来展开的,国家意志的表达主要指称的是国家法律的制定和国家职能的整体把握,国家意志的执行指称的是政府依法行政,执行社会经济职能和社会公共管理职能。所以,国家职能的调整不仅表现为国家权力机关职能的调整,更主要地表现为政府职能的调整。当国家职能涉及经济职能和社会公共管理职能时,国家职能的调整在一定程度上说就等同于政府职能变化。在政府职能调整和行政体制改革与创新方面突出地体现了当代中国国家职能调整的效果和成就。

1. 合理定位政府权力,实现党政分开、政资分开、政社分开、政法分开

政资不分是政府职能难以从根本上转变的资产基础。政府是国家意志的执行者,政府承担社会经济和公共管理职能是其权力基本定位。改革前,政府的权力和职能是建立在计划经济体制基础上,政府的行政管理权力高度集中,管理方式非常直接,权力运行缺乏约束,权力定位不明晰。所以,改革开放后,我国政治体制改革就抓住领导体制改革这一关键环节,科学定位党政、政资和政法之间的权力,合理界定社会领域。党的第三代中央领导集体以来,政府权力的行使和运用得到了明显规范和定位。党发挥了越来越重要的"总揽全局,协调各方"的领导作用。政府把工作内容和工作任务集中到规划制定、经济调节、市场监管、区域协调、社会管理和公共服务等方面上来,保障人民群众的切身利益,促进生产力的解放,实现经济、社会、自然和人的全面、协调与科学发展。企业也通过与党、政、军的"脱钩"、国家实行的国有经济的战略性调整和以投资主体多元化为主要内容的现代企业制度建设等改革举措,大大优化了自身的生产经营环境,增强了自己自主经营权力和能力。

2. 科学配置政府的权力,积极推进政府机构改革和制度创新

政府职能与机构设置相辅相成、互相影响。宽泛繁杂、无所不包的政府职能必然要求臃肿庞大、重叠交叉的政府机构,反过来,层次过多、人浮于事的机构体系又会进一步集中权力,扩展事务并造成腐败。因此,政府机构的改革成为转变政府职能的一个制度性环节。20 多年来,按照精简、统一、效能、渐进的原则,围绕政企分开、下放权力这一中心内容,我国于 1982、1988(明确提出政府职能转变)、1993、1998、2003 和 2008 年先后六次进行了不同力度的政府机构改革,按照"决策、执行、监督"的改革思路,重构政府权力结构和政府的运行机制,这些改革对转变执政理念、理

顺权力关系、减少职能重复、明晰部门职责、降低行政成本、提高行政效率、增强机构活力，都不同程度地起到了积极作用。

3. 高效行使政府的权力，依法行政，转换政府职能，加强权力监督，强化行政责任和行政效率

党的第三代中央领导集体以来，经过这些年的改革，政府管理经济的重点逐渐从微观转向宏观，政府管理经济的范围逐渐转变到经济调节、市场监管、社会管理和公共服务上来。从依照长官意志办事到实行依法行政，是这些年改革的一个重要内容。政府部门行政权限、行政行为、行政程序和行政责任的一系列法律规范陆续颁布，尤其是《行政许可法》的颁布，既为政府施政行为提供了强有力的法律保障，又有效地规范了政府管理职能，减少了主观随意性，避免了公共权力的滥用。

4. 渐进推进政治权力的社会回归，积极推进社会主义民主政治建设，发展社会民主，渐进推进国家权力的社会化

国家权力来自于社会，社会主义国家的一切权力属于人民，所以发展社会主义民主，让国家权力回归社会，回归其本质——真正用来为人民谋利益。"人民民主是社会主义的生命。"①坚持中国特色社会主义政治发展道路，坚持党的领导、人民当家作主、依法治国有机统一，坚持和完善人民代表大会制度、中国共产党领导的多党合作和政治协商制度、民族区域自治制度，是不断推进社会主义政治制度自我完善和发展，最终实现国家权力自觉回归社会的根本点和保证。社会主义民主政治建设另一方面是逐步建立和完善基层的各项民主制度，健全基层自治组织和民主管理制度，保证农村和城镇人民群众依法直接行使民主权利、管理基层公共事物和公益事业、对干部实行民主监督。同时，党的第三代中央领导集体以来，党在实现国家权力回归社会方面也开始迈出新的步伐，政府有计划地推行行政管理权力向社会转移，让社会民间组织承担部分行业管理职能。

(三)以执政党建设为基点，提高国家的政权能力，推动当代中国的国家建构

政党是现代国家政治生活中基本的和重要的力量，任何阶级要夺取

---

① 《中国共产党第十七次全国代表大会报告》，http://news. xinhuanet. com/newscenter/2007-10/24/content_6938568. htm。

国家政权,掌握和巩固国家政权,通常都需要有自己的政党。所以,执政党的性质、价值、组织、制度及其执政能力不仅反映了国家的性质,而且还关系到国家政权的合法性基础、国家权力运行的效率与价值取向、国家政权能力。

中国是在无产阶级政党的领导下全面开启社会主义现代化建设的。在中国共产党的领导下,中国实现了民族解放和国家独立,在中国共产党的执政下,我们成功探索出了一条具有中国特色的社会主义建设和发展道路。所以,中国共产党合法地成为中国社会主义国家建设的核心力量和领导力量,从而也就形成了中国国家的现代建构的基本现实和基本模式。这是中国历史与社会发展决定的,不是哪个人、哪个集团的意志决定的。正是基于这样一个基本事实,党的阶级先进性的发展、党的有效领导、党的执政能力的提高也就必然成为推进国家建设的关键。为此,党的第三代领导集体抓住执政党建设这个关键环节,以党的先进性、党的执政能力的建设为基点,在创造性的实践中不断推动当代中国的国家建构。

1. 保持和发展党的先进性,促进党的建设始终走在社会发展和国家建构的前面

在社会发展和国家建构实践中,中国共产党承担着领导和执政双重角色。党的领导力不是与生俱来的天生的,而是党始终围绕着自身所肩负的历史使命和时代重任,通过创造性的实践、不断奋斗所获得的。党的历史使命和时代重任与社会、国家和民族的历史重任是一致的,并且在党的奋斗历程中在总体上是相适应的,取得了巨大的历史成就,赢得了人民的信赖和拥戴。历史经验则表明,党要保持对社会和国家的强大的领导就必须使党始终成为社会发展和国家建构一种先进的力量,也就是说,党要始终走在社会和国家发展的前面,明确社会和国家发展的需要,驾驭新时代,作出新判断,提出新任务,开展新实践。社会是不断变化和发展的,党一旦落后于社会发展,就无法成为社会发展中的先进因素和先进力量,也将失去领导和执政的合法性。正因如此,胡锦涛指出:"先进性是马克思主义政党的本质属性,是马克思主义政党的生命所系、力量所在。党的先进性是历史的具体的,既是一以贯之的,又是与时俱进的。这就决定了

保持和发展党的先进性是马克思主义政党自身建设的根本任务和永恒课题。"①

2. 加强党的执政能力建设，增强国家的政权能力

胡锦涛指出："加强党的执政能力建设和先进性建设是紧密相关、相辅相成的，要贯穿于党的思想建设、组织建设、作风建设和制度建设之中，统一于党的建设新的伟大工程。"②也就是说，党的先进性是党的执政能力的基础和保障，党执政必须以党的先进性为支撑，把先进性贯注到党执政的各环节和各活动中。直观地看，执政能力就是党运行和运用国家政权的能力，这种能力反映在国家政权有效实施对政治、经济、文化、社会生活的调控的过程中，就表现为一种国家的政权能力，即国家通过政权的运行将自己的意志、目标转化为现实的公共权威的能力，这种能力可以概括为国家的发展和建构能力、国家的政权稳定和合法化能力、国家的调控能力以及国家的创新和竞争能力。党的十三届四中全会以来，中央围绕党的先进性和执政能力这"两个基点"，聚精会神，坚持不懈，作出了巨大的努力。江泽民同志的"三个代表"重要思想的提出，形成了新时期执政党建设的总体要求和指导思想，也为党员干部行使国家权力提供了基本的实践指针和标尺。党的十六届四中全会通过《中共中央关于加强党的执政能力建设的决定》，标志着党建事业进入了一个新的历史时期，把党的建设提高到了一个新水平。随着党自身建设水平和执政能力的提高，中国共产党始终围绕着执政兴国这一要务，发展社会经济，加强社会主义国家政权的建设，使党自身的领导和执政地位以及社会主义国家政权不仅经受住了改革开放、世界社会主义运动的挫折和世界全球化的考验，而且得到了加强，社会主义国家政权在国家生活中显示出了强大的力量。

3. 发展党内民主，带动人民民主建设

在党推动国家建构的模式下，政党先进性的保持，政党执政能力的提高和充分发挥必须有稳定而强大的制度作保障，这种制度就是社会主义民主制度。由于中国共产党是执政党，既是国家建设的领导力量，也是掌

---

① 胡锦涛：《在庆祝中国共产党成立 85 周年暨总结保持共产党员先进性教育活动大会上的讲话》，《人民日报》2006 年 7 月 1 日第 1 版。
② 胡锦涛：《在庆祝中国共产党成立 85 周年暨总结保持共产党员先进性教育活动大会上的讲话》，《人民日报》2006 年 7 月 1 日第 1 版。

握和运行国家制度体系的执政力量,其理念、理论和运行机制不仅影响着人们的现实权益和日常生活,而且深刻影响着国家制度的体系建构和运行方式。执政党集权,党员干部专权,不讲民主,必然导致国家制度的破坏,从而在根本上危及作为无产阶级专政的新形式的人民民主政治。为此,中央新一代领导集体将党的建设与国家建设有机统一起来,提出了以党内民主带动人民民主,推动社会主义民主制度的建设。

4. 用"三个代表"重要思想推进中国的国家建构

"三个代表"重要思想是中国共产党的立党之本、执政之基和力量之源。"三个代表"既体现了执政党建设的先进性要求,又体现了执政党执政的基本价值原则和价值取向。执政党把"三个代表"重要思想贯穿到执掌和运行国家政权的各项事业中去,实质上是凸显了当代中国执政党推动国家建构的中国模式。"三个代表"重要思想的基本要求就是要使党的理论、路线、纲领、方针、政策和各项工作必须在价值方面、组织方面和制度方面能够起到解放和发展社会生产力、发展社会主义文化和实现人民的根本利益,必须有利于推动中国特色社会主义的政治、经济、文化和社会的建设。

(四)以和平、发展和合作为原则,积极参与全球化的规范倡导,维护国家利益

如前文所分析的,全球化与由全球化引起的反全球化之间的矛盾和斗争,在本质上是人类物质和精神交往方式在时间和空间上的拓展和变迁的恢宏历史进程中的一种利益冲突。"全球公共性"、"全球公民社会"与"全球治理"所显示的是人类的"类"存在和发展的可能和方向,而且对人类来说也的确是一种可经验的事实。"国家利益"、"群体性"与"国家治理"则体现的是一种人类的"群体"存在和发展的现实态度和主张,而且对民族国家来说也的确是至关重要;并且后者在相当程度上构成了对前者的制约作用。但是,由于全球化是在资本主义世界历史境遇里发展起来的,发达资本主义国家基于其强势地位,全球化又往往被假借为发达资本主义国家维护自身"群体"私利的"老虎"。所以,对广大的发展中国家来说,参与而不是一味地回避全球化是维护自己民族国家利益唯一的现实选择。

1. 参与对话与合作，维护国家利益

改革开放以来，虽然我国经济和社会有了巨大的发展，人民生活得到了一定的改善，但我国仍然是一个落后的发展中的国家，国家的综合势力仍然与我国社会主义大国不相称，国家主权独立和领土完整仍然受到严峻的挑战，社会主义制度仍然具有被国际敌对势力的攻击和颠覆的危险，国家的安全受到新的威胁。所以，如何在全球化的激烈竞争和斗争中维护国家利益和民族尊严？如何在更大范围、更广领域和更高层次上参与国际经济技术的合作与竞争？如何维护世界和平和创造中国崛起的和平国际环境？如何增强的社会主义国家的吸引力和中华文化的世界影响力？如何在参与国际组织和世界性问题领域充分显示国家"国际决策力"和国家倡导力？党的第三代中央领导集体以来，我国逐渐形成了参与全球化的对话与合作的基本原则，多次重申中国的崛起不会对世界构成威胁，中国的崛起是和平崛起，中国是一个负责任的大国，中国应该而且有能力为世界人民作出更大的贡献，在平等互利的基础上建立国与国之间的新型国家关系。30年来，我国正是通过各种国际对话与合作机制，积极承担自己的大国责任，在国际交往中充分利用世界赋予自己的权利维护了国家和民族的利益。

2. 实施"走出去"战略，提高对外经济交往质量，增强我国企业的国际竞争力

对外经济交往是我国经济发展越来越重要的一个支撑点。从党的第三代中央领导集体以来，我国对外经济交往重点逐渐转向提高交往的质量，在扩大商品出口的同时，坚持以质取胜，优化出口商品结构，着力提高利用外资质量；同时，我国对外开放战略也逐渐开始重视和实施"走出去"战略，在更大范围、更广领域和更高层次上参与国际经济技术合作与竞争，要求我们在"引进来"和"走出去"两个方面都做好。"走出去"战略不仅具有十分重要的经济意义，也具有十分重大的政治意义。"走出去"的目的就是要打造中国的跨国企业，提高中国企业的国际竞争力。在参与经济全球化过程中，国家肩负着提高民族企业国际竞争力的责任，如果中国没有一批能够在世界经济领域叱咤风云、纵横驰骋的跨国公司，一个国家的竞争力就无从体现。

3. 掌握主动权,规范倡导国际政治经济新秩序,维护国家安全

随着经济全球化与区域经济集团化这两大趋势的深入发展,世界政治经济格局也必然发生重大而深刻的变化。对此,党的第三代中央领导集体以来,党逐渐调整国家策略,开始采取积极主动的策略,参与各种国际组织活动,加强与世界其他地区的区域合作,倡导并建立自己的经济、政治、国家安全的世界区域合作组织,推动区域合作的制度化,并在区域合作中争取主动,维护国家利益。在国际经济政治领域,旗帜鲜明地提出自己的观点、主张,与广大发展中国家一道,倡导建立符合第三世界国家经济和政治利益的真正合理、公平的国家政治经济新秩序。

(五)马克思主义国家理论的创新成果

如我们所知,"三个代表"重要思想首先是作为中国共产党的党建理论提出来的,但无论是从实践上还是从理论上看,"三个代表"重要思想都远远超出了党的建设的范围,它是一个完整的思想体系。[①] 党的十三届四中全会以来,以江泽民同志为主要代表的当代中国共产党人,高举邓小平理论伟大旗帜,准确把握时代特征,科学判断党所处的历史方位,围绕建设中国特色社会主义这个主题,集中全党智慧,以马克思主义的巨大理论勇气进行理论创新,逐步形成了"三个代表"重要思想这一系统的科学理论。这一科学理论进一步回答了什么是社会主义、怎样建设社会主义的问题,创造性地回答了建设什么样的党、怎样建设党的问题,表明党对自身执政规律和中国社会主义建设规律的认识,达到了新的理论高度,开辟了马克思主义理论发展的新境界。

"三个代表"重要思想把党长期执政的历史经验和党执政兴国的重大使命结合了起来,是新形势下治党治国的根本指导方针。所以,从以执政党推动国家建构这个意义上来说,"三个代表"重要思想具有重要的马克思主义国家理论意义。"三个代表"重要思想反映了马克思主义国家理论的基本观点和精神实质,是党在探索中国特色社会主义建设的时代主题下,实践马克思国家理论关于具体国家如何通过无产阶级专政的国家形

---

① 荣长海等:《从新的高度系统研究"三个代表"重要思想——评〈作为思想体系的"三个代表"重要思想研究〉》,人民出版社 2007 年版。

式,从不发达的社会主义国家过渡到发达社会主义国家的基本理论创新,也是当代中国无产阶级政党在治理和建构现代国家的实践中的指导思想上的创新,从某种程度上说,"三个代表"重要思想是当代中国社会主义国家的一种实践精神和价值原则。

　　沿着建设有中国特色社会主义道路,认真实践"三个代表"重要思想,我国的国家治理和建设上取得了巨大的成就,国家发展有了新的基础,积累了重要的经验。进入 21 世纪,中国的发展也跨入了一个新的历史起点。在这个重要的历史关头,我国必须从制度上解决发展过程中一些深层问题,努力提高国家的竞争和创新能力,发展社会主义民主,实现国家可持续发展,保持社会稳定与和谐,逐渐缩小社会差别,改善人民生活,让更多的人享受改革和发展的成果。党的十六大确定了国家发展的新的历史任务,就是全面建设社会主义小康社会。围绕全面建设社会主义小康社会的新的时代主题,为了完善社会主义市场经济体制,提高党的执政能力,全面推进经济、政治、文化与和谐社会的建设,以胡锦涛为总书记的党中央认真总结了世界各国在发展问题上的经验教训,有针对性地提出了科学发展观。科学发展观是中国共产党坚持马克思主义基本原理与中国现阶段具体实践相结合的执政的理论成果,是当代中国的国家发展论,是全面建设小康社会和社会主义国家现代建构的重要指导思想,从这个意义上说,科学发展观是国家发展观,是马克思主义国家发展理论的创新成果,丰富了中国特色社会主义理论。

第二章　党建、执政与国家治理

——马克思主义国家理论视域中的"三个代表"重要思想

国家、政府和政党是现代民主政治结构及其运行的三个基本权力层次。在民主政治系统中，最能体现国家权力统治的民众以及在此基础上形成的政治参与的主要组织形式——政党，是政治生活的主角。正如美国研究政党问题专家里查德·S·卡茨指出："现代民主是政治民主，在西方看来，作为民主政体基础的政治制度与政治实践都由政党所创造，没有政党，一切都是不可思议的。"[①]而在马克思主义看来，无产阶级政党是无产阶级专政的本质要求，也是实现无产阶级专政的前提条件。在无产阶级取得国家政权后，其先锋队组织执掌着国家权力，独立领导阶级联盟，推动无产阶级国家（社会主义国家）的建设和发展，并逐渐向发达的社会主义过渡。这是无产阶级以及人类政治解放乃至社会解放的逻辑，也是当代中国社会主义国家的基本政治逻辑。

所以，社会主义基本制度建立后，摆在中国共产党面前的是一个比夺取政权斗争时期的党建更为重大的执政党建设问题。中国共产党的先进性及其执政能力不仅关系到政府的权力运行，更关系到社会主义国家的发展和现代化建构。可见，执政党建设在很大程度上成了社会主义国家、政府以及执政党自身内部的政治活动枢纽。一般来说，政党自身建设以执政为价值导向，但中国共产党的建设却肩负着更重大的历史使命，它不

---

① Richard S. Katz. A Theory of Party and Electoral Systems. Johns Hopkins University Press, 1980, p. 1.

仅要始终保持其先进性，不断提高自己的执政能力，而且还要在执政实践中，充分发挥其先进性和执政能力，在对国家的善治过程中，反映中国先进生产力发展的要求，实现中国最广大人民的根本利益，体现中国先进文化前进的方向。从这个意义上来说，"三个代表"重要思想集中体现了当代中国民主政治建设中，党的建设、执政与国家治理在国家理论上的价值一致性。

一 "三个代表"重要思想：国家治理的新视界

无产阶级政党建设问题是马克思主义的一个重要理论内容，是无产阶级夺取政权并运用这个政权实现从资本主义过渡到社会主义和共产主义的关键。无产阶级革命导师历来十分重视无产阶级政党的建设，从马克思到列宁再到毛泽东，马克思主义政党比较好地解决了夺取政权斗争时期作为革命党的建设问题。

中国无产阶级取得国家政权后，中国共产党的首要任务是领导人民进行社会主义建设，推动国家和社会经济政治文化的发展。所以，执政党应该是一个什么样的党，怎样推进执政政党建设，对此，社会主义建设时期执政党必须作出深刻和系统的理论解答。

党的十一届三中全会后，中国共产党纠正了"左"的错误，党的工作中心从阶级斗争转移到经济建设。在这种情况下，以邓小平为核心的第二代中央领导集体，把党的建设与党领导的社会主义现代化建设事业紧密联系在一起，把实现新时期党的建设目标与建设中国特色社会主义的目标联系在一起，"聚精会神地抓党的建设"，开创了党的建设新的伟大工程，保证了党的基本路线的贯彻执行，党的事业显示出蓬勃的生机。

以江泽民同志为核心的党的第三代中央领导集体领导全党继续进行着这项新的伟大工程。1989 年 6 月，党的十三届四中全会提出了加强党的建设，坚决惩治腐败的要求。同年，中共中央发出了《关于加强党的建设的通知》，江泽民也在多次讲话中强调要加强党的建设。1990 年，中共中央专门作出了《关于加强党同人民群众联系的决定》。1991 年，江泽民在建党 70 周年纪念大会上对"进一步加强中国共产党的建设"作出了深刻的论述。1992 年，党的十四大把党的建设提到社会主义国家发展的战略高度，系统地加强新的历史时期执政党的建设。党的十四大指出，在新的历史时期,党所处的环境和肩负的任务有了很大的变化,在这种背景下,我们要用建设有中国特色社会主义理论武装全党,"我们一定要结合新的实际,遵循党的基本路线,坚持党要管党,从严治党,加强和改进党的建设,努力提高党的执政水平和领导水平,使我们这个久经考验的马克思主义政党在建设有中国特色社会主义的伟大事业中更好地发挥领导核心作用"。1994年,党的十四届四中全会专门研究了新形势下把执政党建设成为一个什么样的党的问题,并通过了《中共中央关于加强党的建设的几个重大问题的决定》。《决定》提出:"在当代世界风云变幻的条件下,在当代中国改革开放和现代化建设的伟大变革中,把党建设成为用建设中国特色社会主义理论武装起来、全心全意为人民服务、思想上政治上组织上完全巩固、能够经受住各种风险、始终走在时代前列的马克思主义政党。"1997年,江泽民将新时期党的建设新的伟大工程的总目标科学地概括为:"把党建设成为用邓小平理论武装起来、全心全意为人民服务、思想上政治上组织上完全巩固、能够经受各种风险、始终走在时代前列、领导全国人民建设有中国特色社会主义的马克思主义政党。"这个科学的概论进一步明确了"面向新世纪的中国共产党"建设的总任务和总方向,赋予了马克思主义执政党建设新的内容。

经过长期的党建探索和理论总结,党的第三代中央领导集体对执政党建设的深刻认识得到升华。2000年2月,江泽民同志到广东视察"三讲"情况并对党建问题进行调查,他总结党的建设的经验,指出:"要把中国的事情办好,关键取决于党自身,取决于党的思想、作风、组织、纪律状况和战斗力、领导水平。只要党始终成为中国先进生产力的发展要求、中国先进文化的前进方向、中国最广大人民的根本利益的忠实代表,我们党就能永远立于不败之地,永远得到全国各族人民的衷心拥护并带领人民不断前进。"之后,江泽民在江苏、上海、浙江考察党的建设时,在党的十五届五中全会上,特别强调,推进党的思想建设、政治建设、组织建设和作风建设,都应贯穿"三个代表"的要求,要把"三个代表"的要求贯彻落实到党的全部工作上去,要求全党同志深刻认识和全面、正确地把握"三个代表"的要求,以"三个代表"作为检验我们各项工作是否合格的根本标准。经过全党同志的深入研究、讨论和广泛宣传,全党已经对"三个代表"重要思想取得了共识。

2001年7月,江泽民在庆祝中国共产党成立80周年大会上,代表党中央全面、系统地阐述了"三个代表"重要思想的科学内涵和精神实质。

2002 年 5 月，江泽民在中共中央党校高级领导干部进修班毕业典礼上发表重要讲话，指出：“贯彻‘三个代表’要求，关键在于坚持与时俱进，核心在于保持党的先进性，本质在于坚持执政为民。”这个讲话进一步揭示了“三个代表”重要思想的政治意义和理论基础。在党的十六大上，江泽民代表第十五届中央委员会所作的报告全面、深刻地阐述了“三个代表”重要思想的科学内涵和重大意义。报告指出，要“开创中国特色社会主义事业新局面”，就必须“高举邓小平理论伟大旗帜，坚持贯彻‘三个代表’重要思想”。党的十六大将“三个代表”重要思想同马克思列宁主义、毛泽东思想和邓小平理论一道写入党章，成为党必须长期坚持的指导思想。

2003 年 7 月，胡锦涛同志在“三个代表”重要思想理论研讨会上的讲话中，对“三个代表”重要思想的理论地位、政治作用和实践意义作了高度的概括和阐释，指出：“‘三个代表’重要思想同马克思列宁主义、毛泽东思想和邓小平理论是一脉相承而又与时俱进的科学体系，是马克思主义在中国发展的最新成果”；“‘三个代表’重要思想是新世纪新阶段全党全国人民继往开来、与时俱进，实现全面建设小康社会宏伟目标的根本指针”；“‘三个代表’重要思想的本质是立党为公、执政为民”。是否能把立党为公、执政为民的精神实质落实到党和国家制定和实施方针政策的工作中去、落实到各级领导干部的思想和行动当中去、落实到关心群众生产生活的具体工作中去、落实到每一个党员干部改造主观世界树立正确的价值观念当中去，是衡量党及其执政工作成败的基本标准。可见，“三个代表”重要思想已经成为中国共产党治国理政的根本指导思想。

“三个代表”重要思想之所以能够从最初提出的一个重要的观点，逐渐发展成为一个内涵丰富、寓意深刻、思想全面的理论体系，之所以能够从指导中国共产党自身建设的一个重要纲领发展成为不仅指导党的工作而且指导整个社会主义国家工作、指导整个建设中国特色社会主义事业的理论体系，根本原因在于它的突出的与时俱进的理论特色。

第一，“三个代表”重要思想具有宽阔的全球化视野。新旧世纪之交，随着美苏冷战和世界两极格局的结束，一方面，世界大国关系发生了重大而深刻的调整，世界多极化趋势逐步明显，国际形势趋于和平，发展与进步已成为时代潮流，符合各国人民的根本利益；另一方面，如前文所述，冷战的结束大大加速了全球化的进程，真正意义上的政治开放逐渐形成，世界经济、科技、信息、文化等领域互相影响、互相渗透，各国主动或被动地卷入了全球化浪潮之中，围绕着自己的民族国家的利益展开彼此的竞争。

在这种竞争过程中,一系列的关系到人类生存和发展的公共问题逐渐凸显出来,并且因此全球治理的呼声和现实需要也不断增强。所以,对于当代中国社会主义国家来说,能否不断增强国家的综合国力,在世界多极化竞争中"算上一极",在世界各种政治文化力量的互相激荡中保持民族的独立稳定和发展,能否不断增强企业的国际竞争力,在世界经济交往中维护国家经济利益和安全,能否不断增强科技创新能力,在广泛的国际科技交流的过程中逐渐缩小与发达国家差距,赢得自己的科技优势,能否不断巩固马克思主义在意识形态领域的指导地位,在与各种思想文化的互相激荡中取其精华、弃其糟粕,确立和完善中国特色社会主义国家的思想文化。这一切,归根到底取决于中国共产党是否能够巩固自己的执政地位,保持自己先进性,不断提高自己的执政能力,是否能在执政实践中团结和领导全国各族人民推进中国特色社会主义伟大事业,维护和实现广大人民的根本利益,是否能随着时代和执政主题的变革发展自己的理论。正如江泽民所说:"时代在发展,形势在变化,我们党要不断巩固自己的执政地位,必须紧跟世界发展进步的潮流,始终代表中国先进生产力的发展要求、先进文化的前进方向和最广大人民的根本利益,坚决解决党内存在的突出问题。提出'三个代表'的要求,其出发点和着眼点就在这里。"①

第二,"三个代表"重要思想具有坚实的马克思主义理论基础和鲜明的马克思主义政治立场。"三个代表"重要思想紧密结合新的时代条件,生动而具体地坚持和发展了马克思主义,赋予马克思主义新的鲜活力量,是坚持马克思主义的典范,又是发展马克思主义的典范,具有鲜明而开阔的马克思主义的理论视野。胡锦涛同志在"三个代表"重要思想理论研讨会上的讲话中高度概括了"三个代表"重要思想的马克思主义的理论基础和鲜明立场。首先,"三个代表"重要思想坚持了辩证唯物主义和历史唯物主义的基本世界观和方法论,创造性地运用了马克思主义关于人类社会发展规律,揭示和把握了中国特色社会主义建设的实践规律,"把发展先进生产力和先进文化、实现最广大人民的根本利益同坚持党的先进性联系在一起,上升到党的性质和宗旨的高度,上升到党的指导思想的高度,构成一个完整的体系,这是当代中国共产党人对辩证唯物主义和历史

① 江泽民:《江泽民论有中国特色社会主义》(专题摘编),中央文献出版社 2002 年版,第579 页。

唯物主义的创造性运用和发展"。其次，"三个代表"重要思想坚持了马克思主义的政治和社会理想，把无产阶级政党的最高纲领与最低纲领有机地统一起来。实现物质财富极大丰富、人民精神境界极大提高、每个人自由而全面发展的共产主义社会，是马克思主义最崇高的社会理想。"三个代表"重要思想强调树立共产主义的远大理想和坚定信念，同时强调共产主义只有在社会主义社会充分发展和高度发达的基础上才能实现。实现共产主义是一个非常漫长的历史过程，要立足我国正处于并将长期处于社会主义初级阶段这个实际，脚踏实地地为实现党在现阶段的基本纲领而不懈努力。再次，"三个代表"重要思想坚持马克思主义关于无产阶级政党必须植根于人民的政治立场，注重从人民群众的实践中吸取养分，为我们坚持马克思主义的群众观点、不断实现最广大人民的根本利益提出了新的理论要求。最后，"三个代表"重要思想坚持了马克思主义的与时俱进的理论品格，体现了马克思主义理论创新的巨大勇气，为我们坚持马克思主义基本原理、不断在实践中推进理论创新打开了新的理论视野。

第三，"三个代表"重要思想具有深厚的当代中国现实的历史性依据。一方面，"三个代表"重要思想是中国共产党应对和解决当代中国社会发展和现代转型的关键时期凸显的一系列重大深层次性问题的执政反思。中国改革开放和社会主义现代化建设已经取得了巨大成就，迈开了"第三步"战略步伐，总体上达到了小康水平，但这个小康是低水平的、局部的、不平衡的，甚至是比较脆弱的小康。这个小康缺乏较强的生产力、科技、制度的创新力和竞争力支持；这个小康的经济增长的质量不高，经济社会发展与生态环境、自然资源的矛盾日益突出；这个小康的发展很不平衡，社会利益差别和利益矛盾增大的趋势尚未扭转；这个小康面临巨大的就业和社会保障的压力；这个小康的民主法制建设和思想道德建设等方面还存在不容忽视的问题，等等。是否积极有效应对和解决这一系列历史性问题，全面建设社会主义小康社会，让更多的人享受改革和发展的成果，在很大程度上决定着中国共产党的执政地位、领导权威，这不能不对执政的中国共产党提出新的更高的要求。另一方面，"三个代表"重要思想是中国共产党应对和解决执政党的现代转型过程中所暴露的问题和不足的自我反思。改革开放以来，中国共产党的党员队伍的数量、素质、年龄等结构发生了历史性变化，党员队伍空前壮大，党员科学文化素质大大提高，党员的社会分层提高，一大批优秀的年轻干部走上了各级领导岗位。这些为执政党提高执政能力和执政效率并向现代执政党转型创造了十分有利的条件,但同时也对执政党的先进性、纯洁性、凝聚力和战斗力建设带来了严峻的挑战,这是新旧世纪之交党必须对自身建设和发展作出的理性反思。

总之,"三个代表"重要思想从最初作为一个重要的党建理论观点发展成为中国共产党的根本执政理论,成为"全国人民继往开来、与时俱进,实现全面建设小康社会宏伟目标的根本指针",为当代中国的国家治理提供了开阔的理论视野。

二 理论的实践转换:党建、执政与国家治理和建构

在当代中国的政治实践中,党的建设、执政与国家治理具有价值一致性,"三个代表"重要思想是这种一致性价值的根基,是阶级价值和社会价值在当代中国国家实践中的新的协调形式。这也表明了"三个代表"重要思想的宽广的理论视界:从党的建设视角看,它是一种政党建设理论;从政党执掌和运行政国家权力视角看,它是一种执政理论;而从国家的治理与建构的视角看,它是一种国家理论。"三个代表"重要思想是马克思主义国家理论的当代最新成果。

马克思主义认为,政党本质上是特定阶级利益的集中代表者,是特定阶级政治力量中的领导力量,是由各阶级的政治中坚分子为了夺取或巩固国家政治权力而组成的政治组织。[1] 因此,政党为了实现自己的政治目标和阶级利益,必须在思想上、组织上、制度上、路线策略上等方面建设自己,并且随着时代的发展和政治斗争或执政实践的实际需要保持自己的阶级性质,提高自己的政治能力,发展自己的理论。在夺取国家政治权力时,政党建设以执政为价值导向;在执掌国家政治权力时,政党建设以巩固执政地位和国家政治权力、最大限度地代表和发展各阶级利益和广大人民的利益,即以人民的利益为价值导向。所以,政党建设不仅要贯彻始终,而且更要重视其作为一个执政党的建设,重视其执政价值的社会代表性和时代先导性。马克思主义政党历来十分重视党的建设,党的建设也是马克思主义在党建实践中的根本问题。马克思主义政党的性质和奋

---

[1] 王浦劬:《政治学基础》,北京大学出版社 2005 年版,第 265 页。

斗目标决定了无论是革命战争时期的党的建设，还是社会主义建设时期的执政党的建设，在根本价值导向上是一致的，都承载着阶级价值和社会普遍价值。

毫无疑问，加强执政党的建设目的是为了更科学、更有效地执掌国家政权，实现国家目标和人民利益。然而，对于如何执政、确立何种执政理念、如何扩大执政基础、执行怎样的执政方略、构建何种执政体制、采取怎样的执政方式、如何获取和利用执政资源、如何创造有利的执政环境等一系列基本问题，执政党必须进行艰苦的理论思考和实践探索，这实际上就构成了执政党的执政建设的基本内涵。这个内涵表明执政党的执政建设已经超出了政党建设的范围，涉及的是关于执政党如何运用、运行和巩固国家政治权力的重大理论和实践问题。所以，执政建设在功能意义上，要依法科学运作国家权力，保障国家体制和社会秩序的统一、稳定和制度化，有效统摄、驱动和公正分配社会利益；在价值意义上，要有效承载阶级价值和社会价值，在执政实践过程中协调纷繁芜杂的社会价值，将社会价值导向自己的政党价值体系，从而以社会化形式实现国家和社会的普遍价值认同。

从国家权力实际运行看，政党执掌和运作国家权力的过程，也是国家治理和建构的过程。在现代政党政治视域里，政党趋向国家权力既具有普遍性又具有某种必然性。政党是社会（政治）冲突的力量，同时又是整合冲突的重要工具。国家作为从社会利益矛盾和冲突中产生的而又表面上凌驾于社会之上的力量，在执行缓和冲突与整合社会的职能的过程中，政党尤其是执政党发挥着重要的作用。所以，作为现代政党政治的政治现象和政治过程，政党执政是国家权力运作的核心和基本形式。在其现实性上，政党执政，参与、掌控和运行国家权力，主要体现在对立法权、行政权、司法权和军事权等各方面，在广泛散播其阶级性和社会性内容的过程中实现国家的治理和建构。

当然，在不同的国家、不同的历史时代，政党执政，参与国家权力，影响国家的治理和建构的性质、方式和程度是不一样的。

从参与的性质上看，政党参与国家权力的性质由决定社会经济基础的所有制方式决定。① 在私有制条件下，政党执政，参与国家权力本质上

---

① 段志超：《政党政治视角下的政党与国家权力——兼及中国共产党领导的多党合作制度》，《学习与探索》2004 年第 3 期，第 9—14 页。

是为私有制基础上的特殊利益服务,其国家治理和建构具有明显的阶级性;在公有制条件下,政党参与国家权力不过是为了保障和实现公共利益,其国家治理和建构具有显著的社会性。

从参与的方式上看,无论是私有制国家还是公有制的社会主义国家,政党参与国家权力的方式一般有两种:一种是集权型;一种是民主型。集权型在政党夺取国家权力的过程中具有积极的意义,有利于推翻反动统治,使人民获得政治解放;但是政党参与国家的权力过分集中,缺乏民主,又会导致政党极权,以及社会(政治)冲突和动荡,出现现代政党政治下的国家主义或国家法西斯主义。所以政党参与国家政治的基本方式应该是民主的方式。民主的方式是法治的、科学的、和谐的、以社会公共利益为根本价值导向的方式,最有利于平衡阶级利益和公共利益,保持社会的稳定有序和可持续发展,从而达到国家治理和建构的目标。

从参与的程度上看,政党执政,参与国家权力有两种:一种是有限执掌国家权力;一种是全面执掌国家权力。西方资本主义国家的政党政治是资本主义代议制民主所孕育和催生的,是资本主义国家体制内的产物,它成了实现资本主义政治民主的一种重要实现方式。所以,鉴于历史上西方政党政治史上出现的政党全面执掌国家权力而导致的政党极权与国家法西斯主义的教训,现代西方政党执掌国家权力在某种意义上说是一种有限的方式。无论两党轮流执政还是多党联合执政,其执掌国家权力主要体现为通过控制议会,将政党的主张上升为国家法律,通过组织政府和执政党的领袖出任政府总理或总统,间接介入政府,贯彻和体现政党的主张,执政党一般都不直接参与政府决策和政策执行。[①] 社会主义国家的政党政治是无产阶级政党为了实现自身的阶级利益和政治目标,达到人类的社会解放,通过革命的方式取得国家政权后,在现代民主政治的基础上建立起来的,执政党全面执掌国家权力。但是,在实施全面执掌国家权力的过程中,苏维埃俄国由于历史的原因,没能形成多党制或共产党领导下的多党合作制,而是一党制,而且一党制又被教条化和模式化,政党对国家权力高度集中,并逐渐演变成政治集权、经济集权、文化意识形态集权高度合一的盘根错节的局面,最终成为社会主义国家发展的严重障

---

① 王虹:《当代西方政党执政的基本模式及其分析》,《辽宁大学学报》(哲学社会科学版) 2004 年第 4 期,第 44—47 页。

碍,并由于自身经济衰退、意识形态合法性的消解和改革失败,使全球共产主义运动在历经 70 余年发展之后遭受了无可挽回的历史性损失而陷入低谷。

中国共产党在全面执掌国家权力的执政实践过程中,虽然也犯了比较严重的错误,对党、人民和社会主义国家造成了重大的损失,但在总体上还是始终坚持了共产党领导下的多党合作与政治协商制度,坚持阶级利益与社会利益的协调发展,并把人民利益摆在突出地位上,坚持以"领导"的方式执掌和行使国家权力,及时发现问题纠正错误,因而没有导致东欧社会主义国家的严重后果。其中一个重要的原因就是中国共产党始终没有背离中国的基本政治制度,包括政党制度和政党的执政制度,没有丧失政党对社会利益的自觉。党的十六大报告指出,共产党执政就是领导和支持人民当家作主,最广泛地动员和组织人民群众依法管理国家和社会事务,管理经济和文化事业,维护和实现人民群众的根本利益。[①] 据此,共产党执政,在政治权力方面是"领导和支持",在组织参与方面是"动员和组织",在思想价值方面是"维护和实现"。正是在这样的国家权力执掌方式下,中国共产党的有效领导成为推进社会主义改造、开启社会主义现代化建设新局面和当代中国国家治理与现代建构的关键。关于这一点,有的学者概括为"以执政党推动国家建设:中国的战略"。[②]

在"以执政党推动国家治理和建构"的模式下,执政党的推动作用一方面体现在党用科学的指导思想和战略规划来领导国家建设;另一方面体现在党能够在运行国家制度中直接赋予国家建设以动力和资源。[③] 同时还体现在党按照民主集中制的原则科学确立党的领导制度与国家各项制度既分立又连接,从而既确保国家制度依法独立运行,又确保实际运行依然在党委或党组的领导下展开。从这个意义上说,党的领导制度是党推动国家治理与现代建构的关键制度环节。这就意味着党的内部事务、党的建设首先要实现民主制度化,在此基础上党的领导制度才能有效承载起领导和推动国家和社会运行的功能。所以党的第三代中央领导集体以来,党尊重历史和现实,尊重社会主义国家建设和执政党执政规律,自

① 江泽民:《在党的第十六次全国代表大会上的报告》,人民出版社 2002 年版,第 31 页。
② 林尚立:《制度整合发展:中国共产党建设的使命与战略》,《毛泽东邓小平理论研究》2007 年第 4 期,第 1—8 页。
③ 林尚立:《制度整合发展:中国共产党建设的使命与战略》,《毛泽东邓小平理论研究》2007 年第 4 期,第 1—8 页。

觉地加强执政党建设,将党的建设与国家建设有机统一起来,提出了以党内民主带动人民民主,以党内和谐促进社会和谐,以社会主义核心价值体系建设推进社会主义先进文化建设的行动战略。

综上所述,在"以执政党推动国家治理和建构"的当代中国政治实践中,党建、执政与国家治理三者之间建立了一种有机的连接互动的关系。在功能上,充分发挥了社会主义国家执政党的作用,使党的建设有目标有方向,使国家权力运行独立、科学和有效,使国家治理与建构能够基于社会、制度和科学的战略策略上;在价值上,协调平衡阶级价值和社会价值,把社会价值摆在首要的地位。这事实上就向我们展示了一种存在于全球化背景下现代国家"治理结构"中的具有中国特色的政党、国家与社会"三位一体"的互动关系。它既符合马克思主义关于无产专政、实现人类政治解放乃至社会解放的逻辑,又在一定程度上超越了无产阶级专政,符合中国特色社会主义国家的基本政治历史和现实的政治逻辑。这种关系模式在理论上联通了党建理论、执政理论和国家理论,"三个代表"重要思想就是这种联通的理论形式。在"以执政党推动国家治理和建构"的国家战略下,"三个代表"重要思想无疑是马克思主义国家理论发展的最新成果。

三 "三个代表"重要思想:马克思主义国家理论视域

毫无疑问,马克思主义的国家理论对整个世界的历史进程、对现代国家的理论分析与实践治理和建构都有着不可估量的意义。正因为如此,现代西方各种国家理论无不从马克思主义国家理论中吸取营养,根据本国本阶级的历史实际和现实政治实践的需要,从不同的角度建构起芜杂多样的国家理论。今天,我们既要吸取这些国家理论的合理思想,又要从"以执政党推动国家治理和建构"的国家战略和存在于全球化背景下现代国家"治理结构"中的政党、国家与社会的新型关系出发,来分析"三个代表"重要思想的马克思主义国家理论意义。

(一)"最广大人民的根本利益":国家治理的价值根基

马克思主义经典作家认为:"国家是社会在一定发展阶段上的产物;国家是承认:这个社会陷入了不可解决的自我矛盾,分裂为不可调和的对立面而又无力摆脱这些对立面。而为了使这些对立面,这些经济利益互相冲突的阶级,不致在无谓的斗争中把自己和社会消灭,就需要一种表面上凌驾于社会之上的力量,这种力量应当缓和冲突,把冲突保持在'秩序'的范围以内;这种从社会中产生但又自居于社会之上并且日益同社会相异化的力量,就是国家。"①

这是马克思主义关于国家本质的基本论述,它也深刻揭示了当代国家治理的基本逻辑。第一,国家是阶级利益矛盾不可调和的产物,在阶级社会里,国家是具有自身特殊利益的。这说明,在阶级社会,国家治理代表的是统治阶级的利益,这是国家治理的逻辑起点和价值根基。第二,国家作为"自居于社会之上的力量",为获得自身权威与"合法性",在理论和实践上,无一例外地要以"第三者"身份出现,"代表"社会的普遍利益来治理国家,这是国家治理的一个重要的实践原则。第三,在阶级冲突中,国家并非中立的公正人,也并非真正能代表整个社会的普遍利益,国家始终是社会的对立物,这是国家的历史局限性,这说明国家治理之历史发展的价值趋向不是国家自身,而是社会。

可见,在马克思主义国家理论视域中,阶级(阶层)的差别与矛盾、国家(政府)的身份与合法性、国家的历史命运与价值取向始终是国家治理必须正视的根本性问题。对此,"三个代表"重要思想对当代中国的国家治理实践作了深刻阐释。

作为当代中国国家治理的价值根基的"统治阶级的利益",已不是原来意义上的统治阶级的利益了。当代中国的国家治理有了新的价值根基。中国社会主义国家的统治阶级已换成了原来被统治的无产阶级,工人阶级在政治上成为国家的领导阶级,在经济上成为生产资料的共同主人,已不再是原来意义上的"无产阶级";原来也是被统治的农民阶级成了无产阶级最亲密的同盟者;知识分子已经成了工人阶级的一个组成部分,而且是越来越重要的一部分。工人阶级的科技文化素质的明显改善和就业方式的灵活多样,使工人阶级已经越来越具有广泛的含义。我国农民也正经历着历史性的巨大变迁,在社会主义市场经济中,一部分农村剩余劳动力正日益向城镇转移,成为工人阶级的新生力量。可见,工人和农民是我国人口占绝大多数的统治阶级。

从这个意义上说,当代中国的"特殊利益"就是人口占绝大多数的统

---

① 马克思、恩格斯:《马克思恩格斯选集》(第4卷),人民出版社1995年版,第170页。

治阶级的利益,即无产阶级和广大劳动人民的根本利益。可见,当代中国社会主义国家的"特殊利益"具有明显的普遍性。随着社会经济的发展,中国社会结构发生了重大变化,出现了一个重要的社会中间阶层,[①]它业已成为中国特色社会主义的建设者,成为无产阶级政党和无产阶级国家发展壮大的群众基础。这就意味着,无产阶级政党和无产阶级国家所代表的阶级利益也就是当代中国最广大人民的根本利益。

西方新制度经济学所理解的"统治阶级的利益"是国家统治集团自身的集团利益。社会主义国家统治阶级并不存在自身的集团利益。首先,无产阶级政党是工人阶级的先锋队,这一性质决定了无产阶级的运动必然是绝大多数人的,为绝大多数人谋利益的独立的运动。无产阶级政党以凝聚着无产阶级和劳动人民的政治意识为己任,以代表无产阶级和广大劳动人民的利益为特色。因此,中国无产阶级政党在掌握国家政权后,国家统治集团并不是一个自利的集团,它在逻辑上是不存在自身的集团利益的。其次,马克思主义国家学说是否认国家的"经济人"本性的,也否认国家统治集团拥有自身的集团利益,而只承认国家代表统治阶级利益。以邓肯·布莱克(Duncan Black)、戈登·塔洛克(Gordon Tullock)和詹姆斯·M·布坎南为代表的公共选择理论的"经济人"假设是违背历史唯物主义常识的,是建立在形而上学基础上的。[②] 最后,社会主义国家(政府)及其公职活动的本质属性就是公共性,这种公共性是以权力委托和劳务"买卖"为合法性根据的,官僚组织和公职人员在公共领域被要求完全排除开自身利益。因而,社会主义国家的特殊利益与以往国家形态中的国家特殊利益具有本质区别:社会主义国家的"特殊"利益本质上是中国最广大人民的根本利益,并不存在国家统治集团自身的集团利益与统治阶级利益的差别和悖论。

由此可见,在马克思主义国家理论视域中,"三个代表"重要思想对当代中国国家治理实践具有重要的意义。"三个代表"重要思想的核心,即"始终代表中国最广大人民的根本利益",反映了国家作为"自居于社会之上的力量",所具有的代表社会普遍利益的本质。对于社会主义国家来

---

① "改革开放以来,我国的社会阶层构成发生了新的变化,出现了民营科技企业创业人员和技术人员、受聘于外资企业的管理技术人员、个体户、私营企业主、中介组织的从业人员、自由职业人员等社会阶层。"参见江泽民:《在庆祝建党八十周年大会上的讲话》。

② 参见刘瑞、吴振兴:《政府人是公共人而非经济人》,《中国人民大学学报》2001年第2期。

说,其本质就是真正代表广大人民的根本利益。这是当代中国国家治理的新的逻辑起点和价值根基。

然而,对于还存在着社会利益差别,还存在着阶级、阶层的差别和矛盾及其特殊斗争形式的当代中国,国家能否真正代表最广大人民的根本利益呢?

(二)"合乎规律的社会经济发展":国家治理的实践原则

国家治理实践就是以政府为实践主体对国家职能的执行和发挥,国家治理成效怎样,最广大人民的根本利益维护、实现和发展得怎样,关键在于国家治理能否确立并始终遵循科学的实践原则。

那么,社会主义国家政权建立后,国家治理的实践原则具体指的是什么呢?马克思主义经典作家指出,政府执行和发挥国家职能也就是发挥国家权力对经济和社会的反作用。对此,恩格斯在《反杜林论》中指出:"政治权力对社会独立起来并且从公仆变为主人以后,它可以朝两个方向起作用。或者按照合乎规律的经济发展的精神和方向起作用,在这种情况下,它与经济和社会发展之间没有任何冲突,经济发展就加速了。或者违反经济发展而起作用,在这种情况下,除去少数例外,它照例总是在经济发展的压力下陷于崩溃。"恩格斯这里所说的"合乎规律的经济发展的精神和方向"、"经济发展的压力"和"经济情况",指的是什么呢?首先,"合乎规律的经济发展的精神"是指国家治理能够使劳动者占有生产资料和劳动成果,劳动者能够在社会经济生活中占主导地位,社会经济发展要符合劳动者的利益。其次,"合乎规律的经济发展的方向"是指国家治理实践始终要符合先进社会生产力的发展方向。再者,这里的"经济情况"并不是单指经济方面,它还包含建筑在经济发展的一般精神和先进生产力基础上的艺术、道德、政治法律思想等先进的文化意识形态。① 最后,所有这些因素蕴藏着推进经济和社会发展的巨大能量,如果政治权力违背或者未能充分体现合乎规律的经济发展的精神和方向,这些能量就会以各种方式释放出来,从而形成既定社会的"经济发展的压力",并直接指向

---

① 参见马克思、恩格斯:《马克思恩格斯选集》(第3卷),人民出版社1972年版,第222页。恩格斯在谈到社会历史中的暴力时指出:"但在长期的征服中,比较野蛮民族的征服者,在绝大多数情况下,都不得不适应征服后存在的比较高的'经济情况'……甚至还不得不采用被征服者的语言。"

政治权力和国家治理本身。所以,对社会主义国家治理来说,为避免成为经济和社会发展的对立物,在执行和发挥国家职能尤其是社会管理职能时,始终要"按照合乎规律的经济发展的精神和方向"起作用,代表中国先进的社会生产力的发展要求,代表中国先进文化的前进方向。这是当代中国国家治理实践的基本原则和价值中轴。

然而,事实上,当代中国的国家治理并不会完全按人们理想化的设想来展开。无产阶级继承下来的、用以完成自己使命的国家仍然是政治国家。社会主义国家治理依然存在着自我异化的因素。所谓国家治理的异化,就是政府在行使政治权力,执行和发挥国家职能时,背离国家的本质和价值根基,而反过来成为与社会和人民相脱离或对立的异己存在。从这个意义上看,国家治理的异化就是国家权力(公共权力)的异化。国家治理的自我异化,首先源于政治权力自身的属性。国家权力具有强烈的强制性、扩张性、工具性等先天属性。权力的强制性极易使主体为追求服从的效果而滥用权力;权力的扩张性常使主体随意突破权力的时空界限而与(私人、公众和社会)权利相对立;权力的工具性诱使主体背离权力的宗旨而私化权力。第二是权力的主体因素。作为权力的掌管者——政府机构和组织在竞争社会资源时,常常以局部利益僭越社会普遍利益而偏离其权力角色规范;作为权力的行使者——公职人员在缺少内在和外在约束之下,往往会产生"寻租"的动机和行为。第三是权力的机制因素。由于制度的设计(如社会利益分配制度)还不够完善,并且在实行过程中往往会超出公平的原则,这就为权力的异化提供了制度的空间和社会心理前提,一旦权力缺乏有效的制衡和监督机制,就会显现出其任性的本性。所以,国家治理的一切实践活动围绕"合乎规律的社会经济发展"这个价值中轴展开,是防止国家治理自我异化的根本前提。

同时,影响当代中国的国家治理还有其深刻的社会因素。第一是社会利益因素。改革开放和社会主义市场经济,使我国社会利益关系发生了重大变化。社会利益实现形式的多样化、利益差距的不断拉大以及社会利益关系的复杂性、矛盾性,给政府在实际工作中,认识和把握最广大人民的根本利益,重新调整各种社会利益关系带来巨大的困难,从而对国家治理带来了严峻的挑战。第二是社会阶级、阶层因素。社会主义国家仍然是以阶级、阶层的分化、差别和对立为特点。社会利益结构的变迁必然影响社会阶层结构的变化,一方面,以身份为基础的城市与农村、工人与农民、干部与群众的传统"二元式"社会阶级、阶层模式逐渐向以各自利益为核心的社会阶层模式过渡；另一方面，社会阶层日益呈现出群体化、集团化，甚至特殊化的发展趋势，并且缺乏合理性、公平性和开放性。因此，作为国家政治权力的掌管者和执行者的国家组织及其公职人员，在社会结构变迁的影响下必然会表现出个体的和群体的自利性倾向，[①]在实践中诉求自身的集团利益或小群体的利益，这在很大程度上妨碍或腐蚀了当代中国的国家治理活动，国家治理也在相当的程度上背离了自己的价值根基和实践原则。

因此，对社会主义中国来说，实现国家的有效治理过程就是坚持"合乎规律的社会经济发展"这个基本实践原则，组织和运用国家权力，以理顺和调整社会利益关系，消除阶级剥削与阶级差别、矛盾和冲突的过程，易言之，就是使国家权力和国家治理实践逐渐回归社会的过程。

(三)"社会本位主义"：国家治理历史发展的价值趋向

从国家的起源及其与社会的关系来看，国家自始至终是社会的对立物。马克思主义国家学说的终极使命就是探讨国家的历史命运，探索消除国家与社会之间的矛盾和对立的条件和途径，并把希望寄予未来的无产阶级国家。国家是在人类社会发展到一定历史阶段，随着阶级的产生而产生，但这并不意味着国家自发地走向消亡。国家的消亡需要一系列的社会历史条件，也必然经历一个漫长的历史过程。

所以，国家消亡不仅是一个重大的理论问题，而且更是一个十分关键的实践问题，即国家治理问题。那么，无产阶级民主国家如何在实践中实现这一政治目标呢？马克思主义指出，国家在历史上的演变是由生产力与生产关系、经济基础与上层建筑的矛盾运动所决定的。当生产力发展到一定阶段，必然同生产关系发生矛盾，从而要求对生产关系进行变革，经济基础的变革自然引起上层建筑的变革。在这种变革中，代表先进的生产力发展的新的阶级取代旧的阶级，成为国家政权的统治者，于是新的国家形式就代替了旧的国家形式。换句话说，在马克思看来，国家的历史

---

① 政府是否存在自利性？如何理解政府自利性的逻辑与事实？对此敏感问题，许多学者提出了不同的看法。参见高庆：《政府的自利性及其法律调控》，《探索》2000 年第 1 期；金太军、张劲松：《政府的自利性及其控制》，《江海学刊》2002 年第 2 期；刘瑞、吴振兴：《政府人是公共人而非经济人》，《中国人民大学学报》2001 年第 2 期；任晓林、谢斌：《政府自利性的逻辑悖论》，《国家行政学院学报》2003 年第 6 期。

演变是一个制度变迁的过程。[①] 但是,在现实实践中,把握社会主义国家的制度变迁和命运不仅要有生产力与生产关系、经济基础与上层建筑之矛盾运动上的理论理性,更应该有总领经济基础和上层建筑的实践理性。当代中国国家治理的实践理性可以概括为三个方面:第一,国家(政府)是否能为社会生产力的发展开辟广阔的空间,始终代表中国先进社会生产力的发展要求。第二,社会生产力的发展成果是否能为社会劳动者所掌握和享有,符合社会经济发展的一般精神,也就是说国家(政府)是否能始终代表中国最广大人民的根本利益。第三,"与物质前提相联系的物质生活过程"[②]是否能不断升华出新的社会文化意识形态,并为社会主义国家所占领,代表并引领中国先进文化的前进。

从这三个方面,我们可以看出,"三个代表"是一种"社会本位主义"思想逻辑和价值理念。"社会本位主义"认为:第一,国家来自社会,又要回归社会,二者相比,社会更为根本;第二,国家没有自身特殊的利益要求,政府要切实把自己看作社会公共利益的代表,以服务于社会的态度执行社会管理的职能;第三,判断一切国家治理的活动的价值标准就在于它是否科学地、合理地和有效地服务于社会的发展。可见,"三个代表"揭示了在国家与社会关系上,"国家本位主义"向"社会本位主义"转变的内在逻辑,也揭示了当代中国国家治理历史发展的价值趋向。

社会主义国家的建立和长足发展,使当前我国的国家与社会的关系呈现出新的特点:第一,我国的国家与社会的关系具有新基础。社会主义公有制是国家与社会两者建立良性互动关系的物质基础;国家始终代表社会的普遍利益是社会主义国家的应然本质,也是处理国家与社会关系的思想基础和价值原则;人民民主是国家与社会关系的制度基础。第二,社会主义国家在事实上而不是仅仅形式上,确立了人民当家作主的地位和人民内部平等的政治关系,社会与国家、人民与政府的关系,在本质上是一致的。第三,社会主义国家本身就是一个把国家权力复归于社会的历史过程。

但是,当代中国社会,并不是在自身基础上成熟发展起来的,而是从旧社会脱胎而来的,所以国家仍属于政治国家,其国家治理并不是由社会

---

① 黄新华:《马克思主义国家学说与新制度经济学国家理论之比较分析》,《宁夏大学学报》2002年第2期。

② 马克思、恩格斯:《马克思恩格斯全集》(第3卷),人民出版社1960年版,第30页。

直接掌握，而是由那些从人民群众中选举出来的职业官僚来掌握，这就不可避免地保留旧国家形态中国家与社会对立的实践形式。这些实践形式包括：第一，我国仍然存在传统国家遗留下来的、把人们被动服从社会自然分工的消极作用制度化和法制化的现实。第二，不完善的市场经济，不断拉大着社会贫富差距，把人们区分为新的阶级和阶层，从而造成社会利益新的差别和对立。第三，国家治理的执行者——职业官员和官僚机构，还未真正做到代表广大劳动人民的普遍利益，存在着严重的自利倾向和腐败行为，这是当前造成社会与国家、人民与政府之间分离、甚至对立的重要根源。第四，国家治理还缺乏严格的制度监督和约束，仍然存在着不必要的延伸和扩张，其可能的结果就是造成国家对社会"权利的限制和侵害与制度的低效和残缺"。①

因此，化解国家与社会之间的矛盾和对立是当代中国国家治理的当务之急。而完成这一使命的根本途径就是使国家权力最终回归社会，确立国家治理实践的"社会本位主义"的价值取向。这是因为，首先，大力发展社会主义生产力，不断提高人民生活水平和生活质量，是消除国家与社会差别和对立、国家权力回归社会的物质前提。无产阶级国家只有在强大的物质力量的支持下，才能消除旧国家形态所遗留下来的种种祸害以及导致国家与社会对立的各种因素，也才能真正实现人民民主新秩序，从制度上实现"人民群众把国家政权重新收回"。其次，从文化意识形态上建设国家和社会，是社会主义国家真正回归社会的文化意识条件。国家同社会一样，在概念上除了实体性的向度之外，还有一个理念性的向度。西方思想家从葛兰西开始，已经揭示出了国家与社会对立的另一个重要因素和领域，即文化意识形态。一般而言，自治原则、法治原则、个人主义、多元主义、公开性、公共性等被人们认为是社会特有的价值旨趣或规范基础。所以，"代表中国先进文化的前进方向"，不断从"社会物质生活过程中"升华出新的社会文化意识形态是国家权力回归社会的文化意识前提。第三，实行人民民主原则是实现国家权力复归于社会、复归于人民的根本途径和基本条件。人民民主原则集中体现了广大劳动人民的利益和要求，是消除现存制度中一切与人民主权相抵触的东西，保证国家制度的实际体现者始终是人民，保护人民主权不受任何侵犯的原则。社会主义国家治理过程就是不断缩小自身的权力，逐步扩大社会的权利，壮大社

---

① 道格拉斯·C·诺斯：《经济史中的结构与变迁》，上海三联书店1994年版，第20页。

会的力量,实现民主制度化的过程。

　　总之,"三个代表"重要思想首先是当代中国的政党建设理论和执政理论,同时,在国家理论的视域中,又是当代中国的国家治理理论,它深刻地阐释了国家治理的本质及其新的价值根基,厘清了国家治理的实践原则,也规定了国家治理历史发展的价值取向。

第三章　公有制、社会秩序与人民利益

——马克思主义国家政权基础的新基石

马克思主义国家政权理论是马克思主义国家理论的基础和核心，也是区别马克思主义政治学与历史上其他任何一种政治学的根本标志。马克思主义国家政权理论最基本的内容，就是关于国家的起源、本质和消亡的学说。马克思主义经典作家对这些问题的分析始终是以揭示国家政权赖以产生、存在和消亡的物质基础为根据的，指出在一定社会物质基础上就必然形成一定性质、结构和功能的国家政权，而国家政权基础的建设内容和重点也必然以社会物质条件为依据；社会生产的发展，人们的生存方式的变革，必然引起国家政权基础的重构；如果国家的社会物质基础的遭到破坏或侵蚀，国家政权也最终走向衰弱和消亡，而高度发达的社会物质基础则为人类解放和社会重新接管自己的事务创造了必要的条件。如今人们对全球化之于国家的挑战的热烈讨论，更多的是停留在国家主权的层面上，即国家主权的强化、弱化上，而较少关注国家政权赖以存在的社会基础，即国家政权的阶级基础、经济结构基础、利益基础和社会秩序基础等。所以，探讨全球化对国家的政权基础所构成的挑战，才是我们考察全球化中的国家的核心问题，也是建构当代中国马克思主义国家理论的首要问题。因此，本章以全球化中的国家政权基础为论题，来阐述当代中国马克思主义国家政权基础的最新成果。

一 无产阶级国家的政权基础在于社会

(一)马克思主义关于国家政权基础的思想

如我们所知,马克思主义最初对唯物史观的探讨,就是围绕国家与社会的关系问题而展开的。具体地说,是从批判黑格尔法哲学中有关市民社会和政治国家的思想开始的。马克思把国家与社会的分离看作历史的过程和现实的存在,并对国家和市民社会进行了历史的、现实的系统批判。他指出:"黑格尔把市民社会和政治社会的分离看作一种矛盾,这是他的深刻的地方。但错误的是:他满足于只是表面上解决这种矛盾,并把这种表面当作事情的本质。"①马克思接下来对市民社会与政治国家已彻底分离的事实的分析,对市民社会和私有财产的批判,深刻揭示了国家的产生、国家的阶级本质,并在总结 1848 年欧洲革命,特别是 1871 年巴黎公社的实践经验的基础上,形成了马克思主义的国家政权思想。

马克思首先指出,黑格尔在国家与市民社会、家庭的关系问题上弄颠倒了,"家庭和市民社会是国家的真正构成部分,是意志所具有的现实的精神实在性,它们是国家存在的方式。家庭和市民社会本身把自己变成国家。它们是原动力。可是在黑格尔看来却刚好相反,它们是由现实的理念产生的。它们结合成国家,不是它们自己的生存过程的结果;相反的,是理念在自己的生存过程中从自身中把它们分离出来。就是说,它们才是这种理念的有限领域"②。这样,"在黑格尔那里条件变成了被制约的东西,规定其他东西的东西变成了被规定的东西,产生其他东西的东西变成了它的产品的产品"③,政治国家是从必然性和自由这两个精神理念互相关系中引申出来的,而"本身就是国家精神的这两个领域的精神现在也把自己当作这种国家精神来看待,并变成作为家庭和市民社会实在内

---

① 马克思:《黑格尔法哲学批判》,《马克思恩格斯全集》(第 1 卷),人民出版社 1956 年版,第 338 页。

② 马克思:《黑格尔法哲学批判》,《马克思恩格斯全集》(第 1 卷),人民出版社 1956 年版,第 251—252 页。

③ 马克思:《黑格尔法哲学批判》,《马克思恩格斯全集》(第 1 卷),人民出版社 1956 年版,第 252 页。

容的那种自为的现实的东西"①。可见，在黑格尔那里，家庭的天然基础和市民社会的人为的基础成了被自为的、现实的国家精神所决定的，政治国家形成后却游离开了它的社会基础，逐渐上升成了一种纯粹的抽象形式。

黑格尔诉诸一种抽象的理念推演来说明从家庭和市民社会发展到国家的逻辑。他把"同业工会"、"官僚机构"、"等级"等看成是中介市民社会与国家的几个环节，这些环节仍然具有抽象的普遍性，而国家的职能在于使普遍的东西运用于个别情况和个别利益，它们与市民社会中的特殊物有更直接的关系，并通过这些特殊目来实现普遍的利益，从而建立起家庭、市民社会与国家的联系。然而，黑格尔认为，组成官僚机构的政府成员和国家官吏是社会中间等级的主要组成部分，全体民众的高度智慧和法律意识就集中在这一等级中，"国家的意识和最高度的教养都表现在国家官吏所隶属的中间等级中"。② 这实质上就是主张由作为"普遍等级"的官吏从事政治活动的官僚政治。马克思严厉地批判了这种"普遍的"官僚政治，指出在官僚机构中，国家利益成为一种同其他私人目的相对立的特殊的私人目的，官僚机构就实质而言不过是市民社会的"国家形式主义"。

关于这一点，马克思的结论是：市民社会与国家已经彻底分裂，黑格尔认为官僚政治和等级可以起到中介国家和市民社会的作用，这是错误的。为了清楚地说明这个问题，1844 年，马克思在巴黎开始了对政治经济学的研究。马克思认为，推动人类社会历史前进的基本力量是人类生活的生产和再生产，人类生活的生产和再生产所包含的两个方面：生活和生产资料的生产和再生产与人类自身的生产和再生产都是普遍的，绝对的。国家同宗教、家庭、法、道德、科学、艺术等一样，都不过是生产的一些特殊方式，并受生产的普遍规律的支配。之后，马克思把市民社会与国家的关系，提升到经济基础与上层建筑的关系层面，从中发展出了一种超越了市民社会与国家的新的解释框架。马克思指出，"市民社会这一名称始终标志着直接从生产和交往中发展起来的社会组织，这种社会组织在一

---

① 马克思：《黑格尔法哲学批判》，《马克思恩格斯全集》（第 1 卷），人民出版社 1956 年版，第 254 页。

② 黑格尔：《法哲学原理》，商务印书馆 1961 年版，第 314、315 页。

切时代都构成国家的基础以及任何其他的观念的上层建筑的基础"。①

通过对各个社会历史时期的社会经济关系,尤其是财产占有关系的考察,马克思科学地揭示了国家的阶级本质。他说:"国家是统治阶级的各个个人借以实现其共同利益的形式,是该时代的整个市民社会获得集中表现的形式。"②一方面,国家是市民社会中利益分化与整合的结果,是社会特殊利益与社会普遍利益之间矛盾斗争的产物。利益的分化表明社会特殊利益的差别和对立的不断激化,利益的整合表明相同或相似的特殊利益之间形成共同利益。一旦利益对立和斗争超出了市民社会所能克服的限度,它就需要一种利益强制。此时,能够担当起这种利益强制重任的只能是市民社会中居于支配地位的某个"共同利益"。这样,这种"共同利益才采取国家这种与实际的单个利益和全体利益相脱离的独立形式"③执行自己的功能。

另一方面,马克思认为,与特殊利益脱离的、凌驾于社会之上并统治社会的国家"同时采取虚幻共同体的形式",掩盖着"一个阶级统治着其他一切阶级"的实质。也就是说,国家的阶级统治的实质并不是写在表面的。从表面上看,国家是一种凌驾于社会之上的力量,是一种自居于社会之上并日益同社会相分离的力量。换句话说,国家在表面上所采取的不是阶级组织的形式,而是一种共同体的形式。这种共同体形式表现在,国家通过官吏来对社会进行统治和管理,管理者并非完全是统治阶级的全体成员;管理对象是全体国民,国家所制定的法律、制度和政策,对所有国民都是适用的,当然包括统治阶级的成员。然而,国家所采取的这种外观形式,很容易使人们认定国家的本质是一种社会共同体。因此很多人反对用阶级专政来定义国家。他们提出了关于国家本质的形形色色的诠释,如社会契约论、社会有机论、多元民主论等等。这些国家诠释的结论可以归结为一点,即国家是一个真正的社会共同体。

马克思主义坚决反对这种"社会共同体"的论说。他们认为,人类有史以来的一切国家都是阶级的国家,国家的实质是阶级专政。因为,国家的产生是基于统治阶级维护自身阶级共同利益的意志。恩格斯在《家庭、私有制和国家的起源》中生动地描述了国家被"发明"出来的历史过程。

---

① 马克思、恩格斯:《马克思恩格斯选集》(第 1 卷),人民出版社 1995 年版,第 130—131 页。
② 马克思、恩格斯:《马克思恩格斯选集》(第 1 卷),人民出版社 1995 年版,第 132 页。
③ 马克思、恩格斯:《马克思恩格斯选集》(第 1 卷),人民出版社 1995 年版,第 84 页。

他说,在原始社会的末期,由于财产积累的差别不断扩大,导致氏族成员之间社会地位不断分化,当氏族制度被滥用来替暴力掠夺财富的行为进行辩护和提供保障时,社会就需要一种使社会划分成阶级的现象永久化、使有产阶级剥削无产者的权力以及前者对后者统治永久化的机关,这个盖上了社会普遍承认的印章的机关就是国家。可见国家的产生并不像契约论者杜撰的那样,是基于人民的同意,恰恰是当时在社会上最强大、占有最多财富的那个阶级意志的产物。

国家的建立,其目的是通过统治阶级掌握国家政权并利用这个政权为本阶级的利益服务。国家建立,是为了缓和社会矛盾,把社会冲突控制在一定的秩序范围内。首先,所谓"秩序",当然是指一定生产关系所决定的统治阶级的法律、制度和政策所确立和维护的社会秩序,它涉及政治、经济、意识形态甚至社会生活等多方面。其次,把冲突控制在"秩序"的范围内,实际上就是维护了有利于统治阶级的生产关系,维护了在生产关系中占统治地位的阶级的根本利益。再次,缓和并控制社会冲突始终有一个"度"的问题。这个"度"应该是该国家的统治阶级保持其政权并使之正常运行所需要的政治秩序。一个国家无论采取什么缓和冲突的方式,都不能超越这个"秩序",更不能改变"秩序"。如果一种类型的国家所采取的缓和冲突的方法不是为了把社会控制在"秩序"范围内,而是超越或改变了这种"秩序",就必然导致国家政权性质的改变。当然,由于各种试图改变或超越这个"秩序"的因素的经常变动,因而实现把冲突控制在"秩序"的范围内必然是一个动态的过程。最后,"秩序"是阶级统治的社会基础,所以,阶级统治的一个重要任务就是构建合理的、稳定的社会秩序。这个秩序结构既不允许被统治阶级破坏,也不允许统治阶级自己破坏。因此,阶级统治的"秩序"基础不仅要防止被统治阶级的破坏,更要防止统治阶级自己内部的破坏,易言之,阶级统治的"秩序"基础应该从被统治阶级和统治阶级两方面去建设。

基于对国家的阶级本质的认识,马克思主义完整地阐述了建立新型的无产阶级国家政权的思想,指出无产阶级必须充分认识到社会经济基础的变革对于政权的转移和巩固所具有的决定性的作用。马克思在《共产党宣言》中表明了无产阶级解决政权问题与经济基础问题之间的关系。他指出,由于资本主义经济关系是旧政权的经济基础,而旧政权又是维护落后的经济基础的强大力量,所以只有先解决政权问题,才能解决经济基础问题,但政权问题的根本解决又必须以解决经济基础问题为基础。因此,"无产阶级只有夺取了政权,建立了无产阶级专政,运用政权剥夺了剥夺者,社会主义经济制度才能建立起来"。

在实践中,由于资产阶级的国家政权是压迫和剥削无产阶级以及广大人民群众的工具,是现存社会中的一个"可怕的寄生体",因此,无产阶级专政必须摧毁这种"资产阶级的恐怖政治",集中自己的一切破坏力量来打破资产阶级国家政权赖以建立的政治秩序。马克思、恩格斯通过对欧洲工人运动的考察和1871年巴黎公社革命的实践经验的总结,指出,六月起义被血腥镇压的事实充分说明了这点:"要保卫巴黎,就不能不武装它的工人阶级,把他们组织成为一支有战斗力的军事力量,并且就在战斗中锻炼他们的队伍"①。同时,无产阶级专政决不能归结于简单地夺取政权,还意味着不仅要消灭资产阶级的政治统治,而且要废除资产阶级赖以镇压劳动群众的官僚军事机构,用革命的暴力摧毁和打碎旧的国家机器,以无产阶级的政治秩序代替资产阶级的政治秩序。所以,巴黎公社革命的经验表明,工人阶级不能简单地掌握现成的国家机器,更不能运用它来达到自己的目的。无产阶级只有利用自己的国家机器,实行"剥夺剥夺者"的政策,变生产资料资本主义私有制为公有制,才能真正实现资产阶级政权向无产阶级政权的转移。

欧洲工人阶级的斗争的另一个基本经验是,无产阶级必须同农民结成盟友,建立工农的联合专政。由于农民遭受的剥削和工业无产阶级遭受的剥削只是形式上的不同,他们的剥削者是一个,即资本,"只有资本的倾覆,才能使农民地位提高,只有反对资本主义的无产阶级政府才能终结他们在经济上的贫困和社会上的衰落"。同时,"农民到处都是人口、生产和政治力量的非常重要的因素"②,是数量众多的被剥削被压迫的劳动群众。所以,农民的经济、政治地位和农民阶级自身的特点,决定了工农联盟的可能性和必要性。也就是说,就农民受阶级的局限不能靠自己的力量获得解放这一政治特点来看,农民需要把无产阶级看成其真正的保卫者和同盟者;就农民的人数、政治作用和革命性来看,无产阶级的政治斗争又需要农民阶级的有力支持。因此,工农同盟是无产阶级革命的前提,缺少这一前提,无产阶级革命不可能取得胜利,即使胜利了,无产阶级政权也难以得到维持和巩固。

---

① 马克思:《法兰西内战》,《马克思恩格斯选集》(第2卷),人民出版社1972年版,第353页。
② 恩格斯:《德法农民问题》,《马克思恩格斯选集》(第4卷),人民出版社1972年版,第295页。

综上所述,国家的起源、阶级本质以及无产阶级政治斗争经验表明,无产阶级国家政权的基础在于社会。关于这一点,早在与恩格斯合著的《德意志意识形态》中,马克思已经告诉我们:"那些决不依个人'意志'为转移的个人的物质生活,即他们的互相制约的生产方式和交往方式,是国家的现实基础,而且在一切还必须有分工和私有制的阶段上,都是完全不依个人的意志为转移的。这些现实的关系绝不是国家政权创造出来的,相反的,它们本身就是创造国家政权的力量。"①在《〈政治经济学批判〉序言》中,马克思以更明确的语言告诉我们:"人们在自己生活的社会生产中发生一定的、必然的、不以他们的意志为转移的关系,即同他们的物质生产力的一定的发展阶段相适合的生产关系。这些生产关系的总和构成社会的经济结构,即有法律的和政治的上层建筑竖立在其上并有一定的社会意识形态与之相适应的现实基础。物质生活的生产方式制约着整个社会生活、政治生活和精神生活的过程。……社会的物质生产力发展到一定阶段,便同它们一直在其中运动的现存生产关系或财产关系(这只是生产关系的法律用语)发生矛盾。于是这些关系便由生产力的发展形式变成生产力的桎梏。那时社会革命的时代就到来了。"②马克思和恩格斯的这些论述向我们传递了一个极为重要的信息,即国家政权的建立、巩固和发展,其共同的基础或前提在于社会物质生产方式。正是社会物质生产方式内部的生产力与生产关系的一致或冲突从根本上制约着国家政权的兴衰存亡。

(二)无产阶级国家政权基础的特点

由于代替资产阶级国家的无产阶级国家已经不是原来意义上的国家,它是一种全新的阶级专政和阶级民主的国家政权形式,因此,它的政权基础必然有全新的内涵。无产阶级国家首先仍然具有国家的一般特征,它仍然是建立在统治阶级经济基础上的维护统治阶级利益的工具,仍然是一种有各种物质附属物如军队、警察、监狱等的公共权力,仍然是镇压阶级敌人的暴力。然而,无产阶级国家已不是原来意义上的国家了。无产阶级国家"镇压的不是大多数居民,而是少数居民(剥削者);它已经打碎了资产阶级的国家机器,居民已经自己上台来代替实行镇压的特殊

---

① 马克思、恩格斯:《马克思恩格斯全集》(第3卷),人民出版社1960年版,第377—378页。
② 马克思、恩格斯:《马克思恩格斯选集》(第2卷),人民出版社1995年版,第33页。

力量。"①也就是说,无产阶级国家已经不再是少数剥削阶级镇压多数被剥削阶级的工具。另一方面,无产阶级国家是一种过渡性的政权,即从国家到非国家的过渡,因为无产阶级需要用国家来为自己的胜利和终极目标保驾护航。这正如恩格斯所指出的:"当无产阶级需要国家的时候,它之所以需要国家,并不是为了自由,而是为了镇压自己的敌人,一到有可能谈自由的时候,国家本身就不再存在了。"②所以,无产阶级国家的政权基础也必然有不同于其他类型国家的特点。

1. 无产阶级国家政权的社会经济结构基础

马克思、恩格斯强调,在无产阶级取得国家政权后,国家政权建设的一个重要的任务就是变资本主义私有制为公有制,逐步建立无产阶级国家所有制。因为,只有首先实行生产资料(包括土地)国家所有制,才可能"彻底改变劳动和资本的关系,并最终完全消灭工业和农业中的资本主义的生产方式",③实现未来社会劳动者在全社会范围内联合起来直接占有生产资料和劳动产品;才可能巩固和发展无产阶级国家政权,实现无产阶级国家向共产主义社会过渡。

在无产阶级国家向共产主义社会过渡的这个特殊历史时期,公有制除了国家占有外,还有"合作社的生产和占有"。"合作社的生产和占有"是通过示范和提供社会帮助的形式,变小土地私有制为公有制。这种"合作社的生产和占有",恩格斯在致倍倍尔的一封信中将其称作无产阶级国家向共产主义过渡的"中间环节",是无产阶级国家的公有制的一种重要的实现方式,它同样是无产阶级国家政权的另一个重要的基础。无产阶级国家在社会化的生产还很不发达的情况下,无产阶级并不能简单地否定甚至是消灭一切意义上的私有制。此时,作为"以生产者自己的劳动为基础"的私有制即个体私有制,还有其存在的必要性和必然性;作为"以剥削别人劳动为基础"的私有制即资本主义私有制,无产阶级国家需要用以促进社会生产力发展;而介于二者之间的"业主既参加劳动又带有一定程度剥削的私有制"的"中间状态",即小业主私有制,仍然是无产阶级国家过渡到共产主义非国家状态的必然保留的一种重要经济形式。

这样,无产阶级国家所有制、合作社制、个体私有制、资本主义私有制

---

① 列宁:《列宁选集》(第 3 卷),人民出版社 1972 年版,第 227 页。

② 马克思、恩格斯:《马克思恩格斯选集》(第 3 卷),人民出版社 1972 年版,第 30 页。

③ 马克思、恩格斯:《马克思恩格斯选集》(第 2 卷),人民出版社 1972 年版,第 454 页。

和小业主私有制等社会经济成分共同构成了无产阶级国家这个特殊历史时期的国家政权的社会经济结构基础。

2. 无产阶级国家政权的社会利益结构基础

一般来说,社会经济结构规定了与其相应的占统治地位的社会生产关系,而在这种社会生产关系基础上,必然形成相应的社会利益结构。社会利益结构是基于某种占统治地位的社会生产关系,社会成员之间、社会成员与社会之间围绕着利益互相作用以及社会对这种互相作用的控制和调节,而形成的社会利益关系模式。在这种利益的互相作用中,具有决定意义的是人们掌握和支配利益资源的状况。那些能够掌握和支配对生产过程说来具有决定意义的利益资源(例如生产资料)的人们自然在这种互相作用中占有主动的和优势的地位,反之,他们则只能处于被动的和劣势的地位。而社会对这一过程的控制和调节是通过国家来实现的,国家的控制和调节则必然要受到阶级或阶层的影响。首先是受决定国家的阶级性质的那个阶级,即对利益资源占有主动和优势地位的那个阶级的影响,国家的控制和调节必须服从和服务于占统治地位的那个阶级的利益。其次是国家还要考虑并满足对利益资源处于被动和劣势地位的那些阶级或阶层的利益。于是,社会各阶级、各阶层,甚至是包含社会个体成员的各利益单元都必然要围绕着国家控制和调节这个关键环节展开资源和利益的竞争,在此过程中必然伴随着人们之间各种不同的利益矛盾,也伴随着社会成员与国家之间的不同矛盾。

在无产阶级国家这个特殊的历史时期,国家所有制、合作社制、个体私有制、资本主义私有制和小业主私有制等是人们社会利益的基本源泉。无产阶级国家将通过法律、行政、阶级斗争和意识形态等力量,以民主、法制和协商的方式控制和调节社会利益的分配,规范社会利益行为,不断满足社会各阶级、阶层人民的利益需求。毫无疑问,无产阶级,包括工人阶级、农民阶级和知识分子将是无产阶级国家的利益服务的主要对象,但在多种经济成分并存的无产阶级国家过渡的历史时期,无产阶级国家必须充分尊重和发展多元化的社会利益源泉,为社各阶级、阶层的正当利益追求提供必要的制度环境。对无产阶级国家来说,社会利益资源的调节和分配、社会利益矛盾冲突的控制和化解是国家政权巩固和发展的关键环节。

无产阶级国家控制和调节社会利益关系主要涉及这么几个方面:第

一,坚持公有制的基本经济制度,是实现对社会利益资源有效控制和调节的前提。第二,利用无产阶级国家政权的力量,协调并化解人民内部的利益差别、矛盾和冲突。第三,处理好国家职权与社会利益之间的关系,防止社会利益对政治权力的侵蚀。第四,发展无产阶级民主,提高国家政策对社会利益调节的民主性、科学性和有效性。第五,正确处理好无产阶级国家中央与地方、地方与地方之间的利益关系,防止因利益差别和矛盾滋生政治游离。第六,对无产阶级政党进行合理的利益定位,在理论和实践上真正做到"没有任何同整个无产阶级的利益不同的利益……而始终代表整个运动的利益"。① 这一系列问题的解决无疑对无产阶级国家政权具有至关重要的意义,所以,从这个意义上来说,社会利益结构是无产阶级国家政权的基础。

3. 无产阶级国家政权的社会阶级结构基础

无产阶级国家的实质是无产阶级专政。无产阶级为自己争得民主需要工农联盟这支联合力量。恩格斯曾把工农联盟问题与无产阶级夺取政权直接联系起来,强调指出,为了夺取政权,无产阶级应当首先从城市跑到农村,应当成为农村中的力量,使他们明确自己的经济生活的糟糕处境和政治解放的光明前景,把农民从大地主那里争取过来,使他们成为工人阶级的同盟军,参与到革命的战斗中去。没有农民的积极支持,无产阶级就不可能夺取政权和巩固革命胜利的成果。

无产阶级与农民阶级的革命联合必须以经济(利益)联合为基础,所以无产阶级建立自己的阶级统治后,工农联盟必须坚持社会主义原则,建立社会主义大农业。恩格斯指出,小农业是没有前途的,正像火车会把手推独轮车压碎一样,资本主义大生产必然将小生产挤垮。小农的唯一出路是组织农业生产合作社,整个农业的出路也是组织合作社,各种类型的分散的合作社将逐渐变成全国大生产合作社的组成部分。这就是说,恩格斯主张"合作社的生产和占有"是无产阶级国家社会经济结构的重要形式,也是广大农民尤其是小农实现自身阶级利益的合理方式。"合作社的生产和占有"的经济联合不能违反小农意志,必须坚持自愿的原则、示范的原则,由国家和社会给合作社提供援助和各种便利。

无产阶级与农民阶级的革命联合和经济联合,建立工农联盟对无产

---

① 马克思、恩格斯:《马克思恩格斯选集》(第1卷),人民出版社1972年版,第264页。

阶级国家来说具有十分重要的政治意义,它是无产阶级国家政权的阶级基础。首先,工农经济联合构成了无产阶级国家的基本经济结构,为无产阶级国家政权奠定了经济基础。其次,农民阶级是无产阶级国家的基本建设力量,无产阶级国家必须依靠广大的农民阶级积极参与到国家建设中来,实现自身的利益,发展农业合作社这一向共产主义过渡的经济形式。第三,工农联盟是无产阶级国家建立、巩固和加强无产阶级专政的阶级基础。无产阶级专政在政治方面的历史使命是"使无产阶级变成为统治阶级,争得民主",在经济方面的历史使命是"无产阶级将运用自己的政治统治,一步一步地夺取资产阶级的全部资本,把一切生产工具集中在国家即组织成为统治阶级的无产阶级的手里,并且尽可能快地增加生产力的总量"。① 无论是完成无产阶级专政的政治任务还是经济任务,工农联盟都是这一历史进程的主体和中坚力量。工人阶级只有联合农民阶级才能实现对少数剥削阶级反抗的专政,只有农民阶级同工人阶级一样获得了广泛的民主权利,无产阶级国家才能实现对剥夺者的剥夺,并创造高于资本主义社会的社会经济制度。

4. 无产阶级国家政权的社会秩序结构基础

无产阶级国家建立后,照例要确立无产阶级在政治上、经济上、意识形态上的强大的、稳定的社会秩序,以维护无产阶级占统治地位的社会生产关系,维护无产阶级及其联盟阶级的根本利益。无产阶级专政的历史任务是对广大的劳动人民实行最广泛的民主,对剥削阶级和一切敌对势力实行专政;大力发展生产力,不断完善和发展社会主义的生产关系和上层建筑,并在此基础上消灭一切阶级差别、重大社会差别和社会不平等;建设高度民主的社会主义政治制度和高度的社会主义精神文明,从各方面创造条件,向共产主义过渡,这是无产阶级国家的总秩序。

由于无产阶级国家的过渡性质,它所面临的社会冲突将不再是简单的阶级对立和阶级冲突,即表现为劳资对立和政党对立的无产阶级与资产阶级的对立和冲突。而是,一方面无产阶级国家的社会冲突是阶级矛盾和阶级冲突,无产阶级必须"赋予国家以革命的暂时的形式"来缓和阶级矛盾;另一方面,在无产阶级国家经济结构内部,社会冲突主要的表现为以利益差别和矛盾为基础的阶级内部或阶层之间的对立和冲突,这是

---

① 马克思、恩格斯:《马克思恩格斯选集》(第 1 卷),人民出版社 1972 年版,第 272 页。

属于人民内部的矛盾冲突。所以无产阶级国家只能通过公平合理的政策、法律,以及健全的社会利益协调机制,以对话、沟通、协商、谈判、争论等形式,采取合作、妥协的态度,达成各方都能接受的利益分配的协议。而要做到这点,关键在于作为无产阶级国家机器的政府转变职能并承担任好自己应有的社会角色。只有把各种社会冲突控制在无产阶级占统治地位的社会生产关系范围内,才能确立无产阶级统治秩序。

"秩序"是阶级统治的社会基础。无产阶级国家缓和并控制社会冲突是以无产阶级掌握其国家政权并使之正常运行为限度的。从这个意义上说,无产阶级国家的社会秩序是无产阶级国家政权的社会基础。所以,社会矛盾和冲突不能超越无产阶级政治统治这个"秩序"的"度",否则无产阶级政治统治就会处于失序状态。另一方面,缓和控制社会冲突目的是为了把社会控制在无产阶级统治"秩序"的范围内,而不是超越或改变这种"秩序",否则就必然导致国家政权基础的削弱和国家政权性质的改变。就此而言,无产阶级的任务就是构建公正、稳定和和谐的社会秩序,这个秩序结构是既不允许少数剥削阶级破坏,也不允许统治阶级自己破坏。

二 新民主主义革命政权基础:革命阶级的联合

(一)新民主主义革命政权基础的早期探索

马克思主义的无产阶级国家政权基础理论是中国革命和中国无产阶级国家政权建设的理论基础。中国新民主主义政权建设及其理论伴随着中国共产党对中国社会和中国革命的具体情况的深刻认识和全面把握而逐渐成熟和完善。革命阶级的联合是新民主主义政权的基石。革命阶级的联合首先指的是联合各阶级参与革命运动,推翻中国民主革命的主要敌人,为联合并巩固革命阵线而必须建立新式的民主政权,这是革命政权得以确立的阶级基础。另一方面,各革命阶级结成政治联盟参与到革命政权中来,享有革命民主权利,为实现新民主主义政权目标而必须依靠各革命阶级的联合,这是革命政权得以存在和巩固的阶级基础。

中国的半殖民地半封建的社会性质,以及帝国主义的侵略和封建军阀的统治,决定了中国革命的性质是新式的资产阶级民主革命。帝国主义和封建主义的反动统治如两座大山沉重地压在中国各族人民的头上,中国革命如果不首先推翻这两座大山,国家就不能独立,人民就不能解放,也就谈不上实现社会主义和共产主义。所以,中国无产阶级必须用革命手段打倒帝国主义和封建主义,建立无产阶级专政的国家政权,即建立无产阶级的民主政治。

然而,中国共产党人在革命实践中很快认识到,封建主义的腐朽统治和帝国主义的侵略,以及两者的互相勾结是造成近代中国不能独立和进步,以及中国人民的贫困和不自由的总根源,是中国革命道路上两个最强大、最凶残的敌人,其统治的社会基础十分复杂。这决定了中国民主革命单凭无产阶级的努力很难取得最后的胜利。党的三大《中国共产党纲草案》指出:"农民当中国人口百分之七十以上,占非常重要地位,国民革命不得农民参与,也很难成功。"李大钊在《土地与农民》等一系列文章中提出:"中国浩大的农民群众,如果能够组织起来,参加中国革命,中国革命的成功就不远了。"[①]中国共产党从"二七惨案"中进一步认识到,没有强有力的同盟者,包括民主派的积极参与,要战胜强大的敌人是不可能的。

基于对中国社会和中国革命的进一步认识,中国共产党人深刻认识到,中国民主革命不仅要依靠工农阶级的革命联合,而且还要团结其他的革命力量,并组成强大的革命联合阵线。1922年6月15日,中国共产党在《中国共产党第一次对时局的主张》中指出:无产阶级在未取得政权以前,根据中国的政治经济现状,历史进化过程,无产阶级在目前最重要的工作,应该联络民主派共同进行反对封建式军阀的革命,以达到军阀覆灭后能够建设民主政治。党的二大作出了关于建立民主联合战线的决议,并就建立民主联合战线问题明确提出:"中国共产党的方法,是要邀请国民党等革命民主派及革命的社会各团体,开一个联席会议,在上列原则的基础上,共同建立一个民主主义的联合战线,向封建式的军阀继续战争。"[②]

辛亥革命后,孙中山坚持民主主义的立场,在民主革命的道路上艰苦地探索着。但无论是反对袁世凯的二次革命,还是反对段祺瑞的护法运动,都遭到失败,这使孙中山陷于极度苦闷之中。他对"革命主义未行,革命目的未达,仅有民国之名,而无民国之实"的状况痛心疾首。要想打倒

---

① 李大钊:《土地与农民》,转引自徐勇:《"政党下乡":现代国家对乡土的整合》,《学术月刊》2007年第8期,第13—20页。

② 中央档案馆:《中共中央文件选集》(第1册),中央党校出版社1982年版,第19—26页。

军阀,建立民主政治,究竟应该走什么样的道路,依靠什么样的人,必须进行新的探索。苏俄十月革命胜利后,1918 年夏,孙中山开始与苏俄直接交往,致电列宁,祝贺俄国革命的成功。1921 年 8 月 28 日,孙中山在回复俄外交人民委员契切林的信中表示,他本人对苏维埃的组织、军队和教育极感兴趣,并希望与契切林"及莫斯科的其他友人获得私人的接触"。[①]同年底,孙中山在桂林与共产国际代表马林多次讨论了帝国主义的性质、俄国革命的实质、革命宣传的意义以及工人对解放斗争的作用等问题。

1922 年 6 月,孙中山从"陈炯明事件"中最终认识到,靠军阀势力实现革命的目标是行不通的,必须寻求革命朋友的帮助。他对身边的人说:"我对从前所信仰的一切几乎都失望了,而现在我深信,中国革命的唯一实际的真诚的朋友是苏俄。"[②]在苏俄和共产国际的影响下,在中国共产党人的努力和帮助下,孙中山在广州主持召开了国民党第一次全国代表大会。大会重新解释了三民主义,接受了中国共产党反帝反封建的民主革命纲领,制定了联俄、联共、扶助农工的三大政策,成为国共两党和各革命阶级联合的基础;大会承认共产党员和青年团员以个人身份加入国民党。改组后的国民党与共产党的革命合作,使两党由以往靠一个主要阶级参与革命,单打独斗的局面转变成工人、农民、小资产阶级和民族资产阶级四个阶级共同参与的革命联盟。

反帝反封建的民主革命共同历史任务是国共合作的革命联盟建立并最终形成的根本原因,反帝反封建的民主革命纲领是这个革命联盟的政治基础。与此相适应,在革命联盟的政权建设问题上,必须建立代表各革命阶级人民利益的民主联合专政为基础的政治制度。

孙中山在国民党一大上进一步"真释"新三民主义时指出,国民革命就是以新三民主义为指导思想,动员和依靠一切革命阶级的人民,共同进行反帝反封建的民主革命,在国民革命以及国民革命胜利之后,其政权应该是各革命阶级人民的联合专政、真正实行人民民主的新三民主义共和国。在新民族主义方面,国民革命政权是要实现"中国境内各民族一律平等","其目的在使中国民族得自由独立于世界",以建立独立的、各民族自由联合的、统一的国家为目标。在新民权主义方面,国民革命政权是对人

---

① 中共中央党史研究室第一研究部编译:《共产国际、联共(布)与中国革命档案资料丛书》(第 1 辑),北京图书馆出版社 1997 年版,第 49 页。

② 陈锡祺:《孙中山年谱长编》(下册),中华书局 1991 年版,第 1472 页。

民实行民主,对一切人民的敌人实行专政的政权,它将保障革命人民的民主权利,剥夺那些与帝国主义和军阀相勾结的反动分子的权利。对此,《国民党一大宣言》作出了极为鲜明的界定:"凡真正反对帝国主义之个人及团体,均得享有一切自由及权利;而凡卖国罔民以效忠于帝国主义及军阀者,无论其为团体或个人,皆不得享有此等自由及权利。"在新民生主义方面,国民革命政权必须改善"贫乏之农夫劳苦之工人"的生活状况,实行以平均地权、节制资本为两大原则的经济纲领。

按照新三民主义的政治原则,国民政府于 1925 年 7 月 1 日在广州成立,它采取委员合议制。在 16 名国民政府委员中,有国民党中各阶层的代表,其中也有主张与中国共产党亲密合作的廖仲恺、于右任等著名国民党左派头面人物。随着北伐战争的胜利进军,革命势力逐渐向北发展。武汉国民政府成立了一个由 14 人组成的联席会议,其成员之中有共产党人吴玉章、董必武、于树德,有国民党著名左派宋庆龄、陈友仁、邓演达等人士。无论广州政府还是武汉政府,其政权的基本构成及其基本政治制度、经济制度和具体政策的规定,在当时情况下都力求代表各革命阶级的利益,是各革命阶级联合专政政权的一种政权形式。

党的三大确定了国共合作的方针,赞同和尊重孙中山对于民权主义的"真释",坚决主张国民革命联盟的政权实行各革命阶级的联合专政。实际上,早在党的一大,中国共产党就提出了"采用苏维埃的形式,把工农劳动者和士兵组织起来"的革命政权建设思想。[1] 但由于这一时期中国共产党人对当时中国社会的性质和中国革命的性质认识不清,对中国社会各阶级在革命中的地位和作用的认识也还不甚明了,这种单纯的"劳工专政"或"劳农专政"的政权思想,显然是一种超越了民主革命现实的政权主张。

然而,这一时期中国共产党的政权思想深受陈独秀"二次革命论"的影响,并没有认识到民主革命的主要敌人和革命的现实特点,没有充分认识到无产阶级在资产阶级民主革命中的地位和作用,尤其是没有充分重视无产阶级在革命联盟中的领导权。随着革命形势的发展,革命联盟政权内部国民党右翼势力反共活动和争夺领导权的斗争日趋激烈,党的四大明确提出了无产阶级领导权和工农联盟的思想。党的五大虽然批评了

---

① 中国社会科学院现代史研究室、中国革命博物馆党史研究室选编:《"一大"前后(一)》,人民出版社 1981 年版,第 9 页。

陈独秀的错误,但对无产阶级如何争取领导权,如何领导农民进行土地革命,如何对待武汉国民政府和国民党,特别是如何建立党的革命武装等迫在眉睫的重大问题,都未能作出切实可行的回答,因此,难以承担在生死存亡的危急关头挽救大革命的重任。"四·一二"反革命政变和"七·一五"反革命政变标志着大革命的失败,也标志着以国共合作为核心的国内各阶级的革命联合阵线瓦解。革命联合阵线的瓦解从根本上消解了各革命阶级联合专政的政权基础,国民政权也变成了由国民党右翼所控制的代表大地主、大官僚、大资产阶级利益的政权。

(二)新民主主义革命政权基础的建设及其理论

大革命的失败和国民革命各革命阶级联合专政政权的变易,为新民主主义革命政权建设留下了宝贵的政治经验。

第一,新民主主义革命政权继承和发展了各革命阶级联合专政的政权思想。《中国国民党第一次全国代表大会宣言》是大革命时期各革命阶级的"共同纲领",它所揭示的带有民主主义色彩的民主联合的政权形式,是以国共两党合作为主体的各革命阶级的联合专政,是符合大多数中国人民根本利益的。中国共产党对国民党一大和孙中山的上述思想给予了很高的评价。毛泽东在抗日战争和解放战争时期的一些著作中,不止一次地引用了孙中山在此大会上对民权主义的一段解释:"若国民党之民权主义,则为一般平民所共有,非少数人所得而私也。"在党的七大的政治报告《论联合政府》中,毛泽东又论述:"这是孙先生的伟大的政治指示。中国人民,中国共产党及其他一切民主分子,必须尊重这个指示而坚决地实行之,并同一切违背和反对这个指示的任何人们和任何集团作坚决的斗争,借以保护和发扬这个完全正确的新民主主义的政治原则。"[①]中国共产党以苏联苏维埃的方式继承了大革命时期的各革命阶级联合专政的政权形式,强调建立苏维埃工农民主专政。抗日战争时期发展了各革命阶级联合专政的思想,中国共产党领导的革命根据地实行各抗日阶级和阶层参加的民主联合政权。解放战争时期逐渐完善了各革命阶级联合专政思想,形成具有中国特色的政权形式,这个政权是"无产阶级领导的以工农联盟为基础的人民民主专政"的国家政权。

第二,各革命阶级的联合是新民主主义各革命阶级联合专政的政权

---

① 毛泽东:《毛泽东选集》(第3卷),人民出版社1991年版,第1057页。

基础,这个政权基础随着革命形势的发展变化而变化,是人民性与统战性的统一。国民革命给了中国共产党人及中国各族人民一个极其重要的启示,就是在民主革命过程中和民主革命胜利后,必须建立一个由各个革命阶级人民联合专政性质的政权,而这个联合专政政权的基础是各革命阶级的联合及其不断巩固和发展。大革命各革命阶级联合专政政权的变易,根本原因是革命各阶级联合阵线的分裂。大革命失败后,周恩来在1929年9月28日主持起草的中央给红四军的指示信中说:"目前蒋系政府把持南京反革命政权,对外得到帝国主义的承认,想独揽出卖民族利益的特权,对内把持长江下游的财政及其重要军械制造所自然要成为众矢之的,造成全国其他军阀各派的反蒋联合。……军阀战争的目的只有争夺反革命政权以便出卖民族利益,夺取地盘以加紧剥削工农,反蒋拥蒋两派皆是如此。"①这里明确指出了国民党新军阀新建立的政权仍然同北洋军阀的旧政权一样,是对外出卖民族利益,对内加紧剥削工农的买办豪绅政权。大革命失败后的军阀混战与争夺,加剧中国农民的破产、民族工业的衰败和商业的停滞;而帝国主义在中国的企业却大加发展。因此,中国社会的半殖民地半封建的性质也完全没有改变,中国民主革命的主要敌人并没有被打倒,中国革命的主要内容依然"是消灭封建势力与推翻帝国主义在华的统治"。中国民主革命仍然需要强大的各革命阶级联合专政的政权,这个政权仍然需要广泛而巩固的革命联合阵线基础。

大革命失败后,武装斗争的主要对象是封建势力和国民党的反动统治,民主革命政权基础建设的主要任务是实现工人、农民和广大劳苦大众的革命联合,为武装斗争壮大革命力量。1931年11月,中华苏维埃第一次全国代表大会在江西瑞金召开,大会宣告成立中华苏维埃共和国临时中央政府。大会通过的《中华苏维埃共和国宪法大纲》规定,中华苏维埃所建立的是工人和农民的民主专政的国家,其政权基础是工人、农民、红军及一切劳苦大众的革命联合,这个联合具有鲜明的人民革命阵线的性质。

抗日民主政权是各革命阶级联合专政的政权,是各抗日阶级和阶层广泛参加的民主联合政府,其政权基础具有广泛的民族统一战线的性质,统一战线是革命政权基础建设的一个基本原则。刘少奇在《抗日民主政

① 周恩来:《中国革命高潮与中国共产党》,《红旗日报》1930年9月7日。

权》中指出："八路军新四军所到之处，如果能够建立政权的话，就要建立统一战线的革命各阶级联合的政权。"为着实现"最初包括了工、农、小资产阶级、资产阶级以至大资产阶级及封建阶级中的某些个别分子与个别集团"的抗日阶级的广泛联合，"共产党很愿意一切抗日的党派、团体和公正的人士来参加抗日民主政权，共同管理政府。只有大多数的人民都积极起来参政，积极担负政府的工作，并积极为国家民族的利益与大多数人民的利益而努力的时候，抗日民主政权才能巩固与发展，帝国主义与封建势力的压迫才能推翻，中国的独立自主与人民的民主自由才能实现"。①为此，抗日民主政权通过"三三制"这种政权组织形式最大限度地实现了各抗日阶级的革命联合。同时，"三三制"也成了抗日民主政权建设和巩固的重要形式，这一统一战线的政权建设原则在各抗日根据地得到普遍认真的执行。

1945 年 4 月，毛泽东在党的七大政治报告中提出："建立一个以全国绝大多数人民为基础而在工人阶级领导之下的统一战线的民主联盟的国家制度"。② 毛泽东在报告中代表中国共产党向全国人民提出："需要在广泛的民主基础之上，召开国民代表大会，成立包括广大范围的各党各派和无党无派代表人物在内的同样是联合性质的民主的正式的政府，领导解放后的全国人民，将中国建设成为一个独立、自由、民主、统一和富强的新国家。"③抗战胜利后，由于国民党顽固派破坏两党之间的合作，内战危机日益加深，中国革命开始向反对国内的封建势力和各种反革命势力的斗争发展，与这种转变相适应，边区和各解放区的政权也开始向人民民主专政的方向发展。全国内战爆发，革命战争的矛头明确地指向了美帝国主义支持下的国民党反动派，美蒋反动派成了人民革命的敌人。因此，革命政权基础建设的中心任务就逐渐转变成：实现各反对封建主义、帝国主义和官僚资本主义的各阶级的联合，发展壮大人民的力量，争取人民解放战争的胜利。为此，1947 年 2 月，中共中央指出："解放区在坚决地毫不犹豫地实现耕者有其田的条件下，'三三制'政策仍然不变。在政权机关和社会事业中，除共产党人外，必须继续吸收广大的党外进步分子、中间

---

① 刘少奇：《江淮》创刊号，《论抗日民主政权》。
② 毛泽东：《毛泽东选集》(第 3 卷)，人民出版社 1991 年版，第 1056 页。
③ 毛泽东：《毛泽东选集》(第 3 卷)，人民出版社 1991 年版，第 1029 页。

分子(开明绅士)参加工作。"①之后,中共中央又指出:新民主主义的政权是工人阶级领导的人民大众的反帝反封建的政权。中国共产党在1948年发出"五·一"号召,得到了各民主党派的积极响应,标志着人民民主政权基础得到了进一步的完善和巩固。

第三,工农联盟始终是新民主主义各革命阶级联合专政政权基础的核心。国民革命开创了以各革命阶级联合专政为主要特征的新型政治制度模式,其政权的重要基础是工人、农民、小资产阶级和民族资产阶级等各革命阶级的联合。但随着革命高潮的到来,统一战线内部争夺领导权的斗争日益加剧,特别是1925年3月孙中山逝世后,国民党右派发动了一系列篡夺革命领导权的活动,直接导致了国民革命联合政权的瓦解。

党的四大第一次明确提出了无产阶级在民主革命中的领导权和工农联盟问题。《对于民族革命运动之议决案》明确指出:"无产阶级的政党应该知道无产阶级参加民族运动,不是附属资产阶级而参加,乃以自己阶级独立的地位与目的而参加。"民主革命"必须最革命的无产阶级有力的参加,并且取得领导的地位,才能够得到胜利"。《对于农民运动的议决案》指出:无产阶级及其政党如果不发动农民起来斗争,无产阶级的领导地位和中国革命的成功是不可能取得的。但对于如何争取领导权,缺乏具体明确的方针,只讲对群众运动的领导权,而忽视了对政权和武装力量的领导权。提出了农民是革命同盟军的问题,但没有提出解决农民革命联合的土地革命问题。党的"八·七"会议确定了土地革命和武装反抗国民党反动派的总方针,第一次把马克思主义的普遍原理同中国具体国情相结合,着手争取和实现无产阶级对民主革命政权和武装斗争的领导权。这标志着共产党把主要做国民党统一战线工作转向发动工农群众上来,以掌握统一战线的领导权。

国民党右派集团叛变,民族资产阶级暂时附和了反革命,统一战线营垒中只剩下了工人、农民和小资产阶级。1931年成立的中华苏维埃政权的是工人和农民的革命联合专政的国家,其工人、农民、红军及一切劳苦大众的革命联合的政权基础表明,工农联盟是土地革命时期新民主主义革命政权基础的核心。抗日民族统一战线不仅包括工人、农民、城市小资

---

① 毛泽东:《迎接中国革命的新高潮》(1947年2月1日),《毛泽东选集》(第4卷),人民出版社1991年版,第1157页。

产阶级和民族资产阶级,而且包括了以国民党蒋介石为代表的英美派大地主大资产阶级,其共同目标是抵抗日本的侵略。抗日民族统一战线凸现出了民主革命的两个联盟的政权基础。一个是劳动者之间的联盟,主要是无产阶级和农民、城市小资产阶级的联盟;一个是劳动者与非劳动者之间的联盟,主要是无产阶级和民族资产阶级的联盟,也包含特定历史条件下,无产阶级和一部分地主阶级、带买办性的大资产阶级的联盟。工农联盟是统一战线和民主革命政权的基础。解放战争时期的统一战线,是中国共产党为了打败蒋介石、建立新中国,而领导建立起了包括工人、农民、城市小资产阶级、民族资产阶级、开明绅士、其他爱国分子、少数民族和海外侨胞在内的广泛的人民民主统一战线,其中工农联盟成了人民民主专政国家政权的核心。

第四,在统一战线中坚持正确的政策策略是新民主主义革命政权基础得以巩固的前提。大革命的一个重要教训是党在统一战线中没能够有效地坚持正确的政策策略。土地革命、抗日战争和解放战争时期,中国新民主主义革命形成并积累了一系列巩固民主革命政权基础的政策策略和斗争经验。一是只有坚持独立自主原则,保持党在思想上、政治上、组织上的独立性,才能实现无产阶级对统一战线和革命政权的领导权。二是坚持阶级分析法,分清敌我,根据具体的情况确定不同的政策策略。如"发展进步势力,争取中间势力,孤立顽固势力","有理、有利、有节","利用矛盾,争取多数,反对少数,各个击破"等。三是防止统一战线中的"左"和右两种错误倾向。四是坚持以又联合又斗争的总方针来处理统一战线内部各种矛盾和阶级关系。五是把原则的坚定性与策略的灵活性结合起来。把同盟者提高到当前革命纲领的水平,而不是把自己降低到同盟者的水平,这是民主政权的原则,但要灵活机动地运用各种斗争形式,及时地改变自己的策略,善于与同盟者达成必要的妥协。

第五,土地革命是巩固新民主主义革命政权的根基。中国共产党从国民革命中认识到土地革命的极端重要性:"土地革命是中国的资产阶级民权革命的中心问题","是中国革命新阶段的主要的社会经济之内容",也是新民主主义革命政权得以巩固的根基。中国是一个半殖民地半封建的国家,封建土地所有制和封建地主经济是帝国主义和封建主义的统治基础,中国革命的根本内容是土地革命,必须用"平民式"的手段来解决土地问题。毛泽东强调无产阶级领导下的军事工作的极端重要性,只有解决农村的土地问题,满足农民阶级对土地的基本要求,才能形成工人阶级与占全国人口绝大多数的农民阶级的革命联合。

为着实现新民主主义各个革命时期的革命阶级的联合,巩固革命政权,党在土地革命问题上执行的是不同的土地政策。土地革命时期,从井冈山土地法、兴国土地法到二七会议、南阳会议,各根据地在不断总结经验的基础上,逐步形成了一条完整的土地革命路线,即依靠贫雇农,团结中农,限制富农,保护中小工商业者,消灭地主阶级,变封建半封建的土地所有制为农民的土地所有制,给富农以经济出路,给地主以生活的出路。整个抗日战争时期,抗日根据地执行的是减租减息的土地政策:即地租一般以实行二五减租为原则,按抗日战争前的原租额,减去百分之二十五;利息一般减少到社会借贷关系所允许的程度。实行了这个政策,既减轻了农民的负担,改善了农民的生活,调动了广大农民的抗日积极性,又有利于争取地主资产阶级的大多数站在抗日民族统一战线一边。解放战争时期,党的"五四指示"将减租减息的政策改为没收地主土地分配给农民的政策。1948 年 4 月,毛泽东在晋绥干部会议的讲话中,提出了中国共产党在新民主主义革命时期土地改革工作中的总路线和总政策:依靠贫农,团结中农,有步骤地、有分别地消灭封建剥削制度,发展农业生产。解放区的土地改革运动巩固了工农联盟和人民民主专政的国家政权。

总之,新民主主义革命政权基础建设,始终坚持从中国新民主主义革命的具体情况和实际要求出发,以实现各革命阶级的广泛联合为中轴,以巩固新民主主义各革命阶级联合专政政权为目的,以争取革命斗争最终胜利为目标,以维护和实现无产阶级对革命领导权为原则,以土地革命为根基,发展出了一整套新民主主义革命政权基础建设的理论,为新民主主义国家政权的建立、巩固奠定了坚实的阶级基础,也为实现社会主义国家政权基础建设提供了科学的理论指导和丰富的经验支持。

三 全球化中的国家政权基础: 当代中国国家政权的新基石

(一)中国社会主义国家政权基础的奠基

新中国成立后,在完成新民主主义革命所遗留的任务的过程中,进一步确立和巩固了新民主主义国家的政权基础。

首先，通过镇压反革命运动，逐渐确立新民主主义国家政权的社会秩序基础。1950 年 12 月至 1951 年 10 月，在全国范围内开展了清查和镇压反革命分子的政治运动。镇反运动集中打击了土匪、恶霸、特务、反动党团骨干分子和反动会道门头子等严重威胁到新生国家政权的反革命分子。反革命势力的肃清，基本确立并巩固了新民主主义国家政权的社会秩序，社会运行良好有序。其次，通过新解放区的土地改革运动，进一步加强了新民主主义国家政权的阶级基础，也基本确立了新民主主义国家政权的社会利益基础。1950 年，中央人民政府颁布《中华人民共和国土地改革法》进行土地改革运动。新解放区的土地改革运动使 3 亿多无地或少地的农民分到了 4600 多万公顷的土地，广大人民成了土地的主人，从而彻底废除了在我国延续了数千年的封建剥削土地制度，保障了中国最广大人民的根本利益。第三，通过没收官僚资本归新民主主义国家所有，建立国营经济，基本确立了新民主主义国家政权的社会经济基础。官僚资本是在半殖民地半封建的旧中国凭借地主买办资产阶级专政的国家政权力量而发展起来的国家垄断资本，是半封建半殖民地社会的经济基础。随着人民民主革命的胜利，国家没收了一切以前在国家经济生活中占统治地位的官僚资本企业，尤其是以四大家族为首的官僚资本收归人民民主专政的国家所有，经过改造，便产生了在国民经济中占领导地位的新民主主义经济，它构成了新民主主义国家政权的经济基础的核心。

然而，新民主主义国家政权基础虽然得到了初步确立，但还显得很不巩固，仍然面临着国内外各种非社会主义因素的严峻挑战和威胁，新民主主义国家政权很可能在"无产阶级与资产阶级"、"社会主义与资本主义"的斗争中倾覆，这是当时毛泽东所极为忧虑的一个重要问题。

在国内，虽然国家控制了国民经济命脉，但新民主主义经济结构中私有成分大量存在，这些私有经济对新民主主义国家政权的侵蚀已经显现出来。在老解放区出现了新富农，原有的互助组涣散，农民特别是中农普遍要求在土地私有制基础上发家致富。对此，毛泽东十分警觉："对于农村的阵地，社会主义如果不去占领，资本主义就必然会去占领。"[①]随着计划经济建设的开展，资本主义私有经济的无政府状态与新民主主义的经济计划之间的矛盾开始激化，资本家采用偷工减料、延期交货、加大剥削、停工怠工等方法使公私、劳资关系紧张，甚至出现了不法资本家令人发指

---

① 毛泽东：《毛泽东文集》(第 6 卷)，人民出版社 1999 年版，第 299 页。

的"五毒"行为。所以,无产阶级国家政权需要在社会主义社会的基础上才能得到完全的巩固和充分的发展。

另一方面,以美国为首的西方资本主义国家采用经济封锁、政治孤立、军事包围等手段制裁中国,妄图把新中国扼杀在摇篮里。朝鲜战争的爆发和台湾海峡局势的紧张使新民主主义国家政权所处的国际环境日趋恶化。为改善不利国际局面,我们采取了"一边倒"的外交政策,希望依靠苏联和东欧等社会主义国家的援助和支持,使国家尽快强大起来。1952年底,毛泽东开始考虑学习苏联,用苏联的社会主义方式发展我国的工业,只有实现社会主义的工业化,才可能巩固社会主义的国家政权。而要取得苏联的支持,利用这一来之不易的国际援助,中国就必须用实际行动表明发展社会主义的决心。

在1953年,中国开始了从新民主主义向社会主义过渡的社会主义改造运动。1956年底基本完成了农业、手工业和资本主义工商业的社会主义改造。社会主义改造的完成使中国的社会阶级结构、社会经济结构、社会利益结构和社会秩序结构等方面发生了根本的变化,这些变化奠定了我国社会主义国家的政权基础。

第一,社会主义改造使社会主义国家的经济结构发生了根本的变化。新民主主义社会的经济成分过渡为社会主义经济成分;国民经济中私有经济的主体地位逐步被公有经济取代;国民经济的直接计划、间接计划和市场调节相结合的运行方式过渡到高度集中的国家计划管理的运行方式。

新民主主义社会的半社会主义性质和资本主义性质的经济成分向社会主义性质的国家所有制和集体所有制经济成分的转变,使社会主义国家的基本经济制度最终建立。它适应了新中国成立后大规模的经济建设工作的需要,也适应了经济发展水平相当落后的社会主义国家要在不长的时间内,迅速发展国民经济、实现工业化的需要。这是新生社会主义国家政权能够得到迅速巩固的物质基础。社会主义公有制经济取代私有经济在国民经济中的主体地位,使无产阶级在国家政权中的领导地位得到最终确立。它是实现"工人阶级领导的,以工农联盟为基础的,人民民主专政的国家政权"的根本保证。高度集中的国家计划管理的经济运行方式,是新生社会主义国家政权有效发挥国家职能,对少数敌对分子实行专政,对绝大多数人民实行民主的有效途径。

第二,社会主义改造使社会主义国家的阶级结构发生了根本的变化。

剥削阶级作为一个阶级已经退出了我国的历史舞台；工人阶级、农民阶级和知识分子已经成为社会主义国家政权的主导阶级；社会主义阶级关系主要的不再是剥削、压迫关系，而是统一于社会主义建设基础上的阶级联合关系。

在社会主义改造过程中，国家采取积极领导、稳步前进的方针，坚持自愿互利、典型示范和国家帮助的原则，严格区分官僚资本和民族资本，把对经济制度的改造与对人的改造结合起来，把消灭剥削阶级与改造剥削阶级分子结合起来，把对资本家的团结、教育和改造政策与对企业的利用、限制和改造政策有机地结合起来。社会主义改造后，广大个体生产的农民阶级、城镇小手工业者成了社会主义集体生产的劳动者，他们之间的差别、矛盾属于人民内部的矛盾。而工人阶级同民族资产阶级这一本来是对抗性的矛盾也被作为人民内部矛盾处理。这就有效地巩固了社会主义国家的阶级联盟关系，使社会主义国家政权有了工农联盟和工农与民族资产阶级等非劳动者的联盟的可靠阶级基础。

第三，社会主义改造使社会主义国家的利益结构发生了根本的变化。公有制利益源泉领导下的多元利益源泉转变成公有制强控制一元利益源泉；利益关系的差异性转变成利益关系的同质性；国家的阶级利益定位转变成国家的人民利益定位。

社会利益源泉与社会基本经济形态相一致。国营经济领导下的社会主义性质的国营经济、半社会主义性质的合作社经济、农民和手工业的个体经济、私人资本主义经济、国家资本主义经济等经济形态，决定了新民主主义国家的社会利益源泉的多元性。社会主义改造后，公有制成为社会唯一利益源泉。这种利益结构是一种整体性利益结构，国家通过行政权力和意识形态力量实现对社会利益的垄断性的强控制。在这种利益结构中，社会个体的利益（包括局部的利益）服从于整体的利益，同时在整体（以国家为代表）的协调和控制下，个体之间在利益上趋于平均化。另一方面，由于社会主义国家政权不只是建立在无产阶级一个阶级基础上，而是建立在具有广泛社会基础的"两个联盟"的基础上。因此，这一点使社会主义国家的社会利益定位具有了广泛的人民性。尽管此后一段历史时期的实践又严重背离了这一理论要求，但这种整体性利益结构在新中国成立之初的重大政治意义是不可否认的，它有效地维护和实现了无产阶级和广大农民的利益，巩固新生的社会主义国家政权。

第四，社会主义改造使社会主义国家的社会秩序结构发生了根本的变化。我国的基本政治制度和经济制度的建立为社会主义国家确立了基本的社会秩序;社会主义国家的矛盾冲突主要表现为人民内部的矛盾,但阶级斗争还将在一定范围内长期存在;社会主义国家初步建立起了社会矛盾冲突的调控机制,达到了把社会冲突控制在无产阶级统治"秩序"范围内的目的。

社会主义改造后,国家掌握了国民经济的命脉,对人民能够切实地实行广泛的民主,对少数剥削阶级残余能够有效地实行专政,这从根本上保证了社会主义国家正常的统治秩序。社会主义改造的完成消灭了作为阶级对抗的因素,社会的矛盾冲突从总体上是社会基于利益差异的人民内部矛盾,但各种旧的剥削阶级残余仍然存在,并在一定程度上严重威胁着新生的社会主义国家政权。因此,作为对抗性的阶级斗争还在一定范围内存在。但是,在之后的社会主义实践过程中,把社会主义的阶级斗争扩大化了,将资产阶级和无产阶级两个阶级的矛盾、社会主义和资本主义两条道路的斗争视为社会主要矛盾,由此引发了此后一系列的"左"倾错误,社会主义经济秩序、政治秩序、社会秩序和文化秩序遭到严重的破坏,社会生产在浮夸中停滞,政治生活因权力过分集中而在缺乏民主和监督中被扭曲,社会生活在混乱中陷于失序状态,文化生活在各种批判中趋于形式化。这些使社会主义国家的统治秩序反而受到了来自统治阶级自身的破坏。

(二)全球化对我国国家政权基础的严峻挑战

关于全球化与社会主义的关系,许多学者根据马克思主义的"世界历史"理论,指出:全球化与社会主义密切相关,全球化起始于资本主义,资本主义是全球化的重要动力,社会主义正是在资本主义开启的世界历史的境遇中诞生,并与资本主义一道被纳入世界历史或者说全球化进程中,形成互相作用、互相影响的两种基本力量。一方面自社会主义产生后,社会主义就在全球化历史进程中不断得到发展壮大,并构成了资本主义发展的反思源泉和现实约束;另一方面,全球化既是资本主义全球扩张的过程,也是资本主义寻求更大生存可能的过程,它始终又是社会主义发展壮大的现实制约力量。由于当下的全球化深深烙上了资本主义的印记,资本主义国家在全球化的事务中处于主导的地位,这种为资本主义所支配的全球化毫无疑问将对社会主义国家构成现实的挑战,并且通过经济、政治、文化、社会生活等方面挑战社会主义国家的政权基础。这里我们仅就近年来全球泛滥的西方新自由主义,来分析当代中国国家政权基础所面临的挑战。

第一,新自由主义全球化推销的是被理想化了的"资本主义"的市场化。新自由主义从主观的假设出发,认为每个人都是很理性的人,市场应该是完整的、充分的和自由放任的市场,市场参与者只有在这种市场条件下,才能实现自己个人利益。实质上,新自由主义的市场是撇开人们的社会属性和在生产关系中的地位不谈,脱离经济基础和上层建筑,制造一种抽象的"理想市场"作为理论前提。

第二,新自由主义全球化推销的是个人主义和资本的自由化。个人主义是新自由主义思想体系的出发点和世界观。新自由主义认为,每个人在经济活动中都是利己的,不可能有利他的动机和行为,都是为了追求自己最大的利益。市场经济就应该允许经济人追求自己利益最大化。因此,个人为了追求和实现自己的个人利益,就应当自由地拥有私人财产,自由地交易、消费、就业,自由地表达和作出自己认为正当的行为。个人主义价值观反映了资产狭隘自私、力图攫取最大财富的本性。而新自由主义的自由化则首先表现为经济自由,反对国家干预经济。认为由国家来计划经济、调节分配,破坏了经济自由,扼杀了"经济人"的积极性,只有让市场自行其是才会产生最好的结果。因此,只要有可能,私人活动都应该取代公共行为,政府不要干预。

第三,新自由主义全球化推销的是彻底的私有化,主张国有企业退出一切竞争性领域。私有化是新自由主义思想体系的核心。冯·哈耶克在他1944年出版的《通向奴役的道路》一书中,把个人自由奉为人们至高无上的追求目标,而生产资料私有制则是实现这一目标的最重要的保证。他说:"正是由于生产资料掌握在许多独立行动的人的手里这个唯一的缘故,才没有人控制我们的权利,我们才能够以个人的身份来决定我们要做的事情。如果所有的生产资料落到一个人手里,不管他在名义上属于整个社会或是属于独裁者,谁操有这个管理权,谁就有权管制我们。"[1]

第四,新自由主义全球化推销的是与西方"全面接轨",是世界的资本主义化。新自由主义在1990年,总结了80年代后期拉美各国推行新自由主义经济调整、改革的全球化成果,达成了10条基本经验和政策要求,主要是实行国有企业私有化、国内全面市场化、国际完全自由化,要求各

---

① 冯·哈耶克:《通向奴役的道路》,商务印书馆1962年版,第78页。

国(实际主要是要求发展中国家)放开商品、资本市场,让外国商品、资本无障碍地自由进入本国,直接投资办厂等,最为重要的全球化成果是一种被意识形态化了的"华盛顿共识"的形成:以超级大国为主导,在全球化中实现全球经济、政治、文化一体化,即全球资本主义化。正如著名经济学家陈岱孙教授说的:"西方国家在国内甚至国际经济生活中厉行国家干预政策,但要求广大发展中国家,特别是社会主义国家推行新自由主义改革模式和经济政策,取消国有企业,取消国家对经济生活的管理特别是计划管理,洞开国内市场,与西方国家牢牢控制的世界经济接轨,其目的无非是要在发展中国家恢复殖民主义统治,在社会主义国家搞和平演变,演变为资本主义,或外围资本主义。"[①]

20 世纪 80 年代至 90 年代,由英国带头掀起的以私有化为核心的新自由主义全球化浪潮,迅速波及非洲、拉美等一些第三世界国家,尤其是苏联和东欧等社会主义国家,并且产生了严重的经济、政治和社会后果。在这股新自由主义全球化浪潮中,非洲撒哈拉以南国家搞"四化"是吃了大亏。20 世纪 80 年代初,对于国营企业经营状况恶化,亏损严重,一些国家不是改革国营企业的管理体制,而是听信西方国家的劝告,搞"私有化"。多年的私有化的结果是经济严重恶化。据世界银行统计,1980—1988 年间,撒哈拉以南的非洲国家的国内生产总值年均增长率仅为 0.8%,其中工业的年均增长率为−0.8%,而人口增长率在 3% 以上。

苏联和东欧的情况更加触目惊心。在苏联,一些激进自由派和市场派人士主张不计社会后果地推行彻底市场化。以为只有推行彻底的私有化,才能确立真正的市场化,也才能革除政府腐败和官僚主义盛行的病根,才能实现全面的彻底的改革目标。随着拥护走资本主义道路的社会精英集团掌握各共和国的政治权力,经济改革的主调由社会主义的改革突然转变成了"市场化"和企业"私有化",开始照搬资本主义私有化、市场化、自由化模式。伴随私有化进程,1990 年国内生产总值出现了负增长(−3.7%),1991 年,国内生产总值下降 13.0%。1991 年,亲资本主义政治精英联盟已拥有足够的力量,迫使中央控制生产和分配的旧制度瓦解,经济开始崩溃。1991 年夏,苏联中央政府取消了国家计划委员会和物资部,国家订货和经济计划制度宣告终结。于是,旧的计划协调被破坏,新的市场力量尚未发育成熟,苏联经济、社会出现越来越大的混乱,加上民

① 陈岱孙、丁冰.《现代西方经济学说》,中国经济出版社 1995 年版,第 68 页。

族主义甚嚣尘上,各共和国离心离德,苏联解体势在必然。苏联共产党国家政权也在 1991 年夏天的政变中灰飞烟灭。

20 世纪 90 年代,以私有化为核心的新自由主义全球化思潮同样在中国逐渐扩散开来。一些人提出"抓大放小"的国有企业的产权改制策略,仿效俄罗斯私有化改革模式实行"小卖大股"。对于国有大中型企业,有人提出"国退民进"的口号,要求国有企业一律退出竞争性领域,让"民营企业"取而代之。有的还说要国企迅速和坚决地从竞争领域退出来,将这些事情交给社会去办、交给私人去办、交给外商去办,是当务之急。甚至有关方面还提出以"三套马车"(企业管理层收购(MBO)、私营企业收购、外资企业收购)来拉动国有企业改革的主张。1999 年,有人为中国改革开出了十条药方,其中有五条"贯彻"了"华盛顿共识"的主张。不少人极力鼓吹教育、医疗卫生、住房等公共服务市场化、产业化、私有化,甚至有人公开主张与西方全面接轨。

不难看出,正像当年俄罗斯、拉美国家一样,我们很多人把新自由主义全球化所推崇的"规范改革"当作中国改革的救世良方。如果我们的改革照此下去的话,后果将比俄罗斯、拉美国家更为严重。幸运的是我们已经注意到这种"规范改革"的实质及其后果。

(三)当代中国社会主义国家政权基础的新基石

改革开放 30 年来,特别是我国主动参与全球化以来,党和政府审时度势,积极应对,战胜了国家建设和社会发展过程中的各种困难,在全球化中既坚持原则,又积极进行规范倡导,在社会主义国家政权基础建设上取得了巨大的成就,形成了中国特色社会主义的国家政权基础理论。

1. 公有制与市场的结合

坚持公有制为主体、多种所有制经济共同发展是社会主义初级阶段的基本经济制度,也是中国特色社会主义国家政权的经济结构基础。

中国经济体制的改革并没有掉进新自由主义全球化的陷阱,对国民经济进行彻底的私有化,更没有对公有制经济进行自我摧毁式的改革。而是一方面始终坚定不移地坚持社会主义公有制的主体地位,把加强公有制建设提到社会主义国家发展的战略地位上来,确定社会主义公有制建设的战略目标:公有经济在国民经济中的主体地位,发挥公有制经济的控制和调节国民经济命脉的作用,保证公有制经济作用的社会主义的性质。另一方面,积极而审慎地引进市场机制,努力推进公有制与市场经济的结合,创造出具有中国特色的社会主义的新型公有制。

如我们所知,西方经济学的一个普遍的信条是,市场经济只能在私有制基础上建立起来,而与公有制不相容。在 20 世纪 30 年代有名的"社会主义大论战"中,西方经济学代表人物密塞斯和哈耶克断言,在社会主义公有制基础上只能建立集权的计划经济,这种经济形式不仅扼杀市场机制,而且是一条"通向奴役的道路"。资本主义大危机后,在凯恩斯主义影响下,一些主要西方国家对个别产业或少数大企业实行了"国有化"措施。但由于经济效益不好,凯恩斯主义日益受到来自社会各方面的责难,于是公有制与市场经济不相容之说,在一股"彻底私有化"的浪潮的荡涤之下,重新兴起,甚嚣尘上。在这种新自由主义思想的影响下,国内外不少学者开始质疑中国的社会主义市场经济改革,否定公有制与市场经济结合的可能性。

毫无疑问,如果"市场经济的命运只能是私有制",公有制与市场经济水火不容,那么,这无异于否定了我们坚持公有制为主体的基本经济体制的可能性。由于市场经济是现阶段社会化大生产发展的历史趋向,于是公有制与市场经济结合的问题就尖锐地摆在了我们的面前。然而,中国人民用自己的理论勇气和实践成果否定了这个结论。1978 年党的十一届三中全会,立足于中国处于社会主义初级阶段的实际,认识到社会主义公有制经济与市场机制相结合的必要性和可能性。党的十四大在公有制与市场经济相结合的认识基础上进一步提出了社会主义市场经济的理论。党的十五大根据新的改革实践发展了这些理论,特别是关于公有制实现形式及主体地位的理论,从而在理论与实践的结合上,进一步完善了社会主义公有制与市场经济相结合的理论。

公有制能否与市场经济结合不仅是一个种公有制经济与市场经济是否具有兼容性的问题,而且是一个与什么样的市场经济结合的问题。就前者来说,实质上是公有制经济能否发展出作为市场竞争主体所必需的市场属性,成为一个独立的市场竞争主体和市场经济的微观基础;就后者来说,就是要建设有中国特色的社会主义市场经济体制的问题。通过 30 年来的实践探索,我们初步塑造了公有制经济的市场属性,成为市场经济中的一个重要的竞争主体。这些实践包括:

第一,明晰公有制经济的产权关系。传统的公有制经济脱离生产力水平,采取"一大二公"的公有制方式,以国家和集体的行政机构为主体拥有产权。所有国有企业实际上成了全国统一的"大工厂"的一个车间,每个企业不拥有独立的产权,企业之间没有明确的产权边界,因而不能形成市场交换关系,企业不能成为独立的市场主体。企业的经营权为行政权所制约,因此这种所有权实质上是一种行政所有制或权力所有制,必然形成集权化的经济管理制度,并滋生腐败现象。为此,我国对公有制经济的产权改革,一方面分别从"企业"、"政府主管部门"两个层面推进"两权适当分离",真正实现政企分开;另一方面,国家在法律上"赋予企业法人财产权",推进公有制经济的现代企业制度建设。之后开始积极稳妥地推行国有企业的股份制改革,在公有产权中融合、引入个人产权,形成所有权多元化结构。

第二,在明晰公有制产权的同时,积极推进公有制经济建立现代企业制度。建立现代企业制度是我国国有企业改革的方向,现代企业制度是适应市场经济要求,依法规范的企业制度。它的基本特征可以概括为:产权清晰、权责明确、政企分开、管理科学。现代企业制度的典型形式是公司制度,基本步骤是按公司法进行股份制改造,包括有限责任公司和股份有限公司,核心内容是确定企业法人财产制度和形成法人治理结构,真正实现所有权与经营权的分离,进一步明确国家和企业的权利和责任,是企业成为名符其实的法人实体和市场竞争主体。从20世纪90年代以来,我国先后选择了2000多家企业进行现代企业制度建设试点,选择了100来个大中城市开展国有企业的资产重组以优化本地区的资本结构,努力抓好100家重点国有企业的改革,并通过转让、租赁或转化为股份合作企业,加速对小企业放开搞活的步伐。

第三,建立健全规范的公司法人治理结构。随着公有制经济改革的不断深入,改制为公司制的企业迅速增加,随之而来的是国有企业治理机制建设问题摆到了突出的位置。对此,党的十五届四中全会通过了《中共中央关于国有企业改革和发展若干重大问题的决定》,强调对国有大中型企业实行规范的公司制改革。解决改制后国有企业在建立健全治理机制方面存在的问题,必须按照《公司法》和《国有大中型企业建立现代企业制度和加强管理的基本规范》的要求,在深化企业改革中建立规范的公司法人治理结构。努力进行风险控制、产品开发、市场竞争、质量标准、经营成本、科技开发、资本组合等方面的制度创新和管理创新,使公有制经济适应社会主义市场经济的要求,不断发展壮大。

公有制要结合的市场经济是有中国特色的社会主义市场经济。党的十一届三中全会以后,在邓小平同志的倡导下,党坚持解放思想、实事求是的思想路线,开始从理论和实践结合上探索如何建立符合中国国情的社会主义市场经济体制。改革初期,我们破除了把社会主义与市场调节对立起来、把指令性计划等同于计划经济的观念。党的十二大提出计划经济为主、市场调节为辅的原则并在实践中付诸实施。党的十二届三中全会提出社会主义是公有制基础上的有计划的商品经济,并随之提出了我国经济改革的重要任务之一就是逐步完善市场体系,使改革逐步深化。进入20世纪90年代,以江泽民为核心的党的第三代中央领导集体对计划和市场关系的认识进一步成熟和深化,党的十四大提出社会主义经济体制改革的目标是建设社会主义市场经济体制。

在党的十四大报告中,江泽民深刻揭示了社会主义市场经济的基本内涵。他说:"我们要建设的社会主义市场经济体制,就是要使市场在社会主义国家宏观调控之下,对资源配置起基础性作用,使经济活动遵循价值规律的要求,适应供求关系的变化;通过价格杠杆和竞争机制的功能,实现优胜劣汰;运用市场对各种信号反映比较灵敏的优点,促进生产和需求的及时协调。"同时,社会主义市场经济有强有力的国家宏观调控,有强大的政治优势,政府将通过经济社会政策、经济法规、必要的行政管理,创造一个稳定的、安全的和公正的社会环境,确保市场经济有序运行。

公有制与社会主义市场经济的结合,使公有制为主体、多种所有制经济共同发展的基本经济制度成为可能,它奠定了社会主义国家政权在新的历史时期的经济基础。

2. 最广大人民的根本利益

按照马克思主义无产阶级国家理论,处于社会主义初级阶段的国家照样是社会生产关系中占统治地位的、维护自身阶级利益的那个无产阶级的国家。社会主义国家政权的目的是通过无产阶级掌握国家政权并利用这个政权为无产阶级及其联盟阶级的利益服务。因此,社会主义国家政权的社会利益基础首要地表现为一种阶级利益结构。无产阶级及其联盟阶级是国家政权阶级,它通过社会主义公有制的方式,掌握并支配着对生产过程具有决定意义的利益资源,制约着国家政权对社会利益关系的控制和调节,服从和服务于无产阶级及其联盟阶级的利益。这是社会主义国家的利益关系的核心环节,背离了这个阶级利益原则,也就必然动摇社会主义国家政权的社会基础。

另一方面,社会主义国家同样是一种凌驾于社会之上的力量,它又必须考虑并满足包括在社会生产关系中居于次要或被统治地位的阶级在内的更广泛的人群的利益。这里必须指出的是,在社会主义国家的历史和现实中,虽然广大的劳动群众是作为社会主义国家的统治阶级或主导阶级而其获得利益保障的,但由于他们中大多数人对社会利益资源实际上处于被动和劣势地位,他们的利益往往被抽象的阶级利益原则所遮蔽而得不到真正的落实。所以,对于社会主义国家来说,一种更为现实的社会利益结构,即人民利益结构,对广大的劳动群众来说才更具有实际意义,对社会主义国家政权来说才更具有深刻的社会和政治意义。因此,从这个意义上来说,社会主义国家政权的社会利益基础更应表现为一种人民利益机构。

社会主义国家的人民利益结构是一种占人口绝大多数的人的利益模式。最大多数人的利益是最紧要和最具有决定性的因素,这是马克思主义关于无产阶级运动的根本的利益原则。早在 150 多年前,马克思、恩格斯在《共产党宣言》中就郑重宣布:"无产阶级的运动是绝大多数人的、为绝大多数人谋利益的独立的运动。"[①]我国现阶段,工人阶级和农民阶级占人口绝大多数,这是中国社会主义国家人民利益结构的基本依据。同时,随着我国改革开放的深入,在社会主义国家的基本经济制度内孕育和成长中的所谓的"新兴利益阶层"的利益,也同样具有人民性。虽然,这个本来是从广大的工人、农民阶级中发展而来的阶层,由于在追求经济发展的过程中,凸显出了比较严重的短视、保守、急功近利、缺乏社会责任的阶层缺陷,而使他们背负着浓厚的非人民性。当然,这是当代中国的人民利益结构成长、成熟过程中所面临的问题。

社会主义国家的人民利益结构是一种以人民的根本利益与人民群众具体的利益辩证统一的利益实现形式。马克思主义指出,社会主义是"以每个人的全面而自由的发展为基本原则的社会形式"。[②]邓小平指出:"社会主义现代化建设是我们当前最大的政治,因为它代表着人民的最大利益、最根本的利益。"[③]这个根本利益与现阶段群众的具体利益之间是辩证统一的关系。根本利益与各阶层群众具体利益的关系是相辅相成的。一方面,社会主义国家的根本利益事关大局,因而群众的具体利益应

---

① 马克思、恩格斯:《马克思恩格斯选集》(第 1 卷),人民出版社 1972 年版,第 262 页。
② 马克思、恩格斯:《马克思恩格斯全集》(第 23 卷),人民出版社 1972 年版,第 649 页。
③ 邓小平:《邓小平文选》(第 2 卷),人民出版社 1993 年版,第 163 页。

服从人民的根本利益,根本利益受到损害,具体利益必然受到损害;另一方面,社会主义国家的根本利益是以群众的现实利益为前提和出发点,完全忽视群众的现实利益,社会主义国家的根本利益就会成为无源之水,无本之木,最终也无法实现。因此,必须认真考虑和兼顾不同阶层、不同方面群众的具体利益,协调和处理好社会各阶层群众的具体利益和人民内部矛盾,把代表最广大人民的根本利益与维护和体现各阶层群众的具体利益有机统一起来。

在社会主义初级阶段,人民的利益结构意味着,人们可以以阶级、阶层、团体、组织、单位等多种利益单元形式,在公有制为主体、多种所有制共同发展的基本经济结构中自主地选择和追求自己的利益源泉,在市场机制的作用下展开资源和利益的竞争。而国家的控制和调节则是社会主义市场利益竞争中的关键环节,国家通过法律、政策和意识形态等力量,以民主、法制和协商的方式控制和调节社会利益的分配,规范社会(包括国家)体制内和体制外的利益行为,协调各种利益差别、矛盾和冲突,不断满足最广大人民的利益。

当前我国控制和调节社会利益关系主要涉及这么几个方面。第一,坚持公有制为主体、多种经济成分共同发展和按劳分配为主体、多种分配形式并存的基本经济制度。这是社会主义国家实现公平有效地调控和分配社会利益,消除贫富分化,化解社会利益差别、矛盾和冲突的根本制度前提。第二,坚持人民利益高于一切,以"代表最广大人民的根本利益"为政治原则,正确处理好利益与的政治职权关系。这是社会主义国家防止腐败、实现国家目标的思想前提。第三,重视因社会利益的分化与整合而形成的新的社会阶层社会、社会利益集团和社会组织等对国家政治生活的影响。这是防止国家政权遭受侵蚀的社会前提。第四,大力发展社会主义民主,提高国家政策对社会利益调节的民主性、科学性和有效性,增强人民群众对社会主义国家的政治信心和参与热情。这是增强社会主义国家政权聚合力的政治前提。第五,正确处理好无产阶级国家中央与地方、地方与地方、行业与行业之间的利益关系,防止因局部利益而产生的地方、部门短期行为。第六,对社会主义国家执政党进行合理的利益定位,在理论和实践上避免执政党的"特殊利益集团"之嫌,真正做到"最广大人民的根本利益"。

3."两个范围的联盟"

社会主义改造奠定了我国社会主义国家政权的阶级基础。社会主阶级关系主要的不再是剥削、压迫关系，而是统一于社会主义和爱国主义基础上的阶级联合关系，是"在大陆内实行劳动者与劳动者、劳动者与非劳动者联盟"。改革开放之初，邓小平在谈到新的历史时期我国社会阶级状况和人民政协工作时，多次指出，我国大陆内原来的"两个联盟"已经变成了"工人阶级领导的、工农联盟为基础的社会主义劳动者和拥护社会主义的爱国者的广泛联盟"。[①]"两个范围联盟"是从我国的改革开放和社会主义国家建设的实际和需要出发，对我国社会主义初级阶段国家政权的阶级基础建设战略的重大转变。

随着改革开放的全面展开和深入发展，尤其是社会主义主义初级阶段国家的基本经济制度和社会主义市场经济体制的确立，我国的社会阶级结构发生了巨大的变化。如前文所述，一方面传统的工人阶级、农民阶级出现阶层分化，另一方面普通劳动者的阶级意识和阶级认同出现模糊与淡化，同时，出现了新兴利益阶层，这一切大大改变了我国社会主义国家政权的阶级结构基础。这些变化必然赋予我国社会主义初级阶段"两个范围联盟"建设以新基础、新任务和新内容。

以社会主义市场机制为纽带、公有制为主体多种经济成分共同发展是实现我国各阶级、各阶层经济联合的基础。从这个基础出发也就是从国家政权的社会主义原则出发，唯有这个原则才能不断扩大和夯实国家政权的阶级基础和群众基础。20世纪90年代，我国社会主义市场经济确立以来，一方面，我国紧抓社会主义公有制经济的改革和建设，及时刹住了公有制经济"彻底私有化"的新自由主义改革行为，努力确保公有制的主体地位和主导作用；另一方面，进一步推进社会主义非公有制经济的发展，承认并维护各种非劳动收入的合法性；并且，建立城乡一体化的市场经济体系，通过国家的调控政策，协调城乡关系，调整工农利益。这些改革和发展进步，极大地促进了健全、公正、合理的社会阶级阶层关系的建设。

社会主义民主政治和人民当家作主是实现我国各阶级、各阶层政治联合的根本任务。社会主义国家在多大程度和多大范围内实现人民当家作主，其政权就能在多大程度上团结"两个范围"内的阶级和人民群众。改革开放30年，我国的民主政治建设逐步推进，在很多方面都取得了重大进展。譬如，进一步加强和完善了社会主义民主政治的三大基本制度：

---

① 邓小平：《邓小平文选》(第2卷)，人民出版社1993年版，第187页。

人民代表大会制、共产党领导的多党合作与政治协商制度、民族区域自治制度；基层民主得到了巨大发展，村民委员会和城市居民委员会等新生的群众性自治组织普遍建立并受到相应的法律保障；加快了社会主义立法进程，制定并修改了包括宪法在内的一系列法律法规，在国家和社会生活方面不仅实现有法可依，而且法律理念也发生了根本的进步；不断推进政府机构改革和干部人事制度改革，在依法治国、依法行政方面取得了巨大进步；扩大普通民众对国家和社会事物的参与和表达渠道。党的第三代中央领导集体以来，我国在推进社会主义民主政治和人民当家作主的建设上的这些进步，为社会主义国家政权赢得了广泛的阶级基础。

社会主义和爱国主义是实现我国各阶级、各阶层社会联合的两面旗帜。建设社会主义现代化国家、维护国家主权和祖国统一、反对霸权主义维护世界和平需要广泛的社会基础，需要争取和团结社会上绝大多数，发展壮大自己的队伍。只有实现国内和国际广泛的社会联合，我国的人民民主专政的国家政权才能不断巩固和加强，才能在各种复杂的环境中顶住风浪，战胜困难，坚守和发展自己的事业。所以，"只要有利于四化建设、社会进步、人民幸福，只要有利于挫败国内外敌对势力的渗透、颠覆与和平演变，不论哪一个阶级、阶层，哪一个党派、集团，哪一个人，我们都要团结。"①在当代中国，社会主义与爱国主义两面旗帜本质上是统一的。"爱国主义具有强大的感召力和凝聚力，爱国与否是最大的政治分野。对台湾同胞、港澳同胞和海外侨胞，只要爱国，赞成祖国统一，即使不赞成社会主义制度的人也要积极争取团结。我们坚持'一国两制'、和平统一祖国的方针，要在海外统战工作中求爱国和祖国统一之'同'，存社会制度、意识形态和生活方式之'异'。"②可见，在社会主义和爱国主义两面旗帜统摄下的"两个范围联盟"，实质上是一种广泛的社会联合的联盟，这从根本上扩大了社会主义国家政权的社会阶级结构基础。

4. 稳定、有序与社会和谐

如前所述，国家政权的社会秩序基础指的是国家政权存在并发挥功能所必需的政局稳定和社会有序状态。改革开放之初，党的第三代中央领导集体十分重视国家建设和社会发展的社会秩序问题。1980年，邓小

---

① 《十三大以来重要文献选编》（中册），人民出版社1991年版，第1128页。
② 《十三大以来重要文献选编》（中册），人民出版社1991年版，第1128－1129页。

平在《目前的形式和任务》的著名讲话中就郑重指出:"没有一个安定团结的政治局面,就不能安下心来搞建设。"①1987 年,邓小平在谈到中国现代化目标时又说:"要达到这样一个目标,需要什么条件呢? 第一条,需要政局稳定。……因为中国不能再折腾,不能再动荡。一切要从大局出发。中国发展的条件,关键是要政局稳定。第二条,就是现行的政策不变。……一个是政局稳定,一个是政策稳定,两个稳定。"②1989 年,面对政治不稳定因素的增多,邓小平尖锐地指出:"中国的问题,压倒一切的是需要稳定。没有稳定的环境,什么都搞不成,已经取得的成果也会失掉。"③"道理很简单:中国人这么多,底子这么薄,没有安定团结的政治环境,没有稳定的社会秩序,什么事情也干不成。"④

从邓小平的论述中,我们可以清楚地看到,政治稳定和社会有序不仅关系到社会主义现代化建设成败,而且关系到社会主义国家政权的存亡。

正是基于这种深刻认识,党的第三代中央领导集体以来,党高度重视政治和社会稳定,全方位地推进国家政权的社会秩序建设的创新。

在我国改革开放的紧要关头,我们毫不动摇地坚持了党的"一个中心、两个基本点"的基本路线,深刻领会和全面执行党的基本路线。"中心只有一个,就是以经济建设为中心。两个基本点都非常重要,缺一不可,二者是紧密结合、互相促进的,都是为促进经济的发展提供保障和服务的。"⑤党的"一个中心,两个基本点"的基本路线的贯彻和实施,从政治上确保了国家政局的稳定和社会的有序,并已经成为社会主义国家政权外部秩序的强大基石。

国家政权外部秩序的维持主要是围绕我国社会转型过程中所凸显出来的各种社会关系和社会矛盾冲突展开的。这些关系和矛盾冲突复杂而严峻,如果得不到合理的理顺,得不到正确的处理,将直接威胁到我国的改革开放和社会主义现代化建设的伟大事业,威胁到人民民主专政的国家政权的稳定。为此,1995 年 9 月,江泽民在党的十四届五中全会上的讲话中强调,必须正确处理改革、发展和稳定的关系,并把改革、发展和稳定三者关系提到总揽社会主义现代化建设中的所有重大关系的战略高

---

① 邓小平:《邓小平文选》(第 2 卷),人民出版社 1994 年版,第 251 页。
② 邓小平:《邓小平文选》(第 3 卷),人民出版社 1993 年版,第 216—217 页。
③ 邓小平:《邓小平文选》(第 3 卷),人民出版社 1993 年版,第 284 页。
④ 邓小平:《邓小平文选》(第 3 卷),人民出版社 1993 年版,第 331 页。
⑤ 江泽民:《江泽民论中国特色社会主义》(专题摘编),中央文献出版社 2002 年版,第 42 页。

度。改革是动力,是解决社会主义矛盾的正确、有效的途径。发展是目的,是硬道理,只有发展了,国家政局才能稳固,人民才能安居乐业,社会才能更加稳定,中国社会主义制度的优越性才能发挥和表现出来。稳定是前提,没有稳定,改革和发展是句空话。所以,我们必须旗帜鲜明地坚持四项基本原则,反对资产阶级自由化,维护政治和社会的稳定。

显然,在改革和发展过程中所产生的矛盾和冲突,主要的是人民内部的矛盾和冲突,更多的是社会全体成员在根本利益一致的基础上的各种具体利益的矛盾和冲突。所以,"正确处理人民内部矛盾,调动一切积极因素,化消极因素为积极因素,是我国政治生活的主题,也是维护社会稳定的重要基础"。① 对于人民内部的矛盾和冲突问题,我们继承和发扬了党的优良传统,紧紧依靠群众,取得广大群众的理解、参与和支持,站在维护群众利益的基点上,加强思想政治工作和社会主义民主法制教育,用民主的方法、说服教育的方法,依据有关政策和法律规定,妥善地加以解决。人民内部矛盾涉及的面大,其内容和形式错综复杂。历史经验告诉我们,国内外的敌对势力和破坏势力往往利用我们在处理人民内部矛盾方面的失误,兴风作浪。因此,从这个意义上说,正确处理新形势下的人民内部矛盾始终是国家政权的社会秩序基础建设的核心。

应该指出的是,国家政权的社会秩序基础建设的一个重要方面是国家政权自身的内部秩序的建设。因为,国家政权秩序的更大威胁直接来自于社会主义政治系统的内部,来自于内部少数党员干部背离为人民服务的宗旨,脱离群众,官僚作风,以权谋私,腐败变质。苏联和东欧一些社会主义国家政权倾覆的历史事实已经充分证明了这一点。因此,如果听任这些腐败现象发展下去,党就会走向自我毁灭,社会主义国家政权就会被颠覆。有鉴于此,党的第三代中央领导集体以来,党十分重视党和政府的反腐败工作,十分重党政干部教育和廉政建设。为此,我国坚持以"四化"为核心的党的组织路线,确保政治路线的贯彻执行和国家政策的稳定;坚持从严治党,坚持惩治腐败,密切党和政府同群众的联系,保持政治系统的健康和有序;坚持对党员干部进行"三讲"、"保持党的先进性"等形式的教育,绝不允许社会主义国家政权内部自身破坏自己的秩序。

事实上,一个稳定的社会不一定是一个和谐的社会,但一个和谐的社会必定是一个政治稳定、社会有序、人民和谐相处的社会。所以,党中央

---

① 江泽民:《江泽民论中国特色社会主义》(专题摘编),中央文献出版社 2002 年版,第218页。

在新世纪之初提出的构建社会主义和谐社会的战略思想,具有极强的现实针对性,它不仅是针对我国现阶段频发的各种不和谐现象、各种社会失衡甚至社会冲突来谈的,而且,从更深的政治层面来说,它更是针对社会主义国家政权的社会秩序基础建设来谈的。从世界各国现代化的历程来看,一个国家在现代化变迁最迅速又是最困难的阶段,往往会出现人们利益冲突、价值失落、道德错位、行为失范,社会出现混乱和无序。当前,我国正处于剧烈的社会变革的阵痛之中,处在官员腐化、社会矛盾、社会危机的高发期。这些对政治和社会秩序造成威胁的因素和现象,如果得不到国家政权的系统而有效的控制和治理,其不断积累的过程就是国家政权遭受内外侵蚀的过程,其最后总爆发的时候也就是国家政权倾覆而无可挽回的时刻。所以,从这个意义上来说,建设社会主义和谐社会,实际上是对社会主义国家政权的社会秩序基础建设提出了更高、更系统、更迫切的要求。

第四章 民主、高效与廉洁

——政党推动型的马克思主义国家政体建构理论的新视野

政体是指掌握国家政权的统治阶级通过何种方式来组织和行使其政治权力的制度方式。因而,国家的政体建构问题主要指的是关于国家政体的选择、政体的改革和政体的建设等方面,这是马克思主义国家理论的一个重要内容,也是当代中国特色社会主义政权建设的关键一环。

自改革开放以来,中国政治的学术语境中,有关国家政体建构的思想曾有过两种截然不同的主张。第一种,是所谓的"新权威主义",其要旨是权威主义的政体建构模式,其主要理论来源是对所谓"东亚四小龙"经验的感悟和比照;第二种,可称为"照搬派",即搬挪西方发达国家(特别是美国)的资本主义多党议会民主的政体建构模式。前一种观点虽然涉及了中国政治体制改革的某些内容,但却未能抓住中国政治的实质和关键;第二种主张的方向与中国历史和现实相悖,显然绝对不可取。近年来,有学者强调政党推动,主张把中国共产党摆在中国政治体制改革的中心地位,进而把握中国政治体制改革的内在逻辑。这种形式我们可以概括为政党推动型政体建构模式。

所谓政党推动型政体建构模式,包含两层含义。第一层含义指的是,社会主义国家的政体建构必须在中国共产党的领导下进行,中国共产党是当代中国政体建构活动的领导者;第二层含义指的是,中国共产党是社会主义国家的政体建构的主体力量,是成功推进政体建构的主要政治因素。当今中国任何有关中国发展的政治构想如果脱离这两个前提和现实,都是不切实际的幻想,这是当代中国的政治的逻辑,也是马克思主义国家理论的内在逻辑。

一 无产阶级国家政体建构的逻辑：
无产阶级专政与无产阶级政党

无产阶级专政是无产阶级及其政党联合自己的革命同盟阶级，以阶级斗争的方式，夺取国家政权和资产阶级的全部资本并掌握在自己的手里，利用政权的力量，尽可能增加生产力总量，组织和发展无产阶级新型民主，最终达到人类政治解放乃至社会解放，实现"每个人的自由发展是一切人的自由发展的条件"的过渡国家形态。综观马克思主义无产阶级专政学说，无产阶级国家的政体形式是保证无产阶级作为最大多数人的政治解放和社会解放的民主共和国。

（一）马克思、恩格斯关于无产阶级国家政体选择的思想

早在《莱茵报》工作期间，马克思就曾无情揭露和抨击过普鲁士反动的封建君主专制制度，并提出了建立人民民主政权的主张。1847 年 6 月，恩格斯在《共产主义信条草案》中写道："实现财产占有的第一个基本条件是通过民主的国家制度达到无产阶级的政治解放。"[①]之后，恩格斯又在《共产主义原理》中指出："首先无产阶级将建立民主制度，从而直接或间接地建立无产阶级的政治统治。"[②]1848 年春，马克思、恩格斯在把他们的世界观公之于世的划时代文献《共产党宣言》中，更为明确地指出："工人革命的第一步就是使无产阶级上升为统治阶级，争得民主。"[③]马克思和恩格斯这里的意思很清楚，无产阶级"人民民主政权"、"民主的国家"、"争得民主"、"建立民主制度"等等，主要是从政权性质的意义上论述民主这一概念的，这表明他们关于未来无产阶级国家的阶级本质（国体）的思想已经基本形成。但是，这时由于还没有无产阶级专政的实践，因而他们没有涉及无产阶级通过何种政权组织形式（政体）来实现自己民主统治的问题。

---

① 马克思、恩格斯：《马克思恩格斯全集》（第 42 卷），人民出版社 1995 年版，第 379 页。
② 马克思、恩格斯：《马克思恩格斯选集》（第 1 卷），人民出版社 1972 年版，第 219 页。
③ 马克思、恩格斯：《马克思恩格斯选集》（第 1 卷），人民出版社 1972 年版，第 272 页。

《共产党宣言》问世不久,欧洲爆发了波澜壮阔的 1848 年革命,这场革命的性质是资产阶级革命,但革命的特点是无产阶级带着自己的要求登上政治舞台,成为革命的主力军。马克思、恩格斯及时对革命的经验作了全面科学的总结。马克思在《1848—1850 年的法兰西阶级斗争》、《路易·波拿巴的雾月十八》这两篇著作中,深刻揭露了资产阶级国家即使是废除君主制后建立起来的共和国,其实质仍然是资产阶级专政的工具。在这种政治体制下,工人阶级是不可能实现自己的劳动解放和政治解放的。因此,工人阶级要实现自己的政治目标,就必须打碎资产阶级国家机器,实行"工人阶级专政",变资产阶级共和国为无产阶级共和国,即"社会共和国"。这里清楚地表明:马克思、恩格斯已经明确提出了无产阶级国家的政体形式应是民主共和制。可见无产阶级的"民主共和国"不仅是无产阶级的奋斗目标,而且是无产阶级国家组织自己的政权的基本政治形式。

　　但是,由于还缺乏无产阶级专政的实践,因而马克思、恩格斯没有具体论述无产阶级专政国家的结构问题,也没有论述到无产阶级应该如何去组织和运行民主共和国的政治权力问题。马克思具体论述这一问题,是在巴黎公社革命实践所提供的新鲜经验基础上进行的。马克思、恩格斯称颂巴黎公社的无产阶级政治实践为落实和实践工人阶级长期所憧憬的新型"民主共和国"提供了"一定形式",是无产阶级国家适宜的政治形式,它"给共和国奠定了真正民主制度的基础"。①

　　这种"真正的民主制度"主要表现为:第一,巴黎公社的政体是建立在无产阶级掌握国家政权的基础上,是在打碎资产阶级国家机器后建立起来的无产阶级的政权形式,它实质上是工人阶级的政府,是可以使劳动者在经济上获得解放的政治形式,是人民群众获得"社会解放"的政治形式;第二,巴黎公社实行普选制、监督制和随时撤换制,代表对选民负责,一切社会公职"应当不是由凌驾于社会之上的机构,而是由社会本身负责的勤务员来执行","这些勤务员是经常在公众监督之下进行工作的";②第三,公社实行"议行合一制",即通过民主集中制原则实现了立法权与行政权的统一。

　　19 世纪 90 年代初,随着无产阶级和资产阶级矛盾的尖锐化,恩格斯

---

① 马克思:《法兰西内战》,《马克思恩格斯选集》(第 3 卷),人民出版社 1972 年版,第 58、59 页。
② 马克思、恩格斯:《马克思恩格斯选集》(第 2 卷),人民出版社 1972 年版,第 439 页。

在为马克思的《法兰西内战》写的导言和其发表的《1891年社会民主党纲领草案批判》两篇文章以及同期其他有关著作中,进一步总结和发展了马克思主义关于无产阶级国家政体理论。恩格斯特别强调无产阶级国家建立民主共和国的政体形式的重要性,指出"如果说有什么是毋庸置疑的,那就是我们党和工人阶级只有在民主共和国这种政治形式下才能取得统治",①"马克思和我在四十年代反复不断地说过,在我们看来,民主共和国是唯一的这样的政治形式,在这种政治形式下,工人阶级和资本家阶级之间的斗争能够先具有普遍的性质,然后以无产阶级的决定性胜利告终"。② 另一方面,无产阶级国家的政体选择,必须在借鉴和批判地改造资产阶级共和国的某些合理因素的同时,充分注意并反映到无产阶级国家政权的思想内容,指出共和国的形式必然取决于它的内容,它本身并不是无产阶级和社会主义的,而它的内容取决于由哪个阶级掌权,"当它还是资产阶级统治的形式时,它和任何君主国一样地敌视我们(撇开敌视的方式不谈)。因此,把它看作本质上是社会主义的形式,或者当它还为资产阶级所掌握时,就把社会主义的使命委托给它,都是毫无根据的幻想"。③ 此外,恩格斯还高度重视无产阶级国家的政体必须坚持巴黎公社的基本原则:保证人民当家作主,防止社会公仆变成社会主人。恩格斯在这篇导言中,进一步总结了巴黎公社的经验,对马克思的《法兰西内战》作了重要补充,他深刻分析历史上一切剥削阶级国家的基本特征,就是从社会的公仆变成了社会的主人。而巴黎公社的实践证明,无产阶级国家是"新的真正民主的国家政权",它本质上是社会的公仆,不再是高居于人民群众之上的社会主宰,无产阶级民主共和国就是保证国家的社会公仆性质的政治形式。由此恩格斯再次肯定了巴黎公社为防止社会公仆变为社会主人而实行的两项重要措施,其中在政权形式方面采取的措施(制度)就是:"把行政、司法和国民教育方面的一切职位交给由普选选出的人担任,而且规定选举者可以随时撤换被选举者。"④

综上所述,我们可以清楚地看到,马克思和恩格斯关于无产阶级国家政体理论的论述,是从无产阶级具体的政治实践出发,尤其是从巴黎公社

---

① 马克思、恩格斯:《马克思恩格斯全集》(第22卷),人民出版社1995年版,第274页。
② 马克思、恩格斯:《马克思恩格斯全集》(第22卷),人民出版社1995年版,第327页。
③ 马克思、恩格斯:《马克思恩格斯选集》(第4卷),人民出版社1972年版,第508页。
④ 马克思、恩格斯:《马克思恩格斯选集》(第2卷),人民出版社1972年版,第335页。

的特定的历史条件出发,来考察无产阶级民主共和国的具体制度形式的设计,但他们并没有仅仅停留在这种具体的民主制度上,而是从中得出了一些关于无产阶级国家政体选择的原则性的思想。

第一,无产阶级国家的政体选择的目标必然是民主共和国。19世纪90年代初,恩格斯在谈到德国政治的新形势时,批判了德国党内右倾机会主义者不敢提出民主共和国要求的错误立场,指出在德国建立民主共和国是完全必要的。为了落实无产阶级的统治,保证人民当家作主,恩格斯认为无产阶级民主共和国必须坚持巴黎公社的为防止社会公仆变成社会主人的两项基本原则。

第二,无产阶级国家的政体选择的目的是为了落实无产阶级统治和人民当家作主,其基本原则是坚持政体选择和改革的无产阶级内容。对无产阶级来说,采取什么样的政治形式来组织自己的政权不仅是重要的,而且,这个问题对无产阶级夺取政权后,结合自己的具体国情实现自己的阶级统治是至为密切的。因为,无产阶级民主共和国的具体制度形式的设计,一方面固然要坚持巴黎公社的基本原则,但巴黎公社的基本原则是不可能代替各无产阶级国家的具体制度安排的,无产阶级民主共和国仍然十分需要结合本国国情,探讨无产阶级民主的实现形式问题。所以,无产阶级民主共和国的政体选择取决于它的阶级内容,取决于无产阶级掌握国家政权,实现当家作主。

第三,无产阶级国家政体选择的关键必须正确把握和处理无产阶级专政与民主之间的关系。从马克思、恩格斯对无产阶级专政的理解来看,无产阶级专政是实现无产阶级作为最大多数人的政治解放和社会解放的新型的民主形式。按照罗莎·卢森堡的说法,无产阶级专政"必须是阶级的事业,而不是少数领导人以阶级的名义实行的事业。这就是说,专政在每一步上必须依靠群众的积极参与,必须直接处于群众的影响之下,必须接受公众的监督"。[①] 这就是说,无产阶级专政如果没有无产阶级多数的自觉意志和自觉行动,就会使无产阶级国家政权沦落为一种"集团的统治"。"几十个精神饱满和富于理想的党的领导人掌握着指挥权和管理权,而实际上在这几十个人当中,掌权的只是十几个杰出的领袖而已;工人阶级中坚分子不时被召去开会,聆听领袖们的讲演并为之鼓掌,一致通

① 《国际共运史研究资料》(第4期),人民出版社1982年版,第46页。

过他们提出来的决议;从根本上说,这是一种集团的统治"①。这实际上为资本主义阵营攻击无产阶级专政以及无产阶级国家和社会主义国家为集权统治提供了口实。所以,无产阶级国家政体选择的关键不能仅仅停留在无产阶级专政的阶级性上,更不能把无产阶级民主看成是一种暂时工具或手段,而必须在民主的具体的制度上,结合具体的国情进行创新,从而实现马克思、恩格斯所希望的,探索出一种优越于自由民主的新型民主。

第四,无产阶级国家政体选择的历史使命是要超越资产阶级议会民主制的那种"清谈馆"式的政体形式。贯彻立法权与行政权相统一的"议行合一的制"是巴黎公社的基本原则。巴黎公社的政体原则从根本上破除了资产阶级三权分立的阶级内容和议会制民主的虚伪性质,使公社成为各公社委员会共同工作的场所,而不是那种仅仅是谁都想竭力发言的议会。在资产阶级议会制国家中,表面上立法权第一,议会拥有国家最高权力,但实际上政府往往兜揽了国家大权和实际工作。当然,资产阶级议会对调整资产阶级内部的矛盾和冲突,巩固其统治还是有重要作用的,但是它对人民来说,却始终是一个"清谈馆"。这个"清谈馆"表面上热热闹闹,人人积极参与,但实际上议会造成了统治者与他们的代表之间令人无法接受的障碍,一次投票也常常不能完全保证人民的观点得到充分的表达,而且议会的清谈和争论常常消耗了对国家和社会事务执行的效率。所以,马克思、恩格斯希望无产阶级国家能通过巴黎公社的"议行合一"原则,实现无产阶级专政超越资产阶级议会民主,真正把无产阶级国家政体选择和建构提到国家建设的目的的高度上来。

总之,无产阶级专政是无产阶级用以解放自身的社会运动,是无产阶级自己的运动,马克思、恩格斯十分坚定地指出,"工人阶级的解放只能是工人阶级自己的事情"。而宣传、组织、领导和推动这个运动的重任,就历史地、逻辑地落在无产阶级先进分子及其组织——共产党的肩上。

(二)无产阶级国家政体建立与无产阶级政党

历史地看,无产阶级政党的建立和发展始终是同无产阶级整个历史运动联系在一起的,是无产阶级专政理论与各国革命运动相结合的产物,

---

① 《国际共运史研究资料》(第 4 期),人民出版社 1982 年版,第 47 页。

因此,无产阶级专政的政体选择与无产阶级政党的领导和推动就历史地联系起来了。在马克思、恩格斯的亲自指导和帮助下,欧洲 19 世纪 40 年代之后的革命运动与无产阶级科学的革命理论结合的最伟大的成就集中体现为世界上第一个共产主义政党——共产主义者同盟的建立,还体现为 19 世纪后半期在欧洲主要资本主义国家的民族国家范围内无产阶级群众性政党的蓬勃发展。马克思在总结 1848 年欧洲民主革命历史经验时指出,无产阶级未能掌握领导权、无产阶级缺乏自己政党的领导是革命失败的重要原因。由于缺乏一个拥有科学的政党纲领、理论、组织的政党的领导,无产阶级的革命斗争,在政治上缺少一个鲜明的旗帜、一种要求达到的政治目标和对本国革命实际深刻的政治洞察,难以在不同的革命阶段为无产阶级制定正确的路线、方针和政策;在思想上,无产阶级的阶级觉悟不高,难以排除机会主义、改良主义等思想的影响。这些同时也使得革命阶级的群众在组织上陷于分散,难以形成统一的意志、结成一个坚强的战斗整体,并作为一个阶级来行动。所以,欧洲各民族国家无产阶级政党的先后建立,标志着无产阶级从自发斗争走上了自觉斗争,从自在阶级变为自为阶级。欧洲各国的民主革命以及之后的俄国革命,从正反两面表明:无产阶级政党已经成为无产阶级运动的领导核心,成为推动无产阶级专政和无产阶级国家政体选择和建构的根本力量。这是无产阶级专政的历史发展的必然,无产阶级历史运动这个时势必然要唤起自己的组织、自己的政党,并成为运动的领导者和推动力量。

逻辑地看,随着欧洲工人运动的发展,无产阶级自己的群众组织或自称为无产阶级的社会主义性质的政党如雨后春笋般地建立,它们内部构成复杂,组织形式各不相同,政治目标和思想取向多种多样,那么谁才是真正的无产阶级政党,谁才能够真正肩负起"使无产阶级形成阶级,推翻资产阶级的统治,由无产阶级夺取政权"的最近的历史重任呢?在为无产阶级第一个政党所撰写的基本原则纲领即《共产党宣言》中,马克思、恩格斯特别强调了无产阶级政党的阶级性和先进性:"共产党人不是同其他工人政党相对立的特殊政党。他们没有任何同整个无产阶级的利益不同的利益。他们不提出任何特殊的原则,用以塑造无产阶级的运动。共产党人同其他无产阶级政党不同的地方只是:一方面,在无产者不同的民族的斗争中,共产党人强调和坚持整个无产阶级共同的不分民族的利益;另一方面,在无产阶级和资产阶级的斗争所经历的各个发展阶段上,共产党人始终代表整个运动的利益。因此,在实践方面,共产党人是各国工人政党中最坚决的、始终起推动作用的部分；在理论方面，他们胜过其余无产阶级群众的地方在于他们了解无产阶级运动的条件、进程和一般结果。"①

无产阶级政党的阶级性和先进性使无产阶级政党与无产阶级专政逻辑地联系起来了，并现实地成为无产阶级专政的领导者和推动力量。作为无产阶级专政的领导者，无产阶级政党首先，不仅要明确无产阶级获得解放的历史任务，而且更要勇于肩负起革命的历史重任。在许多国家，由于资产阶级政党已经无力完成民主革命的历史任务，所以无产阶级政党必须同时承担民主革命和社会主义革命两副历史重担。唯有如此，无产阶级政党才能成为革命行动中的领导力量，带领革命阶级和广大人民取得国家政权。同时，无产阶级政党的纲领是它发挥领导作用的政治前提与组织动员的基础。无产阶级政党只有制定出明确的党纲和切实可行的行动策略，才能使无产阶级及其同盟阶级和广大人民明确无产阶级专政的目标和历史任务，才能提高群众的思想觉悟，消除各种非无产阶级思想意识的影响，才能组织和动员阶级力量，团结广大人民投入到无产阶级运动当中去，争取革命的胜利。马克思、恩格斯高度重视党的纲领对党发挥领导作用的意义。他们说："一个新的纲领毕竟是一面公开树起来的旗帜，而外界就根据它来判断这个党。"列宁进一步全面论证了建立无产阶级政党必须制定纲领的问题，他阐明，只有制定正确的纲领和策略，党才能成为政治上独立的、强大有力的革命领导者，引导革命取得胜利。所以无产阶级政党的历史使命及其先进性赋予了无产阶级政党在无产阶级专政运动中的领导地位。

另一方面，作为无产阶级专政的推动者，无产阶级政党必须在革命胜利后成为无产阶级专政的国家的执政党。无产阶级政党以领导力量的地位和角色而掌握无产阶级专政国家的政权，成为执政力量。在马克思、恩格斯所处的时代，虽然无产阶级政党始终没有成为一定国家的执政党，但马克思、恩格斯从一开始就是从执政党的高度对无产阶级政党建设提出要求的。无产阶级革命政党通过暴力革命取得国家政权后，无产阶级政党不仅是无产阶级专政政权的领导力量，而且是无产阶级专政政权的执政力量。在无产阶级政党作为执政党的国家中，无产阶级政党要带领他的阶级和人民去取得社会生产力，发展社会生产。"无产阶级将利用自己的政治统治，一步一步地夺取资产阶级的全部资本，把一切生产工具集中

---

① 马克思、恩格斯：《马克思恩格斯选集》（第 1 卷），人民出版社 1972 年版，第 264 页。

在国家即组织成为统治阶级的无产阶级手里,并且尽可能快地增加生产力的总量"。①面对"无产阶级运动的规律显然是,到处都有一部分工人领袖必然要蜕化"的不良现象,②无产阶级政党必须防止国家机关工作人员去"追求升官发财","防止国家和国家机关由社会公仆变为社会主人",③为此,必须加强无产阶级政党自身的建设,改善党的领导方式和执政方式,提高党的执政能力,使无产阶级政党真正成为无产阶级专政国家建设的推动者。这种推动主要体现在如下各方面:无产阶级政党的执政本质是领导和支持人民掌握和管理国家政权,不断实现人的全面发展和社会进步;无产阶级政党的基本任务是组织和支持人民当家作主;无产阶级政党执政的政治形式只能选择民主共和制;无产阶级执政党建设在无产阶级国家政体建设和发展中起核心作用。

列宁从俄国布尔什维克党的执政实践出发,高度概括了执政党建设与俄国无产阶级国家政体建设的关系。

首先,党内民主与无产阶级国家的政治民主的关系。1905年12月,在俄国社会民主工党第一次代表会议上,通过了根据列宁的思想形成的《党的改组》的决议,第一次提出了党的"民主集中制"基本组织原则。按照这个组织原则,自下而上地选举建立整个党的组织,党内一切事务由一律平等的全体党员直接或者通过代表来处理;党的所有领导人员和机构是选举出来的,必须向党员作工作报告,是可以撤换的;党内行动一致,讨论自由和批评自由;实行少数服从多数、下级服从上级、部分服从整体的原则。扩大党内民主,目的是为了提高党的质量,纯洁党的组织,提高党的先进性和执政能力,推动无产阶级民主的发展;实行集中制原则,就是要保证党对各级组织、各群众组织和整个无产阶级运动的坚强领导,没有这些条件,无产阶级政党就不能完成本阶级的任务,不能实现对无产阶级国家的领导。

其次,党的职能与无产阶级国家(行政)职能的关系。按照列宁的设想,党的执政职能的发挥主要体现为以党的领导去运行国家机器。因此,在党的领导职能表现在政治制度上,列宁坚决反对党政不分的一切的绝对领导,而是实行方针政策的"总领导"。他指出:"党的任务……是对所

---

① 马克思、恩格斯:《马克思恩格斯选集》(第1卷),人民出版社1972年版,第272页。

② 马克思、恩格斯:《马克思恩格斯全集》(第32卷),人民出版社1972年版,第334页。

③ 马克思、恩格斯:《马克思恩格斯全集》(第32卷),人民出版社1972年版,第334—335页。

有国家机关的工作进行总领导,不是像目前那样进行过分频繁的、不正常的、往往是琐碎的干预。"①因此,正确定位党的职能是推进无产阶级国家民主制度建设的重要环节。

再次,党的权力与无产阶级国家的民主制度关系。执政党的权力问题突出地体现在执政党的执政手段上。列宁认为,执政党必须在国家法律允许的范围内贯彻自己的决定。党的各级组织和所有党员,都不允许有凌驾于宪法之上的特殊地位和特殊权力,都不允许以言代法,更不允许破坏宪法,"党应当通过苏维埃机关在苏维埃宪法的范围内来贯彻自己的决定"②。所以,从这个意义上说,党的执政权力的规范化是无产阶级国家权力制度化的前提,没有执政党的执政权力的规范化,就不可能有健全而稳定的民主制度的屹立。

最后,党的利益与无产阶级国家政体选择和建设的价值目标的关系。列宁认为,无产阶级政党的利益就是整个无产阶级运动的利益,始终代表着广大群众的根本利益,这是无产阶级政党的性质的要求和力量的源泉。因此,无产阶级国家的执政党必须始终站在群众的立场上看问题、办事情,保持同群众的密切联系。"我们需要的是新型的政党,另一种性质的政党。我们需要的是能够经常同群众保持真正的联系的党,善于领导这些群众的党。"③列宁认为,要"劳动群众拥护我们"④,成为我们的力量,其政治前提就是鼓励和支持人民掌握和管理国家政权,享有充分的民主权利,真正地实现当家作主。这是无产阶级国家政体选择和建设的根本的价值目标。

综上所述,无产阶级政党的领导和执政是无产阶级专政的政体选择的重要推动力量,这是无产阶级专政的内在逻辑。

---

① 列宁:《列宁全集》(第43卷),人民出版社1987年版,第64页。
② 《苏联共产党决议汇编》(第1分册),人民出版社1957年版,第571页。
③ 列宁:《列宁全集》(第39卷),人民出版社1986年版,第225页。
④ 列宁:《列宁选集》(第4卷),人民出版社1995年版,第53页。

二 中国特色社会主义国家的政体建构：
政党推动型建构模式

(一)新民主主义革命政权的政体建构的特点

新民主主义革命是中国无产阶级及其政党自觉承担的资产阶级未能完成的民主革命。按照毛泽东的看法，新民主主义革命是无产阶级领导的，人民大众的，反对帝国主义、封建主义、官僚资本主义的革命。它的目标是无产阶级(通过中国共产党)牢牢掌握革命领导权，彻底完成革命的任务，实现无产阶级政治解放。新民主主义革命所建立的革命政权是无产阶级性质的革命专政的政权。按照马克思主义国家理论，一个国家选择何种政体来组织自己的政权，主要是由这个国家的统治阶级决定的。因此，新民主主义革命政权的政体选择主要是由无产阶级决定的，是由居于领导地位的无产阶级政党根据革命发展的具体情况和现实需要来作出政体决策的。这就使中国新民主主义革命政权的政体选择呈现出鲜明的政党推动特色。

第一，党的先进性与领导地位是确保和推进新民主主义的政体选择得以落实民主共和的政体目标和人民当家作主的政体价值的政治前提。

无产阶级作为革命的领导阶级，其阶级意志一个重要方面是通过其政党的阶级先进性表现出来的，也是通过其政党的领导得到贯彻和落实的。因此，无产阶级政党一方面必须保持其阶级先进性，并随着革命形势的发展不断提高自己的阶级政治思想意识，另一方面又必须通过各种形式去贯彻和落实这种阶级意志。两者对中国无产阶级深刻洞悉中国民主革命的阶段特点、历史任务，团结和组织各种积极力量进行战斗并取得革命最终胜利是至关重要的。在民主革命时期，起到团结和组织各阶级积极力量作用的根本方式，是通过无产阶级政党建立民主革命政权，保证革命阶级和革命群众享有基本的民主权利，实现人民群众当家作主的愿望。

1924 年国共统一战线建立后，推翻封建军阀政府就成为革命政权(广东国民党政权)的直接任务。中国共产党对革命政权的主张，坚持了无产阶级的立场，党在 1925 年 10 月的一个决议案中指出："革命民众政权之建立和中国之统一,是全国各阶级共同的口号,当然也是工人阶级的口号。"①1926 年,中国共产党提出"国民会议"的政体主张:"由负有国民革命使命的国民党,出来号召全国的商会、工会、农会、学生会及其他职业团体推举多数代表,在适当地点开一国民会议,来建设新政府统一中国。"②显然,这一"国民会议"的政体主张反映了当时中国共产党的鲜明的无产阶级性质,但由于中共寄希望于广东国民党政权来推动革命民众政权在全国的建立,未能重视中国共产党在政权中的地位和作用等关键问题,因而广大工农阶级的民主权利最终也得不到真正的落实。

大革命失败后,中国共产党开始了独立领导中国革命,走农村革命路线,开展广泛的土地革命运动,建立"苏维埃政权"。苏维埃政权由革命委员会召集工农会代表及革命的小商人代表选举会议,成立正式民权政府。③"苏维埃是直接之民众政权,苏维埃的组织必须经过群众大会或代表会议选举,绝对禁止由党部指派式之组织。代表中须尽可能地引进非党同志参加。凡年满十六岁的男女而非剥削劳动者非宗教徒和反革命者皆有选举权和被选举权。"④与"国民会议"的政体主张相比,"工农兵代表苏维埃"的政体形式不仅鲜明地突出了党独立领导革命、执掌政权的特点,而且更有效地落实了无产阶级群众当家作主,凸显出了苏维埃政权的无产阶级领导性质。

抗日战争时期,随着中国共产党对民主革命政权建设的战略转变,即从苏维埃政权向"人民共和国"、"全中国统一的民主共和国"⑤的政权的调整,中国共产党在政权问题上的思路就是"将国民党一党专政的政府转变为全民的统一战线的政府",因而在政体选择上主张"在广泛的民主基础之上,召开国民代表大会,成立包括更大范围的各党各派和无党无派的代表人物在内的同样是联合性质的正式的政府"。⑥ 对全国的民主共和国政权,中国共产党主张"共产党在没有公开参政以前,参加全国国民大会之类的商讨民主宪法与救国方针的代议机关","共产党应力争自己的

---

① 中央档案馆编:《中共中央文件选集》(第 1 册),中共中央党校出版社 1989 年版,第 115 页。

② 中央档案馆编:《中共中央文件选集》(第 2 册),中共中央党校出版社 1989 年版,第 152 页。

③ 中央档案馆编:《中共中央文件选集》(第 3 册),中共中央党校出版社 1989 年版,第 307 页。

④ 中央档案馆编:《中共中央文件选集》(第 4 册),中共中央党校出版社 1989 年版,第 154—155 页。

⑤ 毛泽东:《毛泽东选集》(第 1 卷),人民出版社 1991 年版,第 156、159 页。

⑥ 毛泽东:《毛泽东选集》(第 3 卷),人民出版社 1991 年版,第 1029 页。

党员当选,到大会中去,利用国民大会的讲台,宣传共产党的主张,用以达到动员人民与组织人民在共产党周围,推动统一的民主政府之建立"。①而对抗日民主政权,中国共产党支持在各抗日根据地普遍推行"三三制"的政权构成原则。"三三制"的政权构成原则体现的是无产阶级及其政党领导下的几个民主阶级联合专政的"参议会制"的政体形式,它不仅坚持民主联合政权的无产阶级性质,而且还团结了各抗日阶级、阶层,争取了中间力量,孤立了顽固势力,巩固和发展了抗日民族统一战线,极大地贯彻了革命群众当家作主的政体价值原则。

第二,党的民主集中制对推动新民主主义民主集中型政体的创建起到过重要的历史作用。

列宁首创的民主集中制组织原则是马克思主义政党区别于其他政党的显著标志之一。按照列宁的解释,民主集中制的本质是在党的组织内部的少数服从多数和组织与组织之间的下级组织服从上级组织,直至服从党的代表大会的有机统一;也是在党的内部生活中,推行和扩大党员的民主、自由、平等的权利与尊重集中统一的党组织权威、保证党的坚强领导的有机统一。虽然中国共产党早期章程中没有明确"民主集中制"的提法,但一开始就是按照这一原则建党并在不久后参加共产国际的。1927年6月,在中央政治局会议通过的《中国共产党第三次修正章程决案》中,第一次把民主集中制原则写进了党章,成为中国共产党基本的组织原则,这一原则从根本上保证了党在思想上和行动上的统一。

尽管民主集中制是无产阶级政党的组织原则,但它与政治制度或者说国家权力的结构和组织形式的政治原则密切相关。这种关联性我们可以从两个方面来理解。

其一,民主集中首先是政治学中关于权力结构和权力运行所必须遵循的基本的政治原则。列宁正是针对当时俄国布尔什维克党内缺乏民主、组织松散、派系林立、缺乏统一的章程和纪律的严重情况,把政治学中权利的自由和民主与权力的集中和统一的国家政权结构形式,借用到党的运行和组织中来,以规范党的中央组织与地方组织、个人与组织之间的关系。主张建立单一集中结构的党组织,提出了"集中制"的概念。并且指出,这种集中制,不是官僚主义"集中制",不是专制"集中制",而是党内

① 中央档案馆编:《中共中央文件选集》(第11册),中共中央党校出版社1991年版,第345—346页。

一切事务由一律平等的全体党员直接或者通过代表来处理的"民主集中制"。而这与当年马克思、恩格斯在共产主义者同盟的组织章程中所体现的基本原则是一致的。

其二,当无产阶级政党处于无产阶级运动的领导地位和无产阶级政权的实际执掌者的时候,这一政党组织原则就与政治制度原则形成了一种新型关系。这种新型关系一方面表现为目的的一致性。民主集中制作为无产阶级政党的组织原则,其目的是为了确保党内政治生活的既有民主平等,又能集中统一,以提高政党运行国家政权的能力和效率;作为无产阶级国家政治制度和政治原则,其目的是为了确保无产阶级和广大劳动人民的意志能上升为国家意志,而国家意志又能得到迅速有效的贯彻执行,以反映并代表无产阶级和广大劳动人民的利益,实现人民真正当家作主。另一方面表现为功能的相关性。对于处于领导和执政地位的无产阶级政党来说,党内的切实贯彻和执行民主集中制,不仅对国家权力结构和运行具有重要的表征意义,而且实际上也构成了对国家权力结构和运行体制创新和发展的重要推动力量。

新民主主义政权的政体形式是一种既完全不同于传统社会把立法权、司法权融于行政权之中的专制权力结构,又不同于并优越于资本主义平行制衡的权力结构,而是代表民意的立法权高于行政权和司法权的民主集中型的权力结构。它严格贯彻了民主集中原则,一方面,新民主主义政体必须保证无产阶级和广大劳动人民的意志的民主表达,既有通畅而广泛的表达渠道,又有切实的表达制度保障,所以代表民意表达的立法机关具有至上性。另一方面,新民主主义政体必须保证上升为国家意志的人民意志得到有效的贯彻和执行,决不允许国家力量在互相牵扯中抵消,所以人民意志必须通过集中的程序得到高效、迅速、直接的贯彻和执行。历史地看,新民主主义政权的民主集中型政体形式与党的民主集中制组织原则在政体选择上的创新具有基本的历史联系。

新民主主义政权早期,在此起彼伏的罢工运动中,许多地方和一些行业在党领导下,先后成立工会或罢工工人代表大会,以民主的方式选出代表组成罢工工人代表大会和罢工委员会,执行了革命政权的一些重要职能。1927 年 3 月,广东、湖南、湖北、江西、河南省的农会代表举行联席会议,成立了中华全国农民协会临时执行委员会,农会所实行的一些原则,如一切权力归农会、少数服从多数的组织原则和农会领导人员的产生方式、机构设置、层次划分和决议方式等,具有鲜明的民主集中的性质。

1931 年 11 月 7 日,第一次全国工农兵代表大会在江西瑞金召开。会议通过了《中华苏维埃共和国宪法大纲》、《苏维埃地方政府暂行组织条例》,选举产生了全国工农兵代表大会中央执行委员会和中华苏维埃共和国临时中央政府——中央人民委员会。苏维埃政权的组织形式实行集中统一的单一制,政权体系由中央政权和地方政权组成;苏维埃组织的立法机关和执行机关融合一起,实行议行合一;地方苏维埃实现完全议行合一的制度;各级苏维埃代表由直接或间接选举产生。抗日民主联合政权通过普遍实现"三三制"建立了参议会制政体形式。参议会制的政体不仅扩大了政权的参与基础,而且通过议行合一制,有效地适应了抗日斗争的现实需要。通过参议会的实践,以毛泽东为代表的中国共产党人,总结了抗日民族统一战线政权组织形式的经验,从理论上提出了建立人民代表大会制度的政体构想。人民代表大会制度建立在民主集中制基础上,只有实现民主集中制,才能充分地发挥一切革命人民的意志,也才能最有力量地去反对革命的敌人。这就为新中国成立后我国实行人民代表大会制度奠定了理论基础。

毛泽东在总结新民主主义革命政权建设经验时,反复强调:在政权中要实行"民主集中主义的制度",[1]政权的"组织形式是民主集中制,它是民主的,又是集中的,将民主和集中两个似乎相冲突的东西,在一定形式上统一起来"。又说:"民主和集中之间,并没有不可越过的深沟,对于中国,二者都是必需的。一方面,我们所要求的政府,必须是能够真正代表民意的政府;这个政府一定要有全中国广大人民群众的支持和拥护,人民也一定要能够自由地去支持政府利用一切机会去影响政府的政策。这就是民主制的意义。另一方面,行政权力的集中化是必要的;当人民要求的政策一经通过民意机关而交付于自己选举的政府的时候,即由政府去执行,只要执行时不违背曾经民意通过的方针,其执行必能顺利无阻。这就是集中制的意义。只有采取民主集中制,政府的力量才特别强大。"[2]

第三,与时俱进的政党建设是推动新民主主义政权的政体创新、克服新民主主义政权建设过程中的各种干扰的根本保证。

新民主主义革命时期,党的中心工作和根本任务是领导全国人民推翻帝国主义、封建主义和官僚资本主义的压迫和统治,以武装的革命反对

---

① 毛泽东:《毛泽东选集》(第 1 卷),人民出版社 1991 年版,第 72 页。

② 毛泽东:《毛泽东选集》(第 2 卷),人民出版社 1991 年版,第 383 页。

武装的反革命,而革命的主要形式是人民战争。因此,党的建设必然围绕党的中心任务进行,服从和服务于民主革命不断取得胜利的需要。这也就是说,党的建设必须贯穿到新民主主义革命政权建设的各项工作中去,成为推动各项工作快捷、高效展开的政治保障和强大动力。

中国共产党从中国革命的具体历史条件出发,根据不同时期的革命对象、革命任务和革命具体要求,建立不同性质的革命政权,创建不同的政体形式——从第一次国内革命战争的"罢工工人代表大会制"、"农民代表大会制",到土地革命战争的"工农兵代表大会"和抗日战争的"参议会制",再到解放战争的"人民代表大会制",这些富有革命阶段特色的政体形式的创建及其所取得的卓著历史成就,与中国共产党与时俱进的党的建设密切相关。

自中国共产党建立以来,根据俄国党的经验,一开始着重在城市中从事工人运动,强调在工人中发展党员。此时的中国共产党还处在成长时期,党的建设的主要任务是创建城市和农村基础组织,发展党员队伍。党的建设对推动民主革命运动的发展起了重要的历史作用,但对党的革命政权建设的作用有限,甚至可以说党的建设还没有提到革命政权建设的日程上来。

大革命失败后,一系列城市武装暴动受到挫折,毛泽东同志开始探索走农村包围城市的道路。这就面临着如何在农村建党建军,在农民中大量发展党员,怎样教育农民出身的党员,如何组织革命阶级的力量积极投身革命运动的问题。而这一问题在当时还是有争论的。就在同时期中共六大还强调"所有党的努力都是应当走向大工业",强调党组织的"无产阶级化"和"干部的工人化"。毛泽东同志在井冈山的斗争实践中突破了这一问题。毛泽东同志同时提出政治思想上教育和改造农民党员的艰巨任务。他在 1929 年写的《关于纠正党内的错误思想》一文,就是对红军自创建以来党同各种非无产阶级思想进行斗争的经验总结,从理论和实际的结合上,解决了在农民占绝大多数的国度里如何建设一个马克思主义政党的重大课题。这一重大问题的突破以及党的思想、组织和作风建设,为推动当时革命政权从"农民代表大会制"或"国民会议制"向"工农兵代表大会制"的政体转变,奠定了坚实的思想基础。

抗日战争时期,党面对的情况发生了很大变化,民族矛盾上升为主要矛盾。就在"大变动的前夜",党在 1935 年 12 月召开了著名的瓦窑堡会议,及时提出:目前的政治形势已经发生了很大变化,党要根据这种变化了的形势,重新规定自己的任务。首先是建立抗日民族统一战线性质的政权,以扩大革命的阵营。这种形势和任务上的重大变化,必然给党的自身建设提出新的要求。抗战初期,由于党内成分和思想状况比过去复杂了许多,党在思想建设、以至于组织建设和作风建设上的任务都比红军时期更加艰巨了。1941年1月,陕甘宁边区政府发布了关于实行选举的指示,规定了有关选举的各项重要事项。对于边区政府采取三三制的选举制度,在党员和干部中,也有不少糊涂认识,比如,误以为三三制是"共产党三分之一,国民党三分之一,无党派三分之一"等。因此,在领导选举时便出现了或"左"或右的现象。毛泽东批评了某些共产党员在执行政策中的关门主义或宗派主义,强调要以和党外人士实行民主合作来清除这些毛病。为此,必须加强党员干部思想教育,告诫广大的党员干部,应该站在维护抗日民族统一战线的大局上看问题,办事情。林伯渠在边区政府召开的专员县长联席会议上,着重论述了三三制政权的问题。他说,实行三三制政策,并不是共产党放弃领导,相反,只有共产党员不超过三分之一,使多数的非党人员接受党的政策,才叫做党的领导。1942年春,党中央决定在全党范围内开展一次大规模的整风运动。这次整风运动很好地整顿了党的思想作风、组织纪律,克服了各种对抗日民主政权"参议会制"政体和"三三制"原则的干扰因素。

1946年6月以后,由于国民党反动派撕毁停战协定和政协决议,悍然发动全面内战,国共两党彻底决裂。革命战争形势的新的变化,对中国共产党的建设提出了新的历史任务。党的建设必须从政治上和组织上保证革命战争胜利的需要。正是这种客观形势的需要,各解放区的政权建设也就自然进入了一个新的阶段,即由抗日战争时期政体的参议会制度改变为人民代表会议制度。最早提出建立人民代表会议制度的是陕甘宁边区。1944年底,谢觉哉(当时任陕甘宁边区参议会副议长)曾提出将边区参议会改为人民代表会议。12月1日,毛泽东致信谢觉哉说:"关于参议会改为人民代表会议,我想对内对外都是会有好影响的,请你和其他同志商量一下。"次日,毛泽东又给谢觉哉写信说:"参议会改名,关涉各解放区,中央尚未讨论,请暂不提。"根据形势的发展,1945年9月,边区参议会和政府决定先将乡参议会改为乡人民代表会议。随后,在1946年4月召开的陕甘宁边区第三届参议会第一次会议上,通过了《陕甘宁边区宪法原则》,规定"边区、县、乡人民代表会议(参议会)为人民管理政权机关","人民普遍直接平等无记名选举各级代表,各级代表会选举政府人员"。

这就以立法的形式确立了人民代表会议制度。1947年11月,中共中央批转了关于政权组织形式问题的指示信,要求在土改中,应使解放区政权自下而上地实行人民代表会议制。从此人民代表会议制度的政体形式就在党的与时俱进的建设推动下,在各解放区相继建立起来。

综上所述,在中国共产党的领导和推动下,新民主主义革命政权的政体选择和建设是卓有成效的,它坚持了马克思主义国家政体理论的基本原则、方法和策略,紧紧围绕中国革命的胜利和中国现代化的历史主题,抓住了国家政体建构的一些关键环节,如民主共和的目标、劳动群众当家作主的内容、民主集中制的组织形式、政体制度的屹立、与政党建设和领导的关系等等。新民主主义革命政权的政体选择和建设的重要成果和基本经验直接成为新中国的政体建构的基础。

(二)中国特色社会主义国家的政党推动型政体建构模式

新中国的成立,标志着近代以来,中国在以摆脱殖民统治、实现民族独立、建立主权国家为基础的国家现代化历程上跨出了坚实的第一步。这一步不仅确立中国共产党在中国国家现代化中的历史地位,而且还使中国共产党承担着更为艰巨的历史重任,扮演着更为重要的双重的历史角色,即国家现代化的领导角色和执政角色。前者使中国共产党成为国家政体现代化建构的最初推动力,后者使中国共产党成为国家政体现代化建构的直接推动力。

新中国的政体建构坚持新民主主义革命时期的政体选择和建设的主要成果和基本经验,实行人民代表大会制的政权组织形式,它以人民共和国为建构目标,以落实无产阶级统治和人民当家作主为建构目的,以民主集中制为组织原则。人民代表大会制度坚持党的领导,实现了中国共产党的领导与人民主权的有机统一。随着社会主义改造的完成,中国特色社会主义国家的政党推动型政体建构模式逐渐形成。

政党推动型政体建构模式突出特点表现为,它有一整套完善的政体建构的作用和保障机制。

第一,无产阶级政党的领导和执政地位。如前文所分析的,中国无产阶级政党的领导地位和执政地位是中国革命和中国国家现代化的历史的和逻辑的结论。这个历史是中国整个近代摆脱国家主权不完整、民族不独立、社会不发展、政治不民主而呼唤独立、富强和民主的历史,是中国旧民主主义革命必然发展为新民主主义革命、社会主义革命和社会主义制度的历史,是人民的自觉选择的历史。因此,这个历史的结论是"没有中国革命及其胜利就没有中国共产党,就没有中国共产党的领导和执政的地位"。这个逻辑是无产阶级及其政党由于自觉承担资产阶级及其政党无法完成的中国民主革命的历史任务并向中国人民展现独立、富强、民主的光明前景,因而由自己向中国人民展示的"无产阶级专政——无产阶级民主"的逻辑。"无产阶级专政——无产阶级民主"的主角自然是中国无产阶级的先进分子及其组织。因此,这个逻辑的结论是"没有无产阶级专政就没有中国共产党,就没有中国共产党的领导和执政的地位"。中国共产党的领导和执政,使它能够"始终代表整个运动的利益",把广大劳动群众的意志集中起来,形成党的主张,上升为国家的意志。当然,理论上的合理性并不等于现实上的正确性,这里存在着许多关键的环节。

第二,政党职能的合理定位。合理定位政党职能是把"政党推动型政体建构"与"政党集权专制型政体建构"区别开来的关键。由于战争胜利的需要,新民主主义革命时期,中国共产党的职能是全方位的,党不仅抓了军事斗争、政治斗争,还要抓文化建设、生产自救,党的领导方式实际上是"全盘抓"。这种高度集权的领导方式充分发挥了政党对整个革命运动和革命政权建设的推动作用。新中国成立后甚至在社会主义改造后的相当长的一段时期里,这种"全能式"的政党职能并没有得到改变,党指挥包揽一切。以致这种高度集中的权力在"以阶级斗争为纲"的政治路线指引下,过分强调国家政体建构的阶级性、斗争性,而较少注意国家政体建构的民主性、制度性;较多地强调国家政体建构的马克思主义一般逻辑和中国自身的经验,而较少注意对政权的具体形式的探讨和对西方资产阶级国家的政权形式的借鉴。因此,要充分发挥政党对政体建构的推动作用,就必须积极地合理地实行党政职能定位与分工。"党的领导主要是思想政治和方针政策的领导,是对干部的选择、分配、考核和监督"。党的执政作用主要通过在国家机关中的党员干部执行党的指示来发挥党的领导作用。

第三,政党治理。政党推动型政体建构的另一个关键环节是政党治理。政党的领导和执政作用的权威基础是权力,政党在执掌和运行国家机器的过程中滋生的一个副产品是政党腐败,这是最容易使政党推动型政体建构扭曲、异化的一环。政党腐败不仅是中国共产党执政过程中的严重问题,也是当今世界政党政治运行的一个普遍问题,已经成为国际社会反腐败的框架中的重要领域。一个政党,其内部没有稳定而长效的治理结构和机制,党员干部的政治生活缺失民主性、透明性,其外部又不能屹立强有力的监督和约束机制,党政干部的权力行为缺乏合法性、责任性,必然会衍生政党腐败。所以,对于政党推动型的国家政体建构来说,政党治理具有十分重要的战略意义。没有政党内部的党纪党章的治理,没有政党外部的法纪法规治理,政党推动型的政体建构不仅在理论上是站不住脚的,而且在实践上也是行不通的。

第四,与时俱进的党的建设。如果说政党治理主要是针对政党推动型政体建构的缺陷的一种保障机制,那么与时俱进的党的建设则更多的是要充分发挥政党推动型政体建构优势的关键环节。如前文所论述的,在新民主主义革命时期中国共产党与时俱进的党建,对探索和创建中国特色社会主义的国家政体起了至关重要的作用。历史经验和无产阶级专政的理论告诉我们,与时俱进的党的建设不仅是无产阶级政党的品格,也是无产阶级专政事业的必然要求,更是政党推动国家政体建构的优势和特色。中国特色社会主义事业和无产阶级政党的历史使命需要我们不断保持中国共产党的阶级先进性,不断巩固和扩大政党领导和执政的社会基础,不断强化党的组织、纪律和作风,不断提高党的执政和理论创新的能力。因此,停止了党的建设,党的与时俱进的品质就会丧失,党就会蜕化,进而政党推动型的国家政体建构就会变样变质。

第五,政党合作与政治协商。正如前面所分析的,处于领导和执政地位的无产阶级政党是整个政党推动型政体建构活动的中心和主角,它虽然具有阶级先进性,也有开阔的阶级视野和政治智慧,但这并不意味着它能保证国家政体建构在特殊历史时期和特定的历史事项上始终能科学与合理地决策,况且国家政体建构本身就是一个政治民主的过程,其目的是实现人民当家作主,所以政党推动型政体建构十分需要充分的政治合作和政治协商,并以此为保障。这一点,中国共产党在新民主主义革命时期逐渐有了深刻的认识,并在中国政体的选择和创建过程中得到充分的贯彻,建立了中国特色的政治合作和政治协商制度,即中国共产党领导的多党合作与政治协商制度。

(三)现代政党政治与当代中国政党推动型政体建构模式的合法性

1. 现代国家建构中的政党因素

事实上,现代国家的建构活动从本质上来看都具有政党推动的特征。因为现代政治基本上都是政党政治（只有少数没有政党的国家，依然沿袭的是家族政治，包括沙特等国）。政治与政党密不可分，以致在政治学中形成了"政党政治"的概念。所谓政党政治，就是一个政党为实现其政治纲领和主张而展开的一切政治活动和斗争。政党政治的核心是政党取得、执掌和运行国家政权。

就发生意义上来说，政党政治是近代民主政治发展的产物，它孕育和催生了资本主义国家的代议制民主政治，是现代民主政治的重要实现方式。就功能意义上来说，政党政治为民主政治提供了一种规范形式，对国家的政治稳定、国家权力安全有效运行、社会力量的动员和组织、社会制度的建构等起着重要的作用。就结构意义上说，政党是现代政治的枢纽和必要的连动环节。一方面政党以一整套制度化、法制化的规范和程序执掌国家政权，介入国家机器的运行，是推动政治关系转变成法律关系、实现政治的非人治化而达到法治化的关键环节。另一方面，在现代政治的基本要素中，政党是连接国家与人民（公民社会）的强大的中介机构，是沟通社会与国家之间的利益和信息的重要渠道。正如美国研究政党问题专家里查德·S·卡茨指出："现代民主是政治民主，在西方看来，作为民主政体基础的政治制度与政治实践都由政党所创造，没有政党，一切都是不可思议的。"[①]从这个意义上说，现代民主政治深受政党的影响，不仅影响政治权力的运行，而且还通过政治权力的运行来影响国家的建构。

然而，政党政治又是一种阶级政治。政党是阶级斗争发展到一定历史阶段的产物，是在近代资本主义经济、政治基础上，在资本主义反对封建专制的革命中逐渐产生和发展起来的。列宁曾指出："各阶级政治斗争的最严整、最完全和最明显的表现就是各政党的斗争。"[②]政党是代表一定阶级的意志和利益，为着阶级的政治目标共同奋斗的政治集团。无论哪个政党如何标榜其全民性、超阶级性，政党都有一定的阶级基础和社会政治背景，都代表着阶级或阶层的根本政治利益。任何超阶级、超政治的政党是不存在的。因此，资本主义国家的政党讲的是资本主义的政治，无产阶级国家讲的是无产阶级的政治。也就是说，国家的阶级性质与政党政治的实质是一致的，有什么样的阶级性质的国家政权，就有什么样的政

---

① Richard S. Katz. A Theory of Party and Electoral Systems. Johns Hopkins University Press, 1980, p. 1.

② 列宁：《列宁全集》（第12卷），人民出版社1987年版，第12页。

党政治的实质,尽管其政党制度形式各不相同。

在资本主义国家,政党以资产阶级民主自由原则为价值取向,因为这符合资产阶级的根本利益。资本主义政党制度使任何一党要想参与政权,就必须在价值观上认同资产阶级的这一原则,近年来欧洲民主社会主义政党的入阁就是以牺牲固有的价值原则为代价的。当一个政党成为资本主义国家的执政党时,它通过议会来影响国家权力的运作。一方面,将社会价值导向自己的政党价值体系之中,并赋予其现实的条件和手段,从而实现对社会价值的有效统摄与驱动;另一方面,为了代表并实现一定阶级、阶层或集团的利益,必然要在政策、制度和法律等层面上,影响国家的立法、行政、司法、军事等权力的阶级性质和制度结构,从而将国家建构导向本阶级的价值轨道上来。

毫无疑问,西方资本主义政党政治提高了国家权力分配、运行的制度化程度,对推动资本主义国家的政体建构起了至关重要的历史作用。但是,从20世纪初开始,西方政党政治却表现出了衰落的趋势。所谓政党政治的衰落,是指在以政党政治为核心的民主政治制度运转中,由于公众对参与政党选举的政治活动热情或忠诚度降低而造成政党民意基础削弱、整个政治体系社会基础下降的情况。其主要表现是民众不关心政治生活,对政党政治没有兴趣,参加选举的投票率降低,甚至对政治生活表现出不负责的态度以及政党自身的传统职能的削弱。①这种衰落并不意味着政党政治本身的危机,而是西方资本主义国家的政党的危机。显然,在西方政党政治中,作为特殊的利益集团的政党,它构筑在资本主义生产关系之上,最大限度地符合了资产阶级的利益,是西方资本主义国家宪政体制的重要组成部分,也是资产阶级进行统治和获取利益的精致的政治工具。这一点决定了西方政党政治仍然是国家权力运行的主要形式,政党仍然是政治集合与合法性的关键因素。这一点也决定了它不可能摆脱自身的历史局限性,不可能消除资本主义的根本矛盾,在长期的发展演变中,其消极性必然要显现出来。这种消极性体现的是资本主义政党和政党制度自身先进性的逐步丧失,以及在这种政党制度下政党的政治功能的不断弱化。因此,所谓政党的危机,是资本主义国家的政党或政党制度的合法性危机。为此,当代西方政党,无论是左翼的还是右翼的,都呈现这样的发展趋势:为着竞争政治权力的胜利,淡化政党意识形态,以政策、

---

① 参见李道揆:《美国政府和美国政治》(上册),商务印书馆1999年版,第199—200页。

政党领袖人格魅力迎合选民，为民众解决实际问题或带来希望，从而最终实现政党所代表的集团利益。

2. 中国政党政治的特色

无产阶级专政的国家支持和鼓励人民当家作主，国家权力具有人民至上的特性。国家权力的人民性是以无产阶级民主的政治制度为保障，通过无产阶级民主——组织工人、农民、知识分子和其他劳动群众共同运用国家权力、实现其统治——的政治形式来实现。中国共产党是中国社会主义国家的领导力量和执政力量，它是适应无产阶级专政的国体需要的政治形式。这种政党政治是中国无产阶级政党推动国家政体建构的典范形式。

其特色之一是，一方面中国共产党是社会主义事业的领导核心，主要通过"政治、思想和组织的领导"的方式，即"通过制定大政方针，提出立法建议，推荐重要干部，进行思想宣传，发挥党组织和党员的作用"的方式来建立与国家政权的联系。这就是说，党的权力对国家制度具有相对独立性，党的领导力量，可以不依赖政治制度，即国家制度，而拥有实际的政治力量。另一方面，中国共产党又是社会主义国家的执政力量，通过对政治制度的实际操作而成为现实的政治力量。"由于……党和政府在人员组织上是一体的，所以，体制内领导和体制外领导在许多方面是互通的。在这种领导方式下，党和政府关系具有很强的内在统一性，党是决策核心，政府是政策执行主体。"①这样，党的领导作用和执政作用就构成了中国政党政治中，连动国家—社会关系的一个关键的环节，成为推动国家建构（包括社会发展）的强大的政治力量。

其特色之二是，中国的政党政治是中国共产党领导的多党合作与政治协商制度。中国共产党与各民主党派是一种体制内的政党关系，这种政党制度既不是多党制，也不是一党制。共产党与各民主党派的目标都是一致的，共产党是"领导党"和"执政党"，各民主党派是参政党，它们之间是领导与接受领导、执政与参政的关系，是合作而非竞争的关系。在这一制度之下，共产党与各民主党派依宪法和法律规定，就国家政治、经济、文化和社会各个方面进行政治合作和政治协商，互相监督。改革开放以

---

① 参见林尚立：《集权与分权：党、国家与社会权力关系及其变化》，载陈明明主编：《革命后的政治与现代化》，《复旦政治学评论》（第1辑），上海辞书出版社2002年版，第167页。

来,中国共产党领导的多党合作与政治协商制度有力地推动了我国政治发展,成为社会主义国家政体建构的重要政治支撑。中国共产党领导的多党合作与政治协商制度不仅充分发挥了各参政党的政治作用,而且将进一步提高国家政权运作过程的民主化、制度化和法治化水平,进一步促进和形成公民参与政治的有序机制,进一步拓展和完善公民利益表达的渠道。

其特色之三是,中国的政党政治具有"国家过渡"的政治性质。中国的政党政治是马克思主义基本原理同中国具体国情相结合的产物,它既适应了中国近代民主革命的基本规律,遵循了马克思主义无产阶级专政学说的基本原则,既具有中国特色,又具有马克思主义国家过渡的性质。这种性质从根本上来说取决于中国共产党的性质及其历史使命。中国共产党是中国无产阶级的先锋队组织,始终代表着整个无产阶级运动的利益,因而全心全意为人民服务是共产党的根本宗旨,是共产党人的基本的世界观、人生观和价值观,是党一切行动的出发点和归宿,也是共产党与其他政党相区别的显著标志之一。中国共产党的最终目标是实现共产主义的社会制度,这是党的最高政治纲领,也是共产党人的崇高理想和坚定信念。中国共产党的无产阶级先进性质的保持是推动中国特色社会主义能够、而且是自觉向共产主义过渡的根本保证。在"国家过渡"的过程中,中国共产党将处在国家—社会联结互动的中间环节,以人的社会解放为价值取向,推动国家的建构向共产主义社会过渡。所以,中国的政党推动型政体建构与"国家过渡"是一致的,是马克思主义国家理论内在的逻辑。

3. 中国政党推动型政体建构的合法性

马克思主义国家理论和当代中国共产党的政治实践赋予了当代中国政党推动型政体建构的合法性。政党推动型政体建构模式的合法性,可以从两个方面来探寻,一个是静态方面,即政党推动型政体建构模式是从阶级性质和历史成果中获取的合法性;另一个是动态方面,即政党推动型政体建构必须从不断发展中的实践中获取和保持的合法性。前者会随着时代的发展而逐渐被消耗和丧失,后者要求政党与时俱进,不断发展和保持自己领导和执政的合法性,有效地推动国家政体建构的发展,具体表现为以下几个方面:

首先,政党推动型政体建构的价值合法性。政党推动国家政体建构的合法性首先取决于政党领导和执政的价值合法性。这种价值合法性主要从政党为社会提供的价值理念中获得,所以政党必须对民众灌输自己的价值观,并随着时代的发展不断创新自己的理论和价值。当一个执政党的价值观念被民众抛弃的时候,合法性危机也就产生了。当今资本主义政党和政党制度的合法性危机一个重要方面原因就在于资本主义政党政治的发展已经偏离了原先的价值标准,破坏或扭曲了资本主义一贯推崇的平等、博爱、人性解放等价值原则,导致资本主义现实与人类理性和民主价值的冲突。苏共合法性的丧失,也是社会主义思想理论和价值观念不断教条化的结果。从斯大林开始执政到戈尔巴乔夫上台,苏联人民面对凝固不变的僵化理论逐渐感到厌烦,苏共干部也失去了兴趣。当戈尔巴乔夫公开否定马克思主义时,苏共执政的价值合法性也就彻底丧失了。在这方面,中国共产党能够坚持马克思主义基本立场、基本原则,并随着时代的发展不断创新自己的价值理念,形成符合社会发展需要的与时俱进的思想理论,大大巩固和增强了中国共产党领导、执政、推进国家政体建构的价值合法性基础。

其次,政党推动型政体建构的制度合法性。政党推动型政体建构的制度合法性指的是这种建构模式一是要得到广大人民的接受和认同,二是要符合制度的规范。如果一个社会制度不为社会认同,一个政党制度不为人民所接受,那么,这个制度、这个政党的任何权力运作方式都是没有合法性的。先进的政党总是与先进的社会制度相联系的。只有民众接受了这个先进的制度,那么与这个制度相适应的权力运行方式才可能具有制度合法性。另一方面,政治权力合法性的一个重要方面是政治权力运行方式的合法性,即严格遵循宪法和法律。现代民主政治与传统专制集权政治的根本区别之一就是政治权力运行是严格遵循宪法和法律规范,还是随意践踏宪法法律或由个别领导人任性地发号施令。中国社会主义制度、中国共产党和共产党领导的多党合作与政治协商制度是中国社会历史发展的必然,是中国人民的选择,已经得到民众的广泛接受和认同,具有坚实的社会基础和强大的合法性。同时,政党推动型政体建构模式作为一种国家权力的运行方式严格遵循着国家宪法和法律制度,是通过一系列制度设置来实现的,其基本方面体现为党同政协、党同人民代表大会、党同人民政府、党同司法机关、党同军队等制度,保证了政党推动型国家政体建构的合法性。

第三,政党推动型政体建构的利益合法性。利益是民众政治态度的最终根据,因而也是政治合法性的基本来源。当一种政治权力运行方式能够使社会普遍获得利益的时候,这种权力运行方式就具有较高的合法性。根据世界各国现代化经验和教训,一种合法而稳定的权力运行模式的形成和确立,首要的考虑是民众普遍受益。从这个意义上来说,当代西方政党政治发展的新趋势正是其政党推动型政体建构获取利益合法性的努力。中国共产党的性质和宗旨决定了中国政党推动型政体建构获取利益合法性方面更具有优势。改革开放以来,国家每一个战略目标的选择和战略步骤的实施都十分注重提高和改善人民生活水平,关注民众的普遍利益,关注利益的合理性分配。近年来,我国由于社会分配差距的拉大,已经使社会产生了不稳定因素。为控制社会分配的差距,在中国共产党的推动下,国家推行了一系列政策法规、政体改革措施,充分体现和代表了最广大人民的根本利益。所以,党做好这方面的工作,才能使大多数人感到党是代表他们根本利益的,其国家政体建构上的推动作用就可能不断获取合法性基础。

第四,政党推动型政体建构的绩效合法性。从政党政治的实践过程来看,获得执政地位的执政党其权力运行并不一定有很强的合法性,但当权力的运行与政绩结合起来,就会得到人民的普遍的认同。尽管现代民主政治的宪法制度越来越完善,但政绩对执政党权力运行的合法性基础更有意义,尤其是处于现代化转型过程中的国家更是如此。美国政治学家亨廷顿曾经指出:"政绩的合法性在第三波新兴民主化国家中扮演着一个重要角色。"[1]西班牙于1974年结束佛朗哥独裁政权统治而率先进入第三波新兴民主化国家的行列。此后,西班牙的民主政权在执政期间取得了令民众信服的政绩。在经济增长的过程中,西班牙基本不存在社会经济的严重不平等,以及通货膨胀和极端贫困。与经济发展相适应,民众政治水平也有显著提高。这些政绩有力地提高了西班牙民主政权的合法性水平,从而巩固了新兴的民主政治制度。苏东剧变给当代中国的教训是,中国共产党执政,必须致力于发展经济,不断提高民众的物质文化水平,否则长期不能创造新的政绩,必然会失去群众的认同。中国共产党在20世纪末进行的改革,取得了举世瞩目的成就。虽然改革中出现了许多社会问题,但巨大的成就增强了中国共产党推动国家政体建构的合法性基础。

---

① 萨缪尔·亨廷顿:《第三波:20世纪后期民主化浪潮》,三联书店1998年版,第312—313页。

三　当代中国政党推动型政体建构：民主、高效与廉洁

中国革命和中国社会主义建设，乃至当代中国特色社会主义建设的伟大成就已经历史地表明：中国的政党推动型政体建构模式具有坚实的合法性基础。这种建构模式既继承了马克思主义无产阶级专政的理论精华，又开创了中国社会主义国家政体建构的新视野；不仅坚持了现代国家政体建构的一般规律，而且始终把握住了国家政体建构的基本目标：民主、高效与廉洁。尤其是党的第三代中央领导集体以来，党根据我国社会发展的客观实际，与时俱进地推动国家政治体制改革，提出了一整套加强党和国家的民主法制建设的战略思想和政策措施，极大地推动了中国社会主义国家政体的现代建构，发展了马克思主义国家政体理论。

(一)确立建设中国特色社会主义民主政治的政体建构的目标

1. 中国特色社会主义民主政治政体建构目标的确立

政治，是人类共同体借助于公共权力或特权，管理社会，缓解矛盾，控制冲突，以实现特定价值目标的方式和过程。就政治自身的运行机制来看，人类社会演进到今天，已经形成了神权政治、王权专制政治、权威政治和民主政治等政治生活方式。

民主政治是凭借国家公共权力，和平地管理冲突，建立秩序，实现人民平等、自由、人民主权等价值理念的方式或过程。一个世纪以来，人类社会最为引人注目的进展，除了科技革命的日新月异和经济社会发展的蒸蒸日上，就是民主政治在世界范围内取得了决定性胜利，民主已经成为不以任何人和任何国家的意志为转移的时代潮流。1989 年，弗兰西斯·福山在《国家利益》上发表了《历史的终结？》一文，指出自由民主作为统治体系的正当性，这些年来已经在世界上达成了明显的共识，它已经"征服"了君主制、法西斯主义与共产主义等对立的意识形态，声称西方式的自由民主体制可能成为"人类意识形态进步的终点"和"人类统治的最后形式"，也构成了"历史的终结"，因为历史不再会发展出更新的形态。1992年，福山又在此基础上推出了《历史的终结与最后的人》一书，进一步断言民主的理念已无可匹敌，历史的演进过程已经走向完成。几乎与此同时，

美国哈佛大学著名政治学教授亨廷顿出版了《第三次浪潮——20 世纪晚期的民主化》新著,详细分析了 20 世纪下半叶 30 个国家和地区由非民主政体转向民主政体的历史过程。可以说,福山和亨廷顿拉开 20 世纪末世界民主化思潮新的帷幕。

显然,西方民主化思潮以及西方国家极力推崇的"自由民主"政治,一方面主张和倡导西方现有政治制度和政治价值理念向全世界的直接移植,这反映的是西方民主制度在世界政治交往中的强势地位和优越的价值心理;另一方面,又无视发展中国家的文化传统和社会现实,这反映的是西方社会根深蒂固的西方中心主义的观念。尽管如此,世界民主化思潮对于中国社会主义国家政体建构的影响是客观存在的。我们不能对此视而不见,而是应当采取积极的应对措施。这是中国政党推动型政体建构模式的外在压力,更是中国共产党生死攸关的外在因素。

之所以是生死攸关的事情,并不是中国社会主义国家在多大程度上实现西方"自由民主"政治制度,或者说向西方"自由民主"政治靠拢,而是中国社会主义制度作为向共产主义这种"个人全面发展与自由联合"社会过渡的社会形态,在多大程度上实现无产阶级的、人民的民主,建构马克思主义国家的民主政治制度。如前面所论述的,中国社会主义是实现人民民主专政的国家制度,人民民主专政是无产阶级专政的新形式,它并不与民主对立,更不是排斥民主制度的专政形式,它本身就是民主,是一种完全不同于、优越于资本主义国家民主的新型的民主政治。

毫无疑问,资本主义民主政治,即所谓的"自由民主"政治,扫荡了以往延续几千年的封建专制主义政治制度,使人类获得了史无前例的自由、权利和公平,也从根本上震撼了政治生活中根深蒂固而又屡除不尽的官僚、腐败和不负责任的痼疾,创造了人类政治运行历史上前所未有的效率和合法性。所以,当下,在错综复杂的国际环境下,在世界上社会主义与资本主义同时并存的历史条件下,在国际共产主义运动遭受严重挫折的特殊情况下,中国社会主义的国家政体的建构问题并不是一个简单的继承政治传统、汲取外部政治经验的问题,而是一个社会主义民主与资本主义民主的制度竞争的问题,是一个如何创建"优越于资本主义国家的新型的民主政治"的问题,是一个探索中国社会主义民主政治建设新道路、新模式、新内涵和新优势的创新问题。

所以,新型的民主政治的政体建构,首先是要保证政治运行高效、廉洁,保证人民当家作主与社会利益共享,为解决社会问题提供优良服务。

因此,中国社会主义国家的政体建构就是完善和加强社会主义民主政治建设。邓小平早就指出过,我们不搞西方那一套。党的十一届三中全会以后,邓小平根据社会主义政治制度的本质要求和我国的实际情况,多次明确地提出了政治体制改革的目标。邓小平指出我国政治体制改革的总方向"是为了发扬和保证党内民主,发扬和保证人民民主",①"在政治上创造比资本主义国家的民主更高更切实的民主"。② 后来邓小平明确指出:"我们政治体制改革总的目标是三条:第一,巩固社会主义制度;第二,发展社会主义社会的生产力;第三,发扬社会主义民主,调动广大人民的积极性。"③邓小平在系统和全面思考中国政治体制改革的过程中,始终强调社会主义政治体制改革要充分发扬人民民主,保证全体人民真正享有通过各种有效形式管理国家、特别是管理基层地方政权的权力,享有各项公民权利;强调我们的政治体制改革必须真正建立起既体现社会主义本质,又符合中国现实国情的民主政体,从国家权力结构体制上根本杜绝"文革"之类的全局性、长时期决策失误,具体地实现人民是国家的主人,充分调动广大人民建设社会主义民主的积极性。可见邓小平已经为中国特色社会主义国家的政体建构确立了基本的方向和总体目标。

　　江泽民在庆祝中国共产党成立 70 周年大会上的讲话中明确地指出:"有中国特色社会主义的政治,必须坚持工人阶级领导的、以工农联盟为基础的人民民主专政,不能削弱和放弃人民民主专政;必须坚持和完善人民代表大会制度,不能搞西方那种议会制度;必须坚持和完善中国共产党领导的多党合作和政治协商制度,不能削弱和否定共产党的领导,不能搞西方那种多党制。"④这是中国特殊社会主义民主政治建设的基本要求,背离了这个基本要求就会伤害社会主义国家的安定团结、生动活泼的政治局面,人民就会丧失当家作主的地位。所以,1992 年 6 月 9 日,江泽民在中共中央党校省部级干部进修班上所作《深刻领会和全面落实邓小平同志的重要谈话精神,把经济建设和改革开放搞得更快更好》的讲话中明确地提出了我国政治体制改革的目标:"建设有中国特色社会主义民主政

---

① 邓小平:《邓小平文选》(第 2 卷),人民出版社 1994 年版,第 372 页。
② 邓小平:《邓小平文选》(第 2 卷),人民出版社 1994 年版,第 322 页。
③ 邓小平:《邓小平文选》(第 3 卷),人民出版社 1994 年版,第 178 页。
④ 江泽民:《江泽民论中国特色社会主义》(专题摘编),中央文献出版社 2002 年版,第 298—299 页。

治,健全社会主义法制,切实保障人民群众当家作主的权利。"①也是当代中国社会主义国家政体建构的根本目标。

2. 中国特色社会主义政体建构的独特内涵

中国特色社会主义国家的政体建构目标或目标模式的确立,并不是一种纯理论的演绎结果,也不是中国最高决策层预先所明确设定的,而是伴随我国渐进的经济体制改革,从中国社会经济发展实际和中国政治发展自身特点出发,在中国政治决策层与国内外各种政治力量和不同利益集团之间的互相博弈的过程中,逐渐确立下来的。因此,中国特色社会主义国家的政体建构有其独特的内涵。

第一,中国特色社会主义国家的政体建构的前提是坚持和完善社会主义基本政治制度。

党的十一届三中全会后,邓小平作为中国改革开放的总设计师和推动者,对我国社会主义政体制度的基本结构有着深刻的认识,把政治体制改革所涉及的政治制度区分为基本的政治制度和具体的领导制度、组织制度和管理制度。基本政治制度在国家性质上,指的是工人阶级领导的、以工农联盟为基础的人民民主专政的国体,在政权组织形式上,指的是人民代表大会制度的政体,共产党领导的多党合作和政治协商制度的政党制度,实现和维护我国各民族平等、团结、互助关系的民族区域自治制度等。具体的政治制度指的是政治体制,包括组织机构与人事制度、决策程序与权力运行机制、职权划分与责任承担、权力监督与权利保障等方面。

我国社会主义的基本制度是保证我国各族人民在中国共产党领导下,以国家和社会主人的身份,进行社会主义建设的政治基础。所以社会主义政治体制的改革最重要的是坚持和完善社会主义的基本制度。邓小平认为,社会主义的基本政治制度是好的,具有资本主义政治制度所无法比拟的优越性,我们必须始终坚持这些基本的政治制度。这些基本的政治制度符合我国的国情,不存在改革的问题,必须继续坚持和完善,这关系到我们国家的基本性质。与此同时,他又指出:"党和国家现行的一些具体制度中,还存在不少弊端,妨碍甚至严重妨碍社会主义优越性的发挥。"②这样,坚持和完善社会主义基本政治制度就成了我国社会主义

---

① 《十三大以来重要文献选编》(下册),第 2076—2077 页。
② 邓小平:《邓小平文选》(第 2 卷),人民出版社 1994 年版,第 327 页。

国家政体建构的基本政治前体。

第二,中国特色社会主义国家的政体建构的重要内容是要创建民主与法制的政体。

邓小平对国家政治体制改革的总方向、总目标的思考和探索,涉及两个重要方面:一是如何建设社会主义民主;二是如何确立社会主义法制。他指出,民主和法制,这两个方面过去我们都不足。如不认真改革,就很难适应现代化建设的迫切要求。他强调,为了保障人民民主,必须加强法制,使民主制度化、法律化。没有社会主义法制就是实现社会主义民主的保障。另一方面,民主政治是实现法治的前提,离开民主来谈法制,虽然制定了许多法律和制度,但因为民主的缺失,这些法律和制度也只能是一种政治的形式,未必能起到作用,未必能够实现法治。传统国家并不是因为缺少法律和制度,而是因为缺少民主,才导致吏治的腐败,才形成政治权力的周期性更替的痼疾。因此,要使法律制度不因领导人的改变而改变,不因领导人的看法和注意力的改变而改变,就必须建设社会主义民主。实现社会主义民主和法制的根本目的,一方面是为了保证广大人民群众能够人民当家作主,参与国家和社会事务,享有基本的民主权利和自由;另一方面是为了兴利除弊,充分发挥社会主义制度的优越性,保证党始终发挥总揽全局、协调各方的领导核心作用。

发展社会主义民主和法制,最重要的是坚持和完善人民代表大会制度。人民代表大会制度,是我国的根本的政治制度。它是中国共产党长期探索中国特色政体建构历程的经验总结,也是中国共产党对国家事务实施领导的一大特色和优势。实践证明,人民代表大会制度体现了社会主义制度的优越性,体现了社会主义民主的广泛性。所以,发展社会主义民主与法制首先是要坚持和完善人民代表大会制度。其次,发展社会主义民主和法制的重要内容是坚持和完善中国共产党领导的多党合作与政治协商制度。中国共产党领导的多党合作与政治协商制度是我国的一项基本的政治制度,是马克思主义政党理论和统一战线学说与中国实际相结合的产物,这是中国政治制度的一大特点和优点。社会主义的民主不是资产阶级专政下的“自由民主”,社会主义民主是基于无产阶级专政基础上的占人口绝大多数的无产阶级和广大劳动群众对极少数敌对势力专政的最广泛的民主。所以,发展社会主义民主和法制不能不要党的领导,没有这个领导核心就没有中国社会和政治的安定、团结和统一;坚持党的领导也不是不要社会主义法制,中国共产党及其党员干部并没有超越宪法法律的特权,党的领导和执政的权力是宪法法律框架内的权力,是依法执政,是依法治国。多党合作与政治协商制度是社会主义新型民主的重要特点和形式,各民主党派、各人民团体依法参与人民政权,他们不是在野党和反对党,而是同中国共产党亲密合作的参政党。只要坚持社会主义的民主和法制这个前提,即在社会主义民主和法制的框架下,我国的政党制度才可能从根本上克服西方资本主义两党制或多党制互相攻讦、互相倾轧和无谓消耗国家力量的弊病。第三,发展社会主义民主和法制实践内容是扩大基层民主,保证人民群众直接行使民主权利。江泽民在中共十五大报告中指出:"扩大基层民主,保证人民群众直接行使民主权利,依法管理自己的事情,创造自己的幸福生活,是社会主义民主最广泛的实践。"①扩大基层民主就是发展城乡基层政权机关和基层群众性自治组织的民主选举、民主决策、民主管理、民主监督的权利,建立和健全基层机关和群众自治组织的各项制度,维护广大群众的合法权益。只有坚持党的领导,坚持依法办事,坚决纠正压制民主、强迫命令等错误行为,才能有领导、有秩序、有步骤地推动基层民主和法制建设。

第三,中国特色社会主义国家的政体建构是要创建廉洁与高效的政体。

邓小平在《党和国家领导制度的改革》一文中精辟地指出我国政治体制的主要弊端、危害和根源:"权力过分集中的现象,就是在加强党的一元化领导的口号下,不适当地,不加分析地把一切权力集中于党委,党委的权力又往往集中于几个书记,特别是集中于第一书记,什么事都要第一书记挂帅、拍板。党的一元化领导,往往因此而变成了个人领导。全国各级都不同程度地存在这个问题。权力过分集中于个人或少数人手里,多数办事的人无权决定,少数有权的人负担过重,必然造成官僚主义,必然要犯各种错误,必然要损害各级党和政府的民主生活、集体生活、民主集中制、个人分工负责制等等。"②这种权力过分集中的体制又进一步强化了本来就存在严重弊端的经济体制,从而形成政治体制与经济体制的主要弊端互为因果的关系,使政治体制的弊端随着经济体制改革的迅速推进而不断暴露出来。如党政不分、政企不分、权力过于集中、官僚主义严重、机构臃肿、办事效率低下、腐败现象开始蔓延,等等。

---

① 《十五大以来重要文献选编》(上),人民出版社 2000 年版,第 32 页。
② 邓小平:《邓小平文选》(第 2 卷),人民出版社 1994 年版,第 328—329 页。

针对我国政治体制的弊端及其危害，邓小平语重心长地说："如果现在不实行改革，我们的现代化事业和社会主义事业就会被葬送。"①邓小平从党和国家领导体制与领导者个人作用这两个方面及其互相关系来思考我国政治体制改革问题。中共在建国以后一段相当长的时间里，对制度建设并没有引起重视。十年动乱结束以后，邓小平对制度建设进行了深入的思考。他明确地肯定了制度建设对于党和国家政治生活的决定性作用。为此，邓小平提出了一系列设想。一是改革和完善党和国家领导体制。包括党和国家的领导制度、工作制度、组织制度、监督制度和生活制度等。二是在实际操作中明确提出了人事制度改革的内容。如干部的考核奖惩制度、离退休制度、选举聘任制度、回避制度、交流制度、财产申报制度等。并提出把注重实绩的平等竞争机制公开引入干部人事制度，努力实现干部伍的革命化、年轻化、知识化、专业化等。三是重申以民主集中制为基础的党内各项制度，指出党中央要健全党的集体领导制度和民主集中制，建立中央政治局常委向中央政治局、中央政治局向中央全会定期报告工作的制度，尤其是加强对党的领导人的制约和监督，"关键是要形成集体领导"。②

　　在邓小平上述指导思想的指引下，中共第三代中央领导集体以来，根据经济体制改革、建立和健全社会主义市场经济体制的具体要求，进一步积极稳妥地推进着中国特色社会主义国家的政体建构。主要进展包括以下各方面内容：针对我国原有经济和政治体制的缺陷，并进而针对改革开放和发展市场经济条件下出现的新情况、新矛盾、新问题，包括市场机制自发作用固有弊端的负面影响，我们在改革和完善党和国家的领导制度，改革和完善党的领导方式和执政方式，改革和完善决策机制，推进干部人事制度改革，推进行政体制改革，推进司法体制改革，发展城乡基层民主，扩大公民有序的政治参与，保证人民依法实行民主选举、民主决策、民主管理和民主监督，尊重和保障人权，加强对权力的制约监督和反腐败斗争等各个方面，都出台了一系列新的法律和政策规定，推出并实施了一系列加强制度化、规范化、程序化建设、推进体制创新的重大举措。其中，有些已经取得了令人民满意的成效，有些还在继续探索，经受实践的检验。

---

① 邓小平：《邓小平文选》（第2卷），人民出版社1994年版，第150页。
② 邓小平：《邓小平文选》（第3卷），人民出版社1993年版，第318页。

(二)政党推动型国家政体建构的最新成果

中国的历史和现实已经表明,中国的政体建构关键在党。中国的政党推动型政体建构历程始终是与党的权力定位联系在一起,始终是与党的领导和执政方式、能力联系在一起,始终是与党内的民主生活、民主制度联系在一起。因此,党自身怎么样,国家制度及其运行状况也就怎么样,党和国家的历史已经证明了这一点。改革开放,尤其是中共第三代领导集体以来,我国政党推动型的国家政体建构取得了巨大的成就。我们可以从政党推动成就和政体建构成就两个方面来看。

1. 政党建设对推动政体建构的成就

第一,科学定位政党的权力,逐渐确立了党政分开的党的领导和执政体系。

如邓小平所指出的,权力过分集中是我国政治体制的总病根,而党政不分、以党代政则是这个总病根的"总病根"。因此,科学定位共产党领导和执政的权力是中国政治体制改革和政党推动型国家政体建构的前提。为此,我国首先把实现党政分开,理顺党同人大、政府、企业和社会(人民团体)的权力关系作为政治体制改革的重心。20世纪80年代初开始,政治体制改革主要是围绕界定党的领导职务,取消党与政府重叠的"对口部",减少党政兼职方面展开的。如党委书记不再兼任政府职务,在中央和地方精简了党委工作部门,逐步改善党委部门直接对应领导行政工作部门的状况,在部分企业中试行厂长负责制和董事会领导下的经理负责制。可以说,这期间的改革取得了比较好的效果,但党政之间的职权、职能和职责还未真正分开,新的政治体制依然未能形成。

随着经济体制改革的深入,邓小平突出强调,党政分开要放在政治体制改革的首位。1987年党的十三大加大了政治体制改革的步伐,提出了七项改革具体方案,其中重点是强调"政治体制改革的关键首先是党政分开",党政在职权、职能、职责方面都要分开。具体措施是:把党管理的行政事务转归政府部门管理,政府部门的党组逐步推出;由上级行政部门党组织垂直领导的企事业的党组织逐步改由所在地方党委领导,企业和事业单位的党组织不再对本单位实行一元化领导,而应支持推行厂长负责制和首长负责制。虽然80年代末一些地方在党政分开的具体操作过程中出现失误,一度影响了党政分开的政治体制改革。但自 90 年代以来我国继续坚持了党政分开的政治体制改革的路线。

90 年代以来,党的领导和执政方式开始逐渐转变,党的职能主要集中在决定国家的大政方针政策、干部的任免监督和考核,以及思想意识形态等关键领域。随着执政党职能的规范,政府职能进一步趋向规范、合理,效率得到明显提高。政府在执行党的路线方针政策,宏观调控以及对重大社会经济、政治问题进行管理方面的权力和职能不断提高。作为国家权力机关,人大的自身建设逐步完善,国家宪法赋予人大的权力正在逐步得到落实,人大的作用日益明确。随着社会主义市场经济的日趋成熟,企业基本上建立了现代企业制度,基本上做到自主经营、自负盈亏、自我约束与自我发展。党的第三代中央领导集体以来,党政机关与社会(人民团体)的权力关系也有了明显的变化,很多人民团体被赋予了更多的独立性和应有的权力。总之,在我国的政治生活中,党与政府、人大、企业之间的权力结构出现了明显分化的特点,过去那种党政不分高度集权的政治体制正在得到逐步改革,新型的权力关系正在建立,共产党的执政体系日趋完善和成熟。

第二,创新党的建设,提高了政党推动国家政体建构能力。

不断推进和创新党的建设,提高党的思想作风、组织纪律、领导水平和执政水平,是中国革命和中国特色社会主义建设的一大法宝。以毛泽东为代表的第一代领导集体,把马克思列宁主义的建党学说与中国共产党建设的实际结合起来,对革命战争环境中建立一个什么样的党、怎样建设党进行探索,形成了完整的建党理论,即毛泽东建党思想,并领导中国人民完成了反帝反封建的民主革命的任务。可以说,中国共产党作为一个革命党是成功的,是有能力的,是完全具有执掌国家政权推动国家制度建构的合法性基础的。中国社会主义制度建立之后,毛泽东和中共第一代领导集体开始探索执政条件下党的建设理论,并取得初步成果。

以邓小平为代表的党的第二代中央领导集体,承担了把党建设成为领导社会主义建设坚强核心的历史重任,为社会主义国家工人阶级执政条件下要建设一个什么样的党找到了目标和方向,从理论和实践两方面把执政党的建设推进到一个新的历史阶段。在此基础上,以江泽民为代表的第三代领导集体提出了"三个代表"重要思想,精练而明确地回答了面对充满希望与挑战的 21 世纪,中国共产党要建设成为一个什么样的党,怎样建设党的重大历史课题。党的十六大以来,以胡锦涛同志为总书记的党中央坚持马克思主义党建理论,根据时代发展的要求和党自身建设的实际情况,着力抓住党的先进性建设这个根本,围绕加强党的执政能力建设这个重点,积极推进党的建设的实践创新、理论创新和制度创新,党的建设取得重大进展。

"三个代表"重要思想的理论和实践标志着中国共产党开始逐渐成为现代执政党。其一,从发展生产力的思维出发,在对中国社会发展阶段正确定位的基础上,确立党的建设的目标和党的主要任务,从而创新出了一条正确的执政政治路线。其二,从最广大人民根本利益的立场出发,继承和把握党的宗旨,从而创新出了一条正确的执政价值标尺。其三,从先进文化的全球视野出发,自觉承担发展中国传统文化和马克思主义文化的历史重任,从而创新出了一条正确的文化自觉道路。

中国共产党成熟为现代执政意义上的政党,表明党的素质、组织、责任、制度等方面的能力得到全方位的提高,这也意味着中国共产党推动国家政体建构能力的提升。

第三,大力发展党内民主,以完备的党内制度推动国家政体建构。

自从 1847 年创建第一个无产阶级政党以来,党内民主一直是无产阶级政党一个传统和特色。如党的代表大会制度、党的民主集中制度、党的民主监督制度、党的民主选举制度等。无产阶级政党无论是作为革命党还是作为执政党,党内民主生活、民主制度状况怎么样,直接影响并决定党的事业以及国家建设和发展事业的成败。世界无产阶级政党和社会主义运动的历史已经给予我们深刻的经验和教训。为此,鉴于自 20 世纪 50 年代后期党内民主遭到严重破坏,导致"文化大革命"这样的全局性错误,邓小平在党的十一届三中全会上,强调了改组党的领导,实现党的集体领导的重要性,以此为起点,党进一步促进党内民主的程序化,在此后的三届中共全国代表大会以及其中的多次中央全会,就民主选举制度、民主集中制度、干部人事制度等多个方面,解决了许多重大问题。

1994 年 9 月 28 日,江泽民在中国共产党第十四届中央委员会第四次全体会议上强调党内民主建设,"特别要注重制度建设,以完备的制度保障党内民主"。这标志着党的建设开始走向制度化。党的建设的制度化,党的制度的完备,对中国特色社会主义国家的建构,尤其是对国家政体建构具有重大的意义。因为,在政党推动国家政体建构的模式下,完备的党的制度才能为社会主义国家政体建构的提供政治保证。其一,政党制度化,特别是党的领导和执政的制度化是国家政体建构制度化的合法性基础。其二,从历史的逻辑和现实的逻辑上看,制度化的党内民主是推动人民民主的动力。党内民主与人民民主是社会主义民主的两个基本方面。但由于主体素质、阶级性质、组织纪律的特殊性,党内民主理应比人民民主发展得更高、更充分、更具有先进性,因而也必须成为推动人民民主的动力制度支持。其三,完备的党内制度是政党勤政廉洁的保障,也是国家政治廉正的关键。

2. 政体建构取得的新成就

第一,以人民代表大会制为主体的国家基本政体制度逐步完善和发展。

人民代表大会制度是中国社会主义国家的基本政体制度的主体,包括共产党领导的多党合作和政治协商制度、选举制度和基层民主制度。

人民代表大会制度日益完善和发展,人民代表大会的地位和作用逐步增强。“文化大革命”结束以后,各级人大逐步恢复工作。1978 年召开五届人大第一次会议,重新制定了宪法,改变了 1975 年宪法“全国人民代表大会是在中国共产党领导下的最高权力机关”的规定,恢复了“全国人民代表大会是最高国家权力机关”的老提法。1979 年五届人大第二次会议又对宪法作了 18 处修改,主要将地方“革命委员会”改为各级人民政府,将人民代表由民主协商产生改为由选民直接选举。1980 年五届人大第三次会议取消了原宪法中公民“有运用‘大鸣、大放、大辩论、大字报’的权利”的规定。1982 年五届人大第五次会议制定了第四部宪法,增加了很多新的内容。新宪法扩大了常委会的职权并加强其组织,除基本法外,全国人大及其常委会可制定法律,人大常委会增设了一些专门委员会,研究、审议和拟定有关议案;省、直辖市的人大及其常委会有权制定地方性法规;县级以上的地方各级人大设立常委会等。这部新宪法实行以来,人民代表大会制度逐步加强。从 1985 年起全国人大的会期固定在每年的三四月份。一年之计在于春,这样每年春季来讨论并议决国家大事是大有好处的。作为唯一的立法机关,改革开放以来,全国人大及其常委会通过了宪法、法律以及有关法律问题的决定共计 400 多件,地方人大及其常委会制定了 6000 多件地方性法规,加之国务院制定的 700 多件行政法规,我国政治生活和社会生活各个方面基本做到有法可依。人大除立法权外,还在决定权、任免权、监督权方面发挥越来越大的作用。仅 1993—1997 年八届人大期间,全国人大代表共提出议案 3369 件,建议、批评和意见书1730件,这是前所未有的显著进步。此外,各级人大常委会自身组织建设也日趋完善,工作逐步程序化和规范化,各级人民代表大会和常委会组成人员的素质也逐步提高。

改革开放以来,中国共产党领导的多党合作与政治协商制度得到了全面恢复和发展。主要表现在:一是明确了新时期多党合作和政治协商制度的性质和地位。党的十二大发展了毛泽东在50年代提出的"长期共存、互相监督"八字方针,提出了中国共产党同民主党派及党外人士合作的"长期共存、互相监督、肝胆相照、荣辱与共"的基本方针。1989年底,中共中央下发了《关于坚持和完善共产党领导的多党合作和政治协商制度的意见》,明确提出这个制度是我国的一项基本政治制度。党的十四大和八届全国人大一次会议分别将其写入了党章和宪法。二是大力加强了人民政协的工作。人民政协的政治协商、民主监督、参政议政三大职能更加规范化、制度化。三是支持民主党派和无党派人士担任国家机关的领导职务。党的十一届三中全会以来,有越来越多的民主党派和无党派人士走上了从县处级、地厅级到省部级的政府部门负责岗位,直接参与行政管理。在各级人大和政协的领导人中,民主党派和无党派人士占有相当的比例。此外,国家监察部、最高人民检察院、国家审计署还分别聘任了一批特约监察员、特约检察员、特约审计员,各级地方政府也相应聘任了类似的特约人员,总数达几千人之多。

改革开放以来,我国对选举制度进行了若干重大的改革。如把等额选举改为差额选举,使选举人有了更大的选择余地;扩大了直接选举的范围,把原来只在基层政权单位实行的直接选举改成县级人大代表由选民直接选举产生;改变了单纯按居住状况划分选区的做法,实现了按生产、事业工作单位和居住地状况划分选区;改进候选人的提名办法,增加选举的透明度,适当引入竞争机制,等等。

改革开放以来,我国政治发展的一个显著特征便是基层民主得到了很大的发展。以城市居委会和农村村民委员会为主体的基层自治是我国基层民主的重要形式。国家先后颁布《居民委员会组织法》和《村民委员会组织法》等法律法规,积极推进基层民主。随着改革开放和现代化建设的发展,广大城乡居民增强了自治意识和民主意识。迄今已建立10多万个居委会,农村则经过无记名直接投票选举产生了90多万个村委会。各企事业单位普遍建立了职工代表大会或职工代表会议,就本单位的重大问题进行讨论,作出决定,以及选举和罢免本单位的领导人。我国有10

亿农村人口,农村村民民主自治制度的普遍推广,是我国基层民主取得的最主要的成就。农村人民群众通过村民自治制度直接选举村民委员会成员,民主讨论决定本村重大事务,充分行使民主选举、民主决策、民主管理和民主监督的权利。现在全国60％以上的村庄初步建立了村民自治制度。自1988年以来,普遍进行了四、五届村民委员会的换届选举。在实行村民自治制度的过程中,广大农民通过民主实践创造了"海选"、"亮相制"等新的民主形式。实践表明,农村村民自治制度在促进农村经济发展、政治稳定、文化提高、人际关系协调、人民内部矛盾妥善解决、社会全面进步等方面都发挥了重要作用。从长期来看,它对推动中国乡县以上民主选举、民主决策、民主治理、民主建设将产生深远影响。

第二,权力进一步下放,国家权力结构日趋规范化、制度化,地方、企业的自主性和积极性明显提高。

我国政治体制、经济管理体制的总病根是权力过分集中。邓小平指出,政治体制改革的主要内容之一就是"权力要下放,解决中央和地方的关系,同时地方各级也都有一个权力下放问题"。

1978年后开始的经济—政治体制改革,重点也是改变传统的中央权力过分集中的模式。新中国成立以来,我国分别在50年代和60年代进行了两次中央与地方权力结构的调整,但由于这两次权力下放都是在计划经济的背景下进行的,没有从深层次触及经济体制和政治体制自身的问题,因此改革的结果没有达到预期的目的。十一届三中全会以来,我国开始了第三轮权力下放。这次放权是在计划与市场相结合的思路下进行的,同时,遵照邓小平"权力要下放"的思想进行了新的探索。在调整中央与地方职权时,注重了扩大企业的自主权,强调政企分开,政府转变职能;改变了过去一味向省级政府放权的做法,注意向市,特别是向中心城市放权;着手进行使中央与地方的职权划分走向法制化、规范化的工作。这些新的改革措施,初步解决了条块分割的局面,为摆脱"一统就死,一放就乱"的两难困境提供了可能。

从总体上说,这轮下放权力的效果是积极的,地方的主动性、积极性、创造性高涨。但由于我国社会还处于新旧体制转型过程中,控制管理机制还不健全,加之受地方和部门利益的驱动,80年代的下放权力也带来了诸如下放权力被层层截留而不能到位,上有政策下有对策,中央财力下降等负面的影响。因此,邓小平在1988年提出"中央要有权威","宏观管理要体现中央说话能够算数",并说要定一个方针,"在中央统一领导下深化改革"。随后,全国进入"治理整顿"阶段。

党的十四大以来,在处理中央与地方的关系上出现了一些新的特点:一是为实现经济体制转型,强调维护中央权威;二是着手建立和健全市场经济的宏观调控体系,并对国税、金融等部门实行中央直接垂直管理,强化了中央政府的宏观经济调控权;三是注意运用法律手段规范中央与地方的关系,实现中央与地方关系的规范化、法制化。

第三,不断推进行政管理体制改革和机构改革,民主、高效、廉洁的行政管理体制逐渐建立。

行政管理体制改革和机构改革是我国政治改革的前沿地带。改革开放以来,我国在1982年、1988年、1993年和1998年进行了四次大的机构改革。1982年的机构改革是在我国实现了工作重点转移,全面开创社会主义现代化建设新局面的历史条件下展开的。这次改革的成果是精干了领导班子,明确规定了各级部门领导班子的职数、年龄和文化结构,减少了副职;实现了干部队伍"四化",废除了实际存在的领导干部职务终身制;精简了机构和人员编制。但这次机构改革是在经济体制改革尚未全面展开,传统的计划经济体制尚未受到冲击的情况下进行的,因此,只解决了一些显露的表面问题,不可能取得实质性进展。改革完成不久,机构和人员便又重新膨胀起来。

1987年党的十三大确立了经济体制改革的目标是建立有计划的商品经济新体制。与此相适应,转变在高度集权的计划经济体制下形成的政府职能配置结构和机构设置框架,就必然成为1988年国务院机构改革的关键和重点。但是,这次机构改革仍是在政治体制、经济体制改革尚未全面展开的情况下进行的,因此政府职能转变必然受到各方面因素的影响和制约,很难一步到位。

党的十四大确立了建立社会主义市场经济的目标,因此,1993年改革的最大特点,就是机构改革是围绕着建立社会主义市场经济体制的目标去设计、推动和深化的。这次机构改革,一是调整了职能配置,促进了政府职能转变;二是协调解决了一些部门之间职责交叉、重复的问题;三是精简了机构和人员。这次机构改革虽然明确了以转变政府职能为重点,但并没有取得突破性进展。

1998年的国务院机构改革则是在理论上突破了姓"资"姓"社"的禁区,在实践上社会主义市场经济体制的框架初步建立的条件和背景下进行的。这次机构改革按照社会主义市场经济的要求和精简、统一、效能的原则,调整了政府的职能结构和组织结构,实行了精兵简政。特别是在转变政府职能,实现政企分开方面有了较大的突破:一是明确界定了政府与企业的关系;二是明确限制了专业经济管理部门的职权,规定了它们今后不再直接管理企业;三是按照依法治国、依法行政的要求,加强了行政体系的法制建设,以实现政府机构、职能、编制和工作程序的法制化。这次机构改革取得了明显的效果,政府职能逐步规范,各级政府及其工作人员依法行政的观念日益明确,公正、公平、公开的原则在政府工作中逐步得到体现,社会公众的利益受到政府越来越多的尊重。

综观改革开放以来历次机构改革,我们可以看出,我国的机构改革是随着经济改革的深化而不断深化的,每一次大规模的机构改革都是在经济体制改革和经济发展到一个关键时期展开的。机构改革的理论、目标模式、主要内容及其进程都与经济体制改革紧密配合,并具有明确的经济体制改革的内容。同时,机构改革的推进又有利于经济改革的进一步深化,从体制上、组织上为经济体制改革的顺利推进提供了保证。

第四,干部人事制度改革迈出坚实步伐。

干部人事制度改革是我国政治体制改革的重要内容。30 年来,各级党委和组织人事部门采取有力措施,在扩大民主、完善考核、推进交流、加强监督等方面迈出了坚实步伐,我国的干部队伍和干部人事制度发生了可喜的变化。

20 世纪 90 年代以来,我们在干部的录用、管理、考核和监督等方面出台了一系列制度,干部的录用、管理、考核和监督逐步制度化和规范化。在干部选拔任用工作中,扩大民主,引入了竞争机制。比较普遍地建立了干部民主推选、民主测评和竞争上岗、任前公示制度。2002 年 7 月,中共中央印发了《党政领导干部选拔任用工作条例》,干部的选拔任用进一步制度化规范化。在干部的管理上,改变了干部集中统一管理的状况,建立了党政机关、事业单位和企业的干部人事分类管理制度。1993 年,国务院颁布了《国家公务员暂行条例》,经过几年的工作,各级政府机关基本完成了职位分类和人员过渡,公开、公平、平等、竞争、择优的用人环境,能上能下、能进能出、充满活力的管理机制,法制完备、法律严明的监督体系正在逐步形成。各级党机关也实施了类似公务员制度的干部管理制度。经过几年的努力,在全国范围内初步形成了机关、企业、事业三个系列,公务员、机关工作者、法官、检察官、企业经营管理人员和事业单位工作人员六个种类的干部人事分类管理体制。在干部的考核方面,加大了考核力度,完善了考核制度。在 80 年代建立的县处级以上领导班子和领导干部年终评议制度的基础上,各级党政机关工作人员从 1994 年开始普遍实行了年度考核制度。考察考核干部制度逐步完善,改变了过去干部工作中重提拔轻管理的倾向。此外,还进行了诸多单项制度改革的尝试,并取得了明显的效果。

总之,30 年来我国干部人事制度改革,既有单项制度的改革,也有整体推进和重点突破,成绩是巨大的。但是,我们也必须清楚地看到,我们所进行的干部人事制度改革还带有一定局限性,计划经济时代干部人事制度的一些弊端还不同程度地存在,对各级领导干部特别是对"一把手"还缺乏应有的监督机制,能上不能下的问题没有从根本上解决,跑官要官的现象时有发生,贪污腐败还没有得到根本遏制。这些都是干部人事制度改革要解决的紧要问题。

第五章　德治、法治与治国必先治党

——马克思主义国家治理理论的新逻辑

当代中国马克思主义国家理论仍然是建构性的,而全球化中的市场、公共性和治理策略为当代中国马克思主义国家理论提供了一种较为有效的分析视角和建构机制,即把马克思主义国家理论纳入当代中国的国家治理实践中去,围绕国家权力的运行和国家治理实践来总结和阐释党的第三代中央领导集体以来,党对马克思主义国家理论的最新成果。

一　马克思主义的国家治理理论：
民主、制度与政党治理国家

当无产阶级从旧的统治阶级手中夺得了国家政权,建立了自己的阶级统治后,无产阶级面临的主要问题就是如何运用国家治权来管理社会事务,维护统治秩序,以实现自己的政治目标和历史使命。也就是说,无产阶级如何来治理从资本主义社会向共产主义社会过渡的无产阶级专政这个特殊的国家。

虽然,马克思主义国家理论并未明确论述无产阶级国家的治理问题,但是,马克思主义经典作家对国家的许多问题都是把它放在国家政权的运行过程和运作机制中进行探讨的,他们在《共产党宣言》、《社会主义从空想到科学的发展》、《法兰西内战》、《哥达纲领批判》、《家庭、私有制和国家的起源》、《国家与革命》等经典著作中,不仅始终旗帜鲜明地坚持和贯彻无产阶级专政这个根本性原则,而且还对巴黎公社和苏维埃俄国的政权实践,展开了可贵的理论探索和总结。

从无产阶级国家治理的角度上看,这种探索和总结主要体现在以下几个方面:第一,无产阶级国家如何把无产阶级专政这个根本原则及其基本要求落实到国家层面上的一系列制度上来;第二,如何以国家制度的形式使无产阶级专政的实质始终体现为无产阶级的阶级统治,保障人民真正当家作主,享有广泛的民主权利;第三,在国家治理上如何充分发展社会主义民主,使国家权力科学、有效地运行;第四,无产阶级政党的领导和执政的活动在国家治理上如何走向民主化、制度化和规范化,使无产阶级专政真正成为"阶级的事业,而不是少数领导人以阶级的名义实行的事业"。马克思主义对这一系列问题的探讨,实际上也就揭示了无产阶级国家治理的根本逻辑:无产阶级专政(无产阶级民主)—无产阶级政党治理国家,也展示出了无产阶级国家治理的基本的逻辑线索:制度的逻辑、效率的逻辑和价值(伦理道德)的逻辑。

(一)作为无产阶级国家治理原则的无产阶级专政

如我们所知,早在《德意志意识形态》和《哲学的贫困》中,马克思、恩格斯就有了无产阶级专政思想的萌芽。在共产主义者同盟第一次代表大会期间,恩格斯在为同盟起草的第一个纲领草案《共产主义信条草案》中指出,从资本主义的财产私有向共产主义的财产公有过渡的"第一个基本条件是通过民主的国家制度达到无产阶级的政治解放"。① 《共产党宣言》发表前夕,恩格斯曾在阐述"(共产主义)革命的发展过程"时说:"首先无产阶级革命将建立民主的国家制度,从而直接或间接地建立无产阶级的政治统治。"② 这一思想在《共产党宣言》中已经表述得更为具体了:"工人革命的第一步就是使无产阶级上升为统治阶级,争得民主。"之后,马克思在总结法国工人六月革命的经验和教训的《1848 年至 1850 年的法兰西阶级斗争》一书中,明确提出了无产阶级专政的思想。他指出,无产阶级要在资本主义共和国范围内稍微改善一下自己的处境只是一种空想。因此无产阶级要彻底改善自己就必须大胆地高喊革命战斗的口号:"推翻

---

① 恩格斯:《共产主义信条草案》,《马克思恩格斯全集》(第 42 卷),人民出版社 1979 年版,第 379 页。

② 恩格斯:《共产主义原理》,《马克思恩格斯选集》(第 1 卷),人民出版社 1972 年版,第 219 页。

资产阶级！工人阶级专政！"①"这种专政是达到消灭一切阶级差别,达到消灭这些差别所由产生的一切生产关系,达到消灭和这些生产关系相适应的一切社会关系,达到改变由这些社会关系产生出来的一切观念的必然的过渡阶段。"②1852年马克思在致约瑟夫·魏德迈的信中写道,阶级斗争学说不是他的首创,他的新贡献在于证明了以下几点:"(1)阶级的存在仅仅同生产发展的一定历史阶段相联系;(2)阶级斗争必然导致无产阶级专政;(3)这个专政不过是达到消灭一切阶级和进入无阶级社会的过渡……"③1875年,在《哥达纲领批判》中,马克思明确地把过渡时期与无产阶级专政联系起来,从而形成了马克思主义完整的无产阶级专政思想。

通过马克思主义无产阶级专政思想的简要考察,我们可以从无产阶级国家的治理角度得出几点基本的认识:

第一,马克思是在从资本主义社会到无阶级的共产主义社会这个过渡时期的国家形态意义上来论述无产阶级专政的。在马克思主义看来,无产阶级专政首先是一种国家的过渡形态,是国家的暂时的、最后的形式。在这个历史过程中,只有坚持无产阶级专政这个根本性原则,无产阶级才能打破旧的国家机器,建立和掌握自己的国家政权,为自己争得民主;在这个基础上,无产阶级才能够利用政权的力量建立自己的生产方式,尽可能地增加生产力的总量,发展社会主义民主,以社会的方式达到消除阶级剥削和阶级分化,为国家的消亡创造经济、政治和社会的基础。当然,国家过渡和消亡所必需的政治、经济和社会条件的实现是一个漫长、艰难而复杂的过程,即使在资本主义较为发达的西欧,只要还存在着阶级和阶级对立,国家就不会消亡,无产阶级专政就依然是无产阶级国家的一个坚定不移的原则。马克思正是在研究向共产主义过渡的经济、政治和社会形式的意义上,来论述无产阶级专政的。因此,无产阶级专政是无产阶级国家治理的根本性原则。

第二,无产阶级专政作为无产阶级政治解放的途径和基本形式的民主,是一种本质上区别于资本主义自由民主的新型的民主,这种民主就是

---

① 马克思:《1848年至1850年的法兰西阶级斗争》、《马克思恩格斯选集》(第1卷),人民出版社1972年版,第400页。

② 马克思:《1848年至1850年的法兰西阶级斗争》、《马克思恩格斯选集》(第1卷),人民出版社1972年版,第462页。

③ 马克思:《致约瑟夫·魏德迈》(1852年3月5日),《马克思恩格斯选集》(第4卷),人民出版社1972年版,第332—333页。

无产阶级的政治解放本身。马克思主义经典作家是在工具和目的意义上论述无产阶级专政的。从工具层面上看，无产阶级要改善自己的艰难的处境，要实现自身解放的经济愿望和政治理想，就只有通过暴力专政的极端途径。国家从来都是阶级统治的工具，无产阶级也需要国家，因为，如前文引述《1848 年至 1850 年的法兰西阶级斗争》中的话，无产阶级要在资本主义共和国范围内改善自己的处境，只能是一种空想，而这种空想只要企图加以实现，就会成为罪行。而"现代工业的进步促使资本和劳动之间的阶级对立更为发展、扩大和深化。与此同步，国家政权在性质上也越来越变成了资本借以压迫劳动的全国政权，变成了为进行社会奴役而组织起来的社会力量，变成了阶级专制的机器。每经过一场标志着阶级斗争前进一步的革命以后，国家政权的纯粹压迫性质就暴露得更加突出"。① 资产阶级对六月起义的镇压如此，对巴黎公社的镇压也如此。同资产阶级以阶级专政为手段达到自由地奴役和统治无产阶级之目的一样，无产阶级也必须以阶级专政为途径达到自身解放之目的。因此，无产阶级专政不仅是无产阶级夺取国家政权、为自己争得民主的工具，也是无产阶级巩固自己的胜利成果、治理自己的国家的重要手段。

从目的层面上看，无产阶级专政的另一重要的内涵是无产阶级民主，它首先是打破资本主义国家只有少数人的民主而对"最大多数人"专政的民主，因而也是无产阶级的政治解放本身，是无产阶级的目的。因为无产阶级的艰难处境在资产阶级共和国家范围内是不可能实现彻底的改善，无产阶级民主权利的政治目的必须以自身的阶级专政为政治前提，易言之，必须在自己的阶级统治范围内才能得到最终的完整的实现。于是无产阶级的政治运动就历史性地把作为手段的阶级专政与作为目的的阶级民主紧密地联结起来了，并且把实现无产阶级的民主权利作为无产阶级专政的基本任务和无产阶级国家治理的根本目标。所以马克思并不是把"无产阶级专政"仅仅当作一种工具性的、狭隘的、巴枯宁主义和布朗基主义的政治词语来使用——这种意义上的理论认识和实践运用实际上已经给无产阶级专政带来了诸多的为人非议和攻击的口实，也很不幸使一些无产阶级国家最终蜕变成集团统治和极权主义——而是在以对少数人实行专政为前提、以对"最大多数人"实行民主为旨归、以无产阶级的民主的国家制度为根本依据的意义上来论说"无产阶级专政"的。

---

① 马克思:《法兰西内战》，《马克思恩格斯选集》(第 2 卷)，人民出版社 1972 年版，第 372 页。

恰恰是在这个意义上,第三,无产阶级专政才是无产阶级实现自身政治解放的国家的制度方式。如前文所引述的,恩格斯在《共产主义信条草案》中特别强调,从资本主义的财产私有向共产主义的财产公有过渡的"第一个基本条件是通过民主的国家制度达到无产阶级的政治解放"。之后又在阐述"(共产主义)革命的发展过程"时进一步强调,无产阶级政治解放必须建立民主的国家制度。可见马克思、恩格斯非常重视无产阶级实现民主权利和政治解放的国家的制度前提。但是,由于还没有无产阶级专政的实践,因而他们还没有全面地探讨无产阶级专政的国家制度结构问题,即还没有具体探索无产阶级将如何建立自己的国家制度、建立怎样的国家制度、如何把握和根据无产阶级国家的具体国情去有效地运作这些国家制度、无产阶级及其政党的领导和执政将如何严格遵守和执行这些制度等问题。而这一系列问题只是在巴黎公社革命实践所提供的新鲜经验之后,在列宁创建第一个无产阶级专政政权的实践进程中,才开始有了初步的理论认识和制度经验。这些宝贵的理论认识和实践经验成了日后各无产阶级国家治理进行制度创新的思想源泉。

(二)作为无产阶级国家治理制度的无产阶级专政

在马克思主义看来,无产阶级专政应该而且必须落实到一系列的民主的国家治理制度(法规和制度)上去,惟其如此,无产阶级才能真正达到自身的政治解放。因为,无产阶级可以以多种方式来夺取国家政权,但夺取到的国家政权必须以制度的方式组织起来,必须使无产阶级的各种专政活动规范化、制度化和法治化,这是无产阶级国家治理的必由之路。当无产阶级运动有了巴黎公社的光辉实践后,马克思立即从制度上总结了巴黎公社的经验,并热情洋溢地称颂巴黎公社"给共和国奠定了真正民主制度的基础"。① 巴黎公社所颁布和实施的这些制度是真正的民主的国家制度。

在政治制度方面,巴黎公社实行了普选制、监督制和随时撤换制,否定资产阶级议会选举制,确保公职人员的公仆本色。公社由巴黎各区普选的城市代表组成,这些代表对选民负责,随时可以撤换,其中大多数自然是工人阶级的代表。警察、法官也如其他一切公务人员,他们今后应该由选举产生,对选民负责,并且随时可以撤换。马克思明确划清了公社的

① 马克思:《法兰西内战》,《马克思恩格斯选集》(第2卷),人民出版社1972年版,第377页。

普选制同资产阶级议会选举制的界限,他指出,资产阶级议会选举制不过是资产阶级通过人民之手把自己的代理人推上议员的宝座,它始终是粉饰和巩固资产阶级专政的工具。马克思一针见血地揭露了它的实质:"为了每隔二年或三年决定一次究竟由统治阶级中的什么人在议会里代表和压迫人民。"①公社不是议会式的,而是同时兼具行政和立法的工作机关,就是说,国家的一切权力属于公社,公社不仅有立法权,而且还有行政权,它是立法与行政统一的工作机关,既管立法,又管行政。因此,巴黎公社从国家政治制度方面有效地防止公职人员由社会公仆变为社会主人,从根本上改变了过去那种由极少数特权者把持的资产阶级选举制的反动、虚伪的性质,落实了无产阶级专政保障"工人和其他劳动者享有管理国家的权利"的题中应有之意。

在组织制度方面,巴黎公社废除了资产阶级的官僚集权制,实行类似之后所形成的无产阶级的民主集中制。公社在全国组织纲要上规定:公社应该成为甚至最小的村落的政治形式。公社通过实行中央集权和地方自治结合的制度,以实现民族统一的无产阶级集中制。因此,公社的地方自治制度是无产阶级专政的政权,是无产阶级民主的重要组成部分,它绝不是"中世纪公社的复活",更不是孟德斯鸠和吉伦特派的"小邦联盟",而是以民主集中制的方式组成全国统一的无产阶级专政的革命政府。

在军事制度方面,巴黎公社废除了资产阶级常备军代之以人民武装。巴黎无产阶级在抵抗普鲁士的侵略和反对梯也尔政府发动的内战的斗争中,充分认识到资产阶级常备军的反动性和劳动人民武装的重要性。所以巴黎公社建立后,"第一个法令就是废除常备军而用武装的人民来代替"。② 马克思认为,人民的武装,无产阶级的军队是无产阶级专政的首要条件,也是无产阶级国家的首要制度。

在文化教育制度方面,巴黎公社摧毁了精神压迫的工具,即"僧侣势力",废除宗教特权,以无产阶级民主的方式对宗教和教育实行改革。"方法是宣布教会与国家的分离","剥夺一切教会所占有的财产",③一切学校对人民群众服务,并接受人民的监督。

在法律制度方面,巴黎公社废除了旧的司法制度,废除了具有"表面

---

① 马克思:《法兰西内战》,《马克思恩格斯选集》(第2卷),人民出版社1972年版,第376页。
② 马克思:《法兰西内战》,《马克思恩格斯选集》(第2卷),人民出版社1972年版,第374页。
③ 马克思:《法兰西内战》,《马克思恩格斯选集》(第2卷),人民出版社1972年版,第375页。

独立性"的法官制度,实行司法人员选举制。司法人员"也如社会其他一切公务人员一样,今后均由选举产生,要负责任,并且可以罢免"。这样就保证了法官为人民群众服务,并接受人民群众的监督。

巴黎公社这一系列制度不仅表明,无产阶级新的国家机器代替了旧的资产阶级国家机器,而且表明无产阶级国家的任何专政活动都必须是民主的、制度化的活动。正如列宁指出:"公社是无产阶级革命打碎资产阶级国家机器的第一次尝试,是'终于发现'可以、而且应该来代替已被打碎的国家机器的政治形式。"①这种政治形式是一种民主的国家制度形式。巴黎公社在落实无产阶级专政的国家制度上的做法,体现了公社治理的一条重要原则:无产阶级必须以制度的方式才能"防范"自己的"代表"或"官吏"发生蜕变,以保证人民真正当家作主。这也是此后无产阶级专政运动必须汲取的一条宝贵的经验:必须注意无产阶级专政的民主化、制度化和法律化,注意通过健全各种行之有效的制度和政策措施来保证人民真正当家作主。

正是从这种意义上出发,列宁在十月革命成功后十分重视无产阶级专政的制度建设,把新型民主和新型专政落实到国家生活的各项制度上,尤其是国家政治生活的各项制度上。在新型专政方面,列宁强调无产阶级取得政权以后,依然必须建立强有力的专政,这个专政就是:为了粉碎资产阶级的反抗,为了使反动派恐惧,为了维持对付资产阶级的武装人民这个权威,为了使无产阶级能够对敌人实行暴力镇压。②这是个根本性的原则,是不可动摇的。正是在这个意义上,列宁强调"无产阶级的革命专政是由无产阶级对资产阶级采用暴力手段来获得和维持的政权,是不受任何法律约束的政权",③即既不受资产阶级法律的约束,也不受无产阶级专政内部各种思潮的挑战。

苏维埃政权成立之初,被推翻的剥削阶级和各种敌对势力的活动十分猖獗:旧官员、旧职员不愿为苏维埃政权服务,消极怠工;反革命分子的暗杀、抢劫、投毒、煽动罢工等破坏活动更是层出不穷。1917 年 12 月,旧内阁各部、国家银行、国库、市政管理委员会的旧官吏怠工已达一个多月,破坏分子制造"酒库大抢劫"事件,用抢得的酒灌醉卫戍战士,在酒徒中散

---

① 列宁:《列宁选集》(第 3 卷),人民出版社 1995 年版,第 160 页。
② 列宁:《列宁选集》(第 3 卷),人民出版社 1995 年版,第 587 页。
③ 列宁:《列宁选集》(第 3 卷),人民出版社 1995 年版,第 594—595 页。

发传单,滋事捣乱,并策动旧俄时期的公务员举行总罢工,以对抗苏维埃政权。在如此严峻的局势下,党和政府决定成立以捷尔任斯基为首的"全俄肃清反革命和怠工非常委员会"(简称"契卡"),以"红色恐怖"来捍卫和维护革命的新生政权。然而,作为无产阶级专政工具的"契卡"在实际的操作过程中,由于法制缺失,"契卡"的活动也发生过打击面过宽、无根据地抓人、审讯中滥用权力,甚至以暴制暴等现象,酿成一些错案。列宁深知无产阶级国家的专政职能必须实行法律化、制度化的重要意义。在列宁的建议下,1919 年 2 月,俄共(布)中央通过决定:"(1)肃反委员会应把判决权转交革命法庭;(2)肃反委员会如下机构予以保留:调查机关;直接镇压武装暴乱机关(土匪的、反革命的等)。"①党中央还作出决议,只有当宣布戒严时,肃反委员会才拥有采取紧急措施的权力。

另一方面,无产阶级的专政并不是"取消民主",也不"意味着不受任何法律约束的个人独裁",而是要发展无产阶级新型的民主,创建比资本主义民主制度"好千百倍的民主制度"。列宁指出,虽然社会主义民主是第一次成为供穷人享受、供人民享受而不是供富人享受的民主,但社会主义民主更应该法制化、制度化,落实到无产阶级国家政治生活的各个方面。

在政治制度建设上,"工人民主制"是列宁对和平时期民主制度建设的政治设想。其要点是:要保证全体党员甚至是最落后的党员都能积极参加党的生活,讨论党所面临的各种问题;要对各级党政干部排斥委任制,从下到上一切机关都实行普遍选举制、报告制和监督制;对一切最重要的问题在全党展开广泛的讨论和争论,充分自由地进行党内批评,集体制定全党性决议;党的代表大会、代表会议、中央全会等要定期举行;要彻底消除任何派别活动,又要经常出版"争论专页"和"专门文集",以保障党内的言论、出版自由;对党员滥用自己的地位和物质特权的现象进行坚决的斗争。② 从以上内容中可以看到列宁关于民主政治制度建设的不少精辟思想。可是,由于 20 年代初全党必须以全副精力解决各种迫在眉睫的危机,"工人民主制"的一些具体制度还来不及实施就被束之高阁,到斯大林当政后就被完全摒弃,成了一纸空文。1922 年 5 月 25 日,列宁第一次

---

① 《列宁和全俄肃反委员会文件汇编(1917—1922)》,莫斯科政治书籍出版社 1975 年版,第 144 页。

② 《苏联共产党决议汇编》(第 2 分册),人民出版社 1964 年版,第 66 页。

中风后，身体健康状况每况愈下，列宁与斯大林在一系列问题上的分歧，特别是斯大林个人集权的道德人格倾向给党和工农联盟已经造成了一定的危害，列宁对斯大林能不能十分谨慎地使用自己的无限权力没有把握，这不能不引起列宁的严重忧虑和不安。列宁从当年的 12 月到次年的 3 月，病中口授了"最后的八篇书信和文章"，其中一个直接的目的，就是希望将要召开的俄共（布）第十二次代表大会通过对"政治制度作一系列的变动"，尤其是希望改革党和国家的领导制度。

在党和国家领导制度上，列宁在八篇著作的第一篇《给代表大会的信》中，开宗明义的第一句话就是："我很想建议在这次代表大会上对我们的政治制度作一系列的变动。"列宁是想通过改革从制度上解决上述问题。这些改革措施包括：一是增加中央委员会的人数，加强党和国家的集体领导，防止因领导人某种不慎而造成分裂的危险；二是把中央全会变成党的最高代表会议，健全党中央的工作机制和决策机制；三是扩大中央监察委员会，并把它同改组后的工农检查院结合起来，加强对党政各级机关的监督，特别是对领导人的监督，建立健全对党和国家领导人的监督制度；四是改善和提高国家各级机关的人员结构，吸收工农参加党和国家的管理，政治上是要一心为社会主义奋斗，素质上是要有知识、受过教育训练、肯于学习的人；五是赋予国家计划委员会以立法职能，汇集并充分发挥各界人士的优势和力量。遗憾的是，虽然列宁提出了问题和解决这些问题的正确思路，但由于党的领导层没有真正采纳，甚至这些信件也没有送交到俄共（布）十二次代表大会，随着列宁的去世，党和国家领导制度的改革也就未能展开。

在国家的民主治理方式上，列宁曾设想要建立巴黎公社式的直接民主制，实行直接的"人民管理制"，对掌握公共权力的官员进行选举，可以随时撤换，他们只能领取相当于熟练工人的工资，以"防止国家和国家机关由社会公仆变为社会主人"。但实践证明，国家的治理不仅要有文化水平，更要有法律法规。"苏维埃虽然按党纲规定是通过劳动者来实行管理的机关，而实际上却是通过无产阶级先进阶层来为劳动者实行管理而不是通过劳动群众来实行管理的机关。"[①]这种情况下，"人民管理制"已经成为"党代表人民管理国家"。这实际上是政党治理国家的特殊的国家治理方式。但是，党又如何来代表人民管理国家？党和国家（政府）的关系如何处理？政党自身的民主制度如何确立？党内的民主制度与人民民主

---

① 列宁：《列宁全集》（第 36 卷），人民出版社 1995 年版，第 155 页。

的体制和机制是何种关系？政党如何有效地治理国家？这些又成了一系列需要从制度层面规范的重要而紧迫的问题了，这是政党治理国家的关键。

（三）政党治理国家的关键在于无产阶级政党

马克思主义国家理论的重要内容之一就是无产阶级政党及其领导和执政问题。如前文所指出的，无产阶级专政历史地、逻辑地与无产阶级政党联系起来了。无产阶级政党的领导和执政也就构成了无产阶级国家治理的核心和动力。尽管在马克思、恩格斯时代，无产阶级政党始终没有成为一定国家的领导党和执政党，但马克思、恩格斯作为无产阶级革命政党及其理论的创始人，他们一开始就是把无产阶级革命政党当作未来执掌国家政权的执政党来建设的。在《共产党宣言》中，他们对无产阶级政党的性质、指导思想、纲领和策略原则、党的领导和组织原则等方面进行了较为系统的科学论述，阐明了马克思主义建党学说的基本原理，揭示了无产阶级革命政党作为执政党建设的一般性规律，这为无产阶级国家的政党治理国家问题奠定了比较全面的理论基础。

俄国十月社会主义革命的胜利，为无产阶级国家的政党治理国家的实践提供了现实基础，开辟了真正意义上的政党治理国家的新时代。一般来说，政党治理国家就是政党如何执掌和运行国家权力以实现其政治目标的活动。因此，政党治理国家就必须从根本上把握好三个基本主题：一是政党与人民群众和国家的关系问题；二是政党如何科学、有效地执掌、运行国家政权问题；三是政党自身的建设问题。然而，实际上关于无产阶级政党治国的实践经验，在马克思主义政治学说中处于缺失状态。因为，无产阶级执掌政权的巴黎公社只存在了 72 天，而当时法国还没有一个马克思主义政党，很难提供无产阶级政党治国理政的经验；而列宁时期的苏俄，由于面临的形势十分严峻，因而总的说来，列宁关于共产党治国理政的理论并不是很清晰、严整的，既有发展和创新的一面，也有某种片面和局限性。不过，我们围绕着上述三个方面的问题，还是可以对列宁关于无产阶级政党治国理政的实践与理论的探索作一些概括。

第一，在党与群众关系方面，无产阶级政党要始终保持同群众的密切联系，以人民的利益为出发点和归宿，代表群众的根本利益。列宁认为，这是党的性质的要求和力量的源泉，是整个无产阶级及其先进分子的道德原则，也是党执掌和运行国家权力治理这个国家的根本伦理价值。为此,党必须体察民情,密切联系群众,经常倾听群众的意见和呼声,作出正确的决策。他指出:"我们需要的是新型的政党,另一种性质的政党。我们需要的是能够经常同群众保持真正的联系的党,善于领导这些群众的党。"①"劳动群众拥护我们。我们的力量就在这里。全世界共产主义运动不可战胜的根源就在这里。"②列宁清醒地认识到共产党成为执政党后,容易脱离群众。他的一句名言是:对于领导一个大国的工人阶级先锋队来说,"最严重最可怕的危险之一,就是脱离群众"。③ 因此,党要"更深入群众"、"更密切地联系群众"。④

第二,在党与国家(行政)权力的关系方面,党对国家和社会事务的领导主要体现为政治领导、思想领导和组织领导。列宁强调,新型的马克思主义政党是工人阶级和其他一切组织的领导者,"它的任务决不是反映群众的一般水平,而是带领群众前进"。⑤ 在革命年代,"党的直接的和责无旁贷的义务就是领导无产阶级的一切表现形式的阶级斗争";⑥在和平建设时期,党是直接执政的无产阶级先锋队,是领导者,国家政权的一切政治经济工作都由工人阶级觉悟的先锋队共产党领导。但同时,列宁又特别强调,工人阶级政党的这种领导决不允许是党政不分的一切的绝对领导,而是实行方针政策的"总领导"。他指出:"党是直接执政的无产阶级先锋队,是领导者。"⑦"党的任务……是对所有国家机关的工作进行总领导,不是像目前那样进行过分频繁的、不正常的、往往是琐碎的干预。"⑧

第三,在党执掌和运行国家政权方面,无产阶级政党必须正确、合法、有效地行使国家权力。执政党的重要职能,是运用国家的公共权力,为人民群众谋利益。为此,列宁指出,执政党必须在国家法律允许的范围内贯彻自己的决定。党的各级组织和所有党员,都不允许有凌驾于宪法法律之上的特殊地位和特殊权力,都不允许以言代法,更不允许破坏宪法,"党

---

① 列宁:《列宁全集》(第 39 卷),人民出版社 1986 年版,第 225 页。
② 列宁:《列宁选集》(第 4 卷),人民出版社 1995 年版,第 53 页。
③ 列宁:《列宁选集》(第 4 卷),人民出版社 1995 年版,第 626 页。
④ 列宁:《列宁选集》(第 4 卷),人民出版社 1995 年版,第 243 页。
⑤ 列宁:《关于土地问题的讲话》,《列宁全集》(第 33 卷),人民出版社 1995 年版,第 88 页。
⑥ 列宁:《进一步,退两步》,《列宁全集》(第 8 卷),人民出版社 1986 年版,第 256 页。
⑦ 列宁:《进一步,退两步》,《列宁全集》(第 8 卷),人民出版社 1986 年版,第 423 页。
⑧ 列宁:《列宁全集》(第 43 卷),人民出版社 1987 年版,第 64 页。

应当通过苏维埃机关在苏维埃宪法的范围内来贯彻自己的决定"。① 另一方面,由于新生的苏维埃政权的形势严峻,俄共(布)又缺乏执政经验,加上党内意见分歧严重,这种情况使俄共(布)无法形成一套团结和争取不同派别力量的政治策略;党内外的纷争耗费了领导人大量的时间和精力,使一些领导人希望能比较简便、直接地制定国家的方针政策,也使不少的党员干部简单、粗暴地行使自己手中的权力。当这种情况最终导致农民"上访"、暴动的后果,甚至是海军兵变时,列宁立即警觉到,这不仅意味着俄共(布)的国家治理面临最严重的经济危机,而且面临着最严重的政治危机。俄共(布)十大后取消粮食征集制,实行粮食税,实现从军事共产主义向新经济政策的转变。这个历史事实告诉我们:政党执政在正确估量局势、体察民情民意、合法行使国家权力、作出的正确决策、创造高效的治理效果等方面,具有更大的优势更重的责任。

第四,在党的自身建设方面,对于一个肩负着治国理政的神圣而艰巨使命的政党,列宁特别强调政党要注意增强自我建设意识,增强战斗力和凝聚力。在俄国无产阶级革命时期,列宁根据革命的特点和实际要求,提出了以民主集中制作为党的基本组织原则,强调只有以民主集中的方式把党员组织起来,才能实现党对党员的监督和领导,才能凝聚成强大的战斗力,才能形成党的统一意志和统一行动。针对孟什维克"党员称号散布得愈广泛愈好",主张和顽固坚持非无产阶级习气,列宁确指出:任何降低党员条件,把党和阶级混为一谈的涣散组织的思想都是错误的,党员必须增强自己的组织性、纪律性,必须坚持自己的党性原则,反对小组习气,坚持把党的利益放在第一位,消除个人主义。只有这样,才能巩固党。俄共(布)执掌国家政权以后,它所处的历史方位发生了重大的转变,此时的党员队伍扩充很快,一些"冒险家和其他危害分子乘机混进执政党里来,这是完全不可避免的"。② 为加强党的自身建设,1920 年和 1921 年,列宁提议进行了两次清党,以纯洁党的队伍,增强党的战斗力。作为执政党加强自身建设的一个重要的创新举措,两次清党收到一定效果,但由于过分注重考察入党时间及出身成分,不太注重正面的思想教育,清除范围又过宽,也产生了很大的消极作用,在一定程度上破坏和妨碍了党内的民主制度和民主生活。

---

① 《苏联共产党决议汇编》(第 1 分册),人民出版社 1957 年版,第 571 页。
② 列宁:《列宁选集》(第 4 卷),人民出版社 1995 年版,第 21 页。

综上所述,无产阶级政党的领导和执政是无产阶级国家治理的关键环节,关键就关键在政党是否能正确、合法、有效地运作国家的权力。

(四)无产阶级国家治理的价值逻辑

如我们所知,国家权力既是一种阶级权力,又是一种公共权力。国家权力的阶级性并不就意味着阶级的私有性,更不意味着个人、家族或集团的私有性,它反而又必须以公共权力的形式出现,才可能获取合法性和稳固性。因为,国家权力一经确立,客观上受到了整个社会的制约,它不得不同时满足各个不同阶级的要求,不得不把自己的利益说成是社会全体成员的共同利益,把自己看作全社会的代表。传统国家的治理活动之所以往往走向人治主义,是与国家权力的私有化膨胀、进而背离其公共性直接相关。所以,无产阶级国家的治理活动必须要有严格的政治价值约束。易言之,无产阶级国家的治理实践必须遵循一定的价值逻辑。所谓国家治理的价值逻辑,包括两个层面的价值:一是国家治理的阶级性价值;二是国家治理的公共性价值。

由于无产阶级专政是一种新型的国家形态,是对极少数人实行专政和对"最大多数的人"实行民主的统一,因而无产阶级国家的治理实践就在价值逻辑上实现了阶级性价值与公共性价值的更高的统一。这种统一了的价值逻辑主要通过四个层面展开。其一,价值信仰:向实现人类彻底解放的"每个人的自由发展是一切人自由发展的条件"的共产主义过渡。这是无产阶级国家治理的伦理价值和道德理想。其二,价值宗旨:服从和服务于无产阶级的根本利益,"为绝大多数人谋利益"。[①] 这是无产阶级国家治理的根本的实践精神。其三,价值原则:建立在以广大人民群众为主体的"真实的集体"基础上的集体主义。这是无产阶级国家治理实践中正确处理个人与集体关系的基本道德准则。其四,道德要求:勤政为民的道德信念、廉洁奉公的道德责任、公正无私的道德作风、务实创新的道德品格。这四个层面的道德内涵实际上涵盖了无产阶级国家治理实践的性质、目标和方向,也提出了无产阶级国家治权的运作者所必须遵循的伦理原则和道德规范,这些构成了无产阶级国家的政治价值或政治伦理道德,为了概念的明确和论述方便,我们称之为无产阶级国家治理的政治道德,简称"政德"。

---

① 马克思、恩格斯:《马克思恩格斯全集》(第 1 卷),人民出版社 1972 年版,第 262 页。

　　然而,这种"价值"能否有效地转化成无产阶级国家治理的"事实",做到"价值"与"事实"的统一,不仅要求无产阶级国家的治理实践严格遵循自身的制度逻辑,而且,以此为基础,还要求有能有效推动这种转化的中介和动力,这个中介和动力就是无产阶级政党的领导和执政。无产阶级政党的领导和执政活动必须严守无产阶级国家治理的制度逻辑和价值逻辑。在制度层面,实现政党治理行为的法治化、政党领导活动的制度化和党内运行的规范化;在价值层面,确立政党治理的社会主义目标、政党执政的人民利益宗旨和政党生活的无产阶级先进意识。但是,制度和价值的规约与导向并不必然带来国家治理的有效性,治理的有效性更依赖国家权力运作者的治理能力,即政党领导和执政的能力。因此,在有效性层面,不断提高无产阶级政党执政能力就成了无产阶级国家治理的又一个关键环节。因为,一个具备现代国家治理能力和艺术的政党,对于国家权力运行的安全与低风险、政府管理的廉洁与低成本、社会发展的有序与可持续、人民根本利益的维护与实现等等,一句话,对于提高国家治理的有效性无疑是具有重要意义的。这也是我们透过 20 世纪各社会主义国家的治理实践的得与失所得出的一个基本的经验和教训。

　　总之,马克思、恩格斯和列宁对无产阶级国家治理实践的艰难探索,为当代社会主义国家治理提供了极为丰富的思想资源。基于这些思想资源,我们可以尝试着概括马克思主义国家治理理论的基本要义:(1)无产阶级专政是无产阶级国家治理的根本原则,是马克思主义国家治理的政治逻辑;(2)这种政治的逻辑表现为"无产阶级专政—政党治理国家"的国家治理模式;(3)制度化、有效性和价值性是无产阶级国家治理的三个逻辑中轴,即无产阶级国家治理的"中轴原理";[①](4)制度缺失、效率低下和价值不昌都会从根本上侵蚀和动摇无产阶级国家政权;(5)国家治理必然要在"制度主义"、"效率主义"和"价值主义"上确立其基本的治国方略。

---

　　①　参见丹尼尔·贝尔:《后工业社会的来临——对社会预测的一项探索》,商务印书馆1984 年版,第 14—16 页。

二　全球化中的国家治理：在制度、效率与价值之间

（一）西方国家治理的哲学基础：自由民主框架中的制度主义、效率主义与价值中立主义

如导言中所指出的，制度化、有效性和价值性是西方世界的国家治理理论的基本哲学逻辑。普遍法律化和制度化是西方资产阶级政治统治赖以建立的有效途径和有力武器，也是西方国家治理所推崇和遵循的政治逻辑，但国家治理的制度化一旦遭遇到社会对国家治理效率最大化的强烈需求时，国家的事务性治理就开始逐渐游离国家政治性治理（政治统治）。于是19世纪末行政与政治的分离就在国家治理的理论建构中凸显出来。

如我们所知，社会治理理论肇始于行政学与政治学的分离，其学理发轫的标志是威尔逊于1887年在《政治学季刊》上发表的《行政学之研究》一文。威尔逊认为行政与政治不同，"行政管理的领域是一种事务性的领域，它与政治的领域的那种混乱和冲突相去甚远。……行政管理是置身于'政治'所特有的范围之外的。行政管理问题并不是政治问题"。[①] 同时他又提出，"执行宪法比制定宪法还要困难"，因此，"应建立一门行政科学力求使政府不走弯路，避免杂乱无章、不成体统的现象，加强并纯洁政府机构"。这里威尔逊就提出了关于资本主义国家治理的一个重要发展趋向和治理原则：政治与行政的二分理念。

政治与行政二分原则是基于美国社会发展现实和美国国家治理实际需要而提出来的。美国南北战争后，资本主义得到迅速发展。到1894年，美国工业生产已跃居世界第一位。疆界的扩大，跨国公司的发展和壮大，同世界各国联系的不断加强，使得国家治理事务日益庞杂而专业化，这突出体现在政府所执行的公共治理上，行政事务、政府机构、行政管理人员迅速扩大。然而，威尔逊时代政府机构盛行的是分赃制（Spoil System），即当时政府的所有职位都是通过竞选胜利者分配给其支持者完成的。政府机构工作人员的频繁变动导致从业者难以适应政府工作的专

---

① 彭和平等：《国外公共行政理论精选》，中共中央党校出版社1997年版，第14页。

业化,使得这一制度在运行过程中日益暴露出政府运作的低效、腐败和短视。这是美国的国家治理转型的社会基础和最初动因。1883 年,美国推行了基于功绩制的文官制度(Merit System),即将政治决策机构与决策的执行机构的人员遴选办法予以区分:政治决策机构的领导者实行原有的选举制,决策执行机构的组成人员则实行长期乃至终生雇佣制。这些政府雇员之职位保持与升迁不受决策机构领导者变迁的影响,只与他自身的教育前景、工作业绩等相关。在作为教授、学者、政治家的威尔逊的引领下,文官制度与政治行政二分原则不仅成了美国的国家治理希冀克服政府的低效、腐败和短视的一剂良药,而且还成为国家治理理论创新与行政科学建构的中心问题。

古德诺在威尔逊的基础上进一步对政治与行政二分这个行政学的基本原则展开了论述。他在 1900 年出版的《政治与行政》一书中提出,政治是国家意志的表达,而行政是这种意志的执行。"在所有的政府体制中都存在着两种主要的或基本的政府功能,即国家意志的表达功能和国家意志的执行功能。在所有的国家中也都存在着分立的机关,美国分立的机关都用他们的大部分时间行使着两种功能中的一种。这两种功能分别是:政治与行政。"①古德诺还特别强调行政不应受到政治权宜措施及政党因素的影响。这样,政治与行政二分原则就成了此后罗纳德·怀特、马克斯·韦伯、H·西蒙等学者具体探索公共治理规律的基本原则。

如果说威尔逊等人为西方国家治理特别是公共治理理论确立了基本的基本原则的话,那么公共治理的制度的技术建构则是由马克斯·韦伯开拓出来的,突出体现在科层制度即官僚制度理论。为了达到公共治理的科学化、技术化和效率化的治理目标,克服公共治理的腐败、低效与短视的弊端,韦伯对公共行政的体系进行了明确的形式合理性的制度设计。在马克斯·韦伯及其追随者的理论视野中,官僚制首先是作为一种国家政治统治与社会管理的制度方式而存在的,然后才是作为一种管理机制而被加以关注的。在国家治理视域,前者是维持合法性暴力的、垄断的强制性机构,即国家的职能在于通过强制性政治统治提供社会秩序,这种实现国家治理(统治)的功能是不应该弱化而应该相反;后者是由技术官僚所构成的官僚体系,是适应行政发展的效率需要而形成的基于明确的技术化、理性化和非人格化的权威型层级管理体制,它的唯一追求就是最高

---

① 弗兰克·J·古德诺:《政治与行政》,王元译,华夏出版社 1987 年版,第 12 页。

效率、最优化和合理化,这恰恰体现了资本主义社会的基本精神。

韦伯的官僚制是基于西方理性传统而设计出来的国家治理的一种制度方式,它追求的是在制度化中的效率,走的是以"科学救赎"资本主义国家治理的路径,体现的是科学精神和法制精神。尽管他声称,他的"理性官僚制"只是一种"理想类型",是"法理型支配(统治)"这种理想类型中最纯粹的一种支配形式,秉承了法理型支配(统治)的"理性"要素(形式理性),但是,由于经验事实处处与"理想类型"格格不入,因而还是遭到了批评者的严厉诘难:其一,官僚制严格的纪律和僵化制度及处事程序,不仅没有起到提高治理效率、改善治理功能结构的作用,反而因权力的膨胀而给民主、自由与个性带来严重的威胁;其二,官僚制在功能主义和技术主义的工具理性追求中回避了价值理性的意义,或者说采取价值中立主义态度来对待公共治理。

价值的缺失或价值中立主义也许是韦伯的官僚制治理范式的致命缺陷。因为,20世纪50年代后,推崇韦伯官僚制的行政学者对官僚体制的技术操作层面——预算、人事、组织等技术合法性的埋头苦究,却不能为社会现实问题提供令人信服的价值合法性解答,如何应对世界性的社会主义浪潮对资本主义国家治理造成的巨大价值压力?以何种社会政治价值才能恢复人们因人权运动、争取社会公正运动和女权运动的政治狂澜以及种族歧视、社会差距和吏治腐败的社会之殇所丧失掉了的资本主义价值信念?社会危机处理、政策制定、政策分析等的价值基础到底是什么?这些问题在官僚制的治理范式中似乎找不到答案。由此,20世纪60年代以来,西方政治学家如亨廷顿等对威尔逊以来建构起来的基于政治行政二分原则的社会治理模式和理论提出了批评,特别是对政府的价值中立表示怀疑,对政府的效率目标的合法性不予认同。

20世纪80年代初,魏姆斯利及其同仁在《公共行政与治理过程:转变美国的政治对话》(史称《黑堡宣言》)中,批判公共行政研究师法企业管理的风潮,重申公共治理应该有其内在的价值观。主张公共行政应在民主社会的国家治理中扮演更为积极的价值角色,如执行和捍卫民主自由宪法的角色、人民受托者角色、平衡者角色等,目的是要为资本主义制度和资本主义国家的治理提供自由、民主、正义、平等、公共性、人的价值等价值支持。《黑堡宣言》被认为是新公共运动各种治理范式滥觞的重要标志,也是西方世界的国家治理理论价值主义回归的重要标志。

（二）全球化进程中的国家治理：从国内的"价值救治"到制度、效率与价值的全球视野

价值回归也好，价值重塑也好，反映的是 20 世纪 60 年代以来，西方国家在治理困境中对非人格化的规制（法制）偏好（现代行政偏好永无止境地制定规则和条例）的一种反动或者说"价值救治"。以"新公共行政"、"新公共管理"和"新公共服务"为代表的三大治理范式的探索就是这种"价值救治"的努力。

新公共行政的价值诉求。新公共行政把公平与效率结合起来考虑，强调公共治理的价值问题，将"社会公平"作为公共治理的目标，并赋予其核心价值观的地位，认为公众的需要、权利、利益高于政府自身的利益。同时，新公共行政强调民主行政，通过公民参与、政治互动与沟通、民主、伦理等观念来增强社会公平及民主行政。新公共行政对官僚制的消极人性假设开出的基本药方是："将公共行政者视为民主责任的承担者，主张公共行政人员是好进取、负责任、有见识、能反省、敢创新的主动者。"[①]这样，新公共行政就把确保"社会公平"、"民主行政"的公共责任提到政治的层面上来承担了。这不仅是新公共行政以"价值"救治"制度"的努力，也是"价值"纠偏政治与行政二分原则的努力。

新公共管理的价值倡导。新公共行政把"价值救治"提到政治的高度来实践社会治理，客观地说，在一定程度上缓解了国家治理的合法性危机。如英国工党 1970 年执政以后实行的国有化改革、欧洲社会民主党的福利国家改革以及美国 20 世纪六七十年代的一系列社会改良，但又产生国有化企业效率降低、公共行政中人浮于事、社会创新动力不足、公共治理效率缺失等严重后果。有鉴于此，新公共管理的治理策略是把市场竞争机制引入公共治理，倡导"成本效益"、"顾客导向"、"公共性"等治理价值，把公共行政的价值问题放在了现实问题的解决过程之中，并以公共服务作为公共治理的价值定位和价值属性。这是新公共管理学派在国家治理问题上"价值重塑"的突出成就。

新公共服务的价值关切。20 世纪 90 年代至今，宪政主义为回应管理主义的新公共管理思潮，开始了以罗伯特·登哈特为代表的新公共

---

① 罗大明等：《改造官僚行政：西方公共行政的理论探索》，《电子科技大学学报》（社会科学版）2006 年第 8 期（专辑），第 242—245 页。

服务的范式探索。新公共服务以多元主义、新制度主义、社群主义、自组织网络理论、公民资格理论等为理论基础。其国家治理的价值关切集中体现为：政府角色的服务定位、公共利益的目标定位、服务对象的公民定位以及治理行为的民主化、治理思维的战略化、治理理念的人本化。显然，新公共服务的治理范式是对新公共管理范式的一种价值超越。

如今，西方国家治理的理论与实践，经过"新公共运动"各种各具特色的价值重塑，基本上形成了与资本主义自由民主制度相适应的国家治理价值理念和意识形态。尽管"新公共运动"的各种治理范式之间仍在互相批判、借鉴、转换与整合之中，但不管它们是如何进行批判、借鉴和整合，对于国家治理的理论与实践的创新来说，都是围绕着制度化治理、有效性治理与价值性倡导这三个逻辑中轴进行，都是从具体（民族）国家的国情出发的。惟其如此，才能在把握国家治理的一般逻辑的前提下，按照自身的逻辑，探寻并确立自己国家治理的基本方略。

20世纪的最后10年，全球化浪潮狂飙突进，其影响和渗透力严重挑战着传统的国家治理，这种挑战集中体现在全球公共性对民族国家治权的侵蚀和制约上。正是在这个意义上，"全球治理"或"国家治理的全球化"的观点和理论应势而生。诚然，国家治理毫无疑问是以民族国家及其治权的相对独立性为前提的，没有民族国家及其治权的相对独立就谈不上国家治理。如果我们把研究的逻辑仅仅停留于此，那么所谓的"国家治理全球化"的提法是不妥当的，甚至是错误的。但是，在全球化这股浪潮的冲击下，今天世界各国（特别是那些已被卷入全球化进程中的国家）的国家治理已深深地打上了全球化的烙印。世界许多国家的治理范式、治理价值理念、治理策略都在潜移默化地发生调整或转型，越来越具有全球视野，这已经是世界各国治理中可以经验到的事实。

首先，国家治理事务的全球公共视野。传统的国家治理仅仅是针对国内事务的治理，但全球化时代的来临，意味着世界的时空距离在缩小，整个世界似乎成了一个地球村，国内的治理活动逐渐具有了全球的眼光。对于负责任的国家来说，国内治理举措还会切实体现国际社会的公共需要和利益；同时国内的许多公共事务正悄悄被推到了世界的层面，单靠一国是无法得到解决的。例如，全球性的环境污染问题，世界性的恐怖主义问题，大规模的自然灾害问题，国内经济发展与稳定问题，知识产权保护问题，等等。特别是那些开放程度较高的国家的治理事务，不仅仅是一个受全球化影响的问题,而是一个自身也存在着全球化的问题,许多国内的重大事务都具有世界性。

其次,国家治理权能的世界性制约性。按照传统的国家治理逻辑来说,国家治理是运用国家治权对国内事务的统治和管理。所以,一方面,国家治权通过制度的方式规定着国家治理执行部门的具体职能和范围;另一方面,国家治理权能指的是国家具体治权所具有的统治和管理的能力和效率。随着全球化的进展,国家治理权能的这两个方面都受到一定的影响和限制。在发挥国家治权职能方面,政府在促进经济发展、保障社会秩序供给等内部事务上,不能不考虑国际市场、规制、惯例、舆论等全球性因素。这些因素已经在相当程度上构成国内治权职能发挥的外在压力,它是推进民族国家治理向现代国家治理转型的重要力量。在发挥国家治权能力和效率方面,由于许多全球公共事务的治理单靠民族国家难以解决,所以各国政府之间的合作治理就成为一种必然选择,而全球合作治理也大大提高了民族国家治理的有效性。当今世界事实上也建立了诸如世界卫生组织之类的全球性公共治理机构,这些机构在协调全球性公共事务的管理方面发挥着越来越重要的作用。我们还看到,各个民族国家政府之间的公共治理合作日益加强并且合作的机制不断得到完善,逐步形成了一些全球范围内各国政府所公认和遵从的公共治理规则和制度。

再次,正因为这种制度性合作的不断加强,民族国家的治理制度也逐渐具有了全球的视野。如果说全球化对国家治理事务和权能的影响是一种显性影响的话,那么对国家治理制度的影响则更为深入。全球化对国家治理制度的影响也可以从两个方面来看:一是因全球化因素而影响民族国家内部治理制度的确立;二是全球化所形成的"国际规制"对国内制度的实施所带来的影响。这里的关键也许在于后者。不管这种所谓的"国际规制"是怎么形成的,反映的真实利益关系是什么,背后是否有某种政治意图,它们对民族国家治理的影响和制约是客观存在的。这种影响和制约主要体现在民族国家治理的制度选择和实施上。

最后,国家治理的普遍性价值理念。国家治理的价值理念,是一个国家一个民族价值谱系中的重要组成部分,它既有国家层面的政治价值理念,又有民族和社会层面的公共价值,还有国家治理操作层面应持守的普遍伦理价值。随着各国治理的制度性合作的深化,为各国政府所公认的公共治理理念、行政伦理和行政价值也将不断得到充实和拓展,这必然对民族国家治理的核心价值即政治价值和文化价值产生影响，所以国家治理价值理念的确立也必须具有相当的普遍性。

综上所述，国家治理的制度化、国家治理的有效性和国家治理的价值性是西方国家治理的基本的逻辑线索，围绕着这三条逻辑线索，产生了各种各具特色的治理理论，提出了各种治理范式、治理策略和治理价值理念，加深了人类对社会历史发展规律的认识，开拓出了一系列社会治理的操作技术。但是，由于要么因为基于的哲学基础（如政治理念上的效率至上）与社会发展规律相违背，要么由于其制度环境（政治体制）难以完全容纳其哲学基础（政治理念上的效率与公平兼顾），理论建构的形式完美与实践的不尽如人意也就是必然的。[①]

（三）全球化中的中国国家治理的新逻辑：德法并治与政党治理

马克思主义国家治理与西方的国家治理对当代中国特色社会主义国家治理的基本经验是：坚持人民民主专政（无产阶级专政）—政党治理国家这个根本逻辑，围绕着社会主义国家治理的制度化、有效性和价值性这三个逻辑线索，既要防止国家治理中的非制度化，又要防止制度治理中的非人格化；既要防止国家治理中的价值缺失倾向，又要防止价值治理中的价值狭隘化；既要防止国家治理的效率低下，又要防止因追求效率而损害了制度化和价值性。

关于这个历史经验，根据中国社会主义国家治理的实际，我们这里主要谈三个方面的问题。

1. 依法治国

社会主义的国家治理的关键是制度化，即制度的屹立，其治理方略是"依法治国"。从国家治理的一般逻辑来看，制度化是现代国家治理所追求的首要目标，它从根本上决定了国家政权运行的合法性基础。从这个意义上说，制度化是国家治理的关键。制度化一方面需要给这个社会和国家的运行确立一个比较健全的、长久稳定的制度体系，其中最重要的是形成稳定的、具有持续性的政治制度体系。另一方面，这个制度体系必须是民主的制度，即建立在民主的基础上，没有民主，这个制度终究是不能

---

① 程寿：《公共治理理论哲学基础的演进及其对我国政治发展的启示》，《攀登》（哲社版）2004 年第 6 期，第 36—40 页。

够屹立起来的。"制度的屹立,它体现为两个方面:一方面是制度获得有效的权威,成为社会稳定和发展的基础与保障;另一方面是制度与经济、社会、文化高度契合,获得广泛认同,具有持久的稳定性和持续性"。① 同时,制度化还意味着国家治理权力的制度化运行,而实现国家治理制度化的基本方略则是"依法治国"。

当前,我国一方面同时存在规制的不足与规制泛滥现象(如任意扩权的行政规制日益繁多),另一方面又同时存在民众对规制的漠视甚至反叛与权力运作者利用规制牟利的寻租现象。也就是说,我国当前的制度屹立还存在着两个比较严重的问题:一是国家治理规制缺乏权威;二是国家治理规制缺乏必要的制度基础。究其原因,一方面是由于我国制度体系(尤其是权力约束、监督、问责制度)的不健全,另一方面也是更重要的方面是由于对国家治理的制度基础的忽视。西方的国家治理的制度基础是宪政体制即法治社会的确立。20 世纪 80 年代以来,我们强调并倡导依法治国的同时,又往往粗浅地理解和轻率搬用西方法治社会的理论,言必称宪政,忽视或不愿正视国家转型所带来的一系列紧张与冲突,如传统与现代的冲突、国家与社会关系的重构、效率与公平的目标权衡、社会阶层利益的分化与冲突等,这一切导致我们在强调法治时,往往更注重规制对社会治理的工具性价值,却忽视了其运作要求以及实质含义。法治,顾名思义,亦即依法治理,西方法治的精神实质首先是,法律作为一个独立的要素,依赖独特的法律思维、法律知识和技术、法律共同体、法律机构等法治的要素,对政治权力形成某种制约。然后法治才成为解决各种社会问题的治理工具,比如犯罪问题、失业问题、贫困问题等。因此,从法治规范的对象而言,现代法治理念的提出源起于对国家政治生活的依法治理,进而发展为对社会事务的依法治理的技术化和工具化。但在我们日常语境中,法治更多地意味着对社会的管治要依法行事,即是对社会的依法治理而不是首先对政治的依法治理。正因为有此普遍性的误识,政治权力运作者才敢蔑视法律,才敢铤而走险,利用权力寻租。因此,构建依法治国的制度基础是国家治理制度屹立的关键。

2. 以德治国

社会主义国家治理的特色是价值化,即价值的建构,其治理方略是

---

① 林尚立:《制度整合发展:中国共产党建设的使命与战略》,《毛泽东邓小平理论研究》2007 年第 4 期,第 1—8 页。

"以德治国"。我们已经深刻认识到,国家治理制度的屹立并不必然带来国家的良治,因为制度的屹立还涉及一个价值化问题。由于国家治理不仅包括对社会的治理即所谓的"治民",更包括对政府(行政)的治理即所谓的"治政"或"治官"。因此,制度屹立的价值化问题必然涉及:(1)我们所屹立制度是个什么性质的制度?(2)这个制度的政治方向和政治目标是什么?(3)这个制度要反映一种怎样的利益关系?(4)这个制度的运行所要遵循的基本实践精神和道德准则是什么?(5)制度运作者以怎样的道德规范和政治品格保证这个制度合目的地运行?对于这些问题,我们在前文阐释马克思主义国家治理的道德逻辑时,就已经有了明确的答案:社会主义国家的政治道德。因为,只有这样的政德,才能反映这个国家的治理制度的性质、目标和原则,才可能树立起治理的权威性、强制性(对治权运作者的强制)、责任性,因之才体现出国家治理的权能。况且,现实生活中,人们总是以社会道德,甚至个人私德来衡量和要求制度中的人的,制度中的人一旦有什么腐败违法的行为,往往被指认为个人道德上的败坏。其实,一些腐败分子的个人道德也并不见得坏,反倒是社会所倡导的德行与制度所实际需要的德行并不是同一回事。制度是制度中的人直接交往的媒介,一旦社会道德对制度中的人选择与制度相适应的行为构不成任何约束时,符合制度规则的行为就被人们(尤其是制度中的人们)认为是可接受和遵循的行为,久而久之,制度就会衍生出一种与之相适应的"道德"或者说"规则"(有时是"潜规则"),并在实质上替代社会所倡导的道德。在这种情况下,如果没有"政德"的导向和规约,那么我们倡导的"以德治国"的国家治理方略就可能在这个关键环节上失效。

因此,"以德治国"之"德"不仅体现为社会道德,更主要地应当体现为社会主义国家的"政德"。这个"政德"包括:树立共产主义的信仰,建设中国特色社会主义的共同理想,实现中华民族伟大复兴的信心;坚持全心全意为人民服务的宗旨,代表最广大人民的根本利益,坚持社会主义集体主义基本原则;勤政为民的道德信念、廉洁奉公的道德责任、公正无私的道德作风、务实创新的道德品格。如前文所论述的,"政德"建设最重要的是抓住国家治理的制度与国家治权运作者这两个基本因素。在制度方面,必须把社会主义"政德"贯彻到国家治理制度的制定、执行、遵守和适用的各个制度环节中去,使国家的制度化治理建立在社会主义"政德"的基础上。在权力运作者方面,不仅要把社会主义"政德"作为衡量和考评国家治权的运作者的基本标准,而且还要把"政德"在治理实践中的贯彻运用作为国家治权运作者的一项基本素质。

在我们国家的政治生态下，"政德"建设是中国社会主义国家治理的特色，是中国确立并推行以德治国方略的重要内容。而政党作为社会主义"政德"建设的主导力量和主要推动者，在新的世纪面前以社会的眼界和全球的视界来观照中国社会主义国家治理的"德治"，有效地防止了国家治理价值的民族狭隘化和政治狭隘化（泛政治化）。一方面，把先进的执政理念与国家和社会的科学发展结合起来，把构建社会主义核心价值与为人类政治文明发展作出贡献联系起来；另一方面，将马克思主义的政治价值与中国思想文化的最新成果有机结合起来，将中国社会政治发展与人类文明的最新成果结合起来，极大地丰富了当代中国国家治理的"德治"方略，为中国的国家治理和人类进步提供了有意义的价值、理论和思想。

3. 治国必先治党

社会主义的国家治理的优势是有效性，即通过政党的治理实现"制度"、"价值"与"效率"三者的有机统一，其治理方略是"治国必先治党"。"治国必先治党"之谓一种国家治理方略或具有国家治理方略的地位，原因有三个方面：一是党和党政干部在人民群众中具有重要的导向作用，既可立威于党又能取信于民；二是在政党治理国家的框架下，政党是连接和推动国家治理的制度化、有效性和价值性的中介和动力，是实现三者有机统一的关键环节；尤其重要的是第三方面，党的领导和执政对"法治"与"德治"两个方略具有决定性的意义。"依法治国"与"以德治国"是党依据马克思主义国家治理的思想、原则以及当代中国政治和社会发展的实际，确立的党领导人民治理国家的两个基本方略。这两个基本方略的提出、贯彻和实施，其逻辑的焦点必然要落在中国共产党身上。易言之，党以自身的领导和执政的双重角色和权威，确立、推动和实施各种治国方略，但在实践中这些方略能不能得到落实，能不能起到治理国家的作用，主要还要看党自身。这就在逻辑上提出了另一个关键问题，即党自身的治理问题。治国必先治党，而且治党必须从严。从严治党，不仅要严格党的组织性、纪律性，严格党的思想、党的作风，而且还要依法治党。所以，依法治党是以德治国与依法治国的必然要求和逻辑延伸。① 江泽民正是在这个意义上提出"治国必先治党,治党必须从严"的,所以,无论是从逻辑上还是从实践上,"治党"都具有国家治理方略的地位和意义。

党的治理主要指的是两个方面:一是党内关系方面,是党的内部治理,即依据党纲、党章、党纪、党规来规范党的思想、组织、纪律、作风等,来教育广大的党员干部,以提高党的整体领导和执政水平;二是党政关系方面,是党的外部治理,即依据国家宪法、法律、法规来约束、监督党的国家权力的运作,惩治少数党员干部违法违纪行为,使之行使好人民赋予的国家治权,承担政治责任,履行执政为民的义务,把积极主动地创造国家治理效率当成是一种政治自觉或职业自觉。对于中国社会主义的政党治理国家的治理模式来说,政党治理是国家治理的条件,党的治理对国家治理具有举足轻重的作用。政党实现了依法治理,自己有了带头守法、带头护法的权威,自己能够在宪法和法律的范围内活动,自己的路线、方针、政策符合国家的法律和人民的意愿,自己能严格依照法律规定和《党章》的要求处理好党的组织与立法、行政和司法部门的关系,全体党员严格遵守党的法规特别是党的章程,那就必然极大地推动中国的国家治理事业的现代化。因此,从这个意义上来说,依法治党是中国社会主义国家治理的一个重要组成部分,这是中国社会主义国家治理的优势。

综上所述,"依法治国"、"以德治国"与"治国必先治党"三者就构成了当代中国国家治理的三个基本的治国方略。这三个基本治国方略既继承了马克思主义国家治理理论的基本逻辑,又开拓了马克思主义国家治理理论的新境界,是当代中国特色社会主义国家治理的一种新逻辑:国家治理的逻辑基点是人民民主专政的社会主义国家;国家治理的逻辑中轴是制度化、有效性与价值性;国家治理的方略是依法治国、以德治国与治国必先治党。

---

① "依法治党"的概念早在 20 世纪 90 年代中期就有不少论者提出,之后有论者就此论题进行了专门的探讨。可以参见侯少文:《依法治国与党的领导》,浙江人民出版社 1998 年版。

三 当代中国国家治理理论的新成就：
国家治理的基本方略

（一）当代中国国家治理基本方略的形成

如我们所知，1957 年 6 月到 1966 年 5 月，受到"左"的错误思想的影响，法律虚无主义盛行，法治观念、"公民在法律面前人人平等"的宪法原则和法律运行环节受到了严重的削弱，甚至被废除。"文化大革命"开始之后，不要说法治，就连党自身的正常政治生活都受到了破坏，大部分党员干部受到冲击。从一定意义上说，建设社会主义法制、"依法治国"是从"文革"中走出来的人们对国家管理的一个重要共识，更是党和国家领导人感受到的最为深刻的教训。这种深刻认识和教训使他们成为改革开放后中国法治建设和发展的十分有力的推动者。

党的十一届三中全会之前，邓小平在中共中央工作会议上讲话指出："为了保障人民民主，必须加强法制。必须使民主制度化、法律化，使这种制度和法律不因领导人的改变而改变，不因领导人的看法和注意力的改变而改变。现在的问题是法律很不完备，很多法律还没有制定出来。往往把领导人说的话当做'法'，不赞成领导人说的话就叫做'违法'，领导人的话改变了，'法'也就跟着改变。"①1978 年 12 月，党的十一届三中全会召开，会议制定了以经济建设为中心的政治路线，果断地废止了"以阶级斗争为纲"的口号，提出了健全社会主义法制和加强社会主义民主的方针。

1982 年宪法颁布和 1988 年宪法修正案的提出，从根本上确立了我国社会主义初级阶段的基本路线和基本经济制度，对加强社会主义基本法律制度、国家领导人制度等方面的建设起到了重要的作用。党的十三大提出了社会主义初级阶段理论，把"高度民主，法制完备"作为建设中国特色社会主义民主政治的一项基本内容和实现国家长治久安的重要保

---

① 邓小平：《邓小平文选》(第 2 卷)，人民出版社 1993 年版，第 146 页。

证,并提出"法制建设必须贯穿于改革的全过程"的思想。① 如果说从党的十一届三中全会之后到党的十四大之前,我国法制建设的重点是恢复1954年宪法确立的国家治理的法制体系、通过加快立法从而做到"有法可依"的话,那么1992年党的十四大之后的社会主义法治建设的主题则是以社会主义市场经济、个人权益保护、以法规制国家权力为重点的依法治国的国家治理方略的确立。

1992年召开的党的十四大,在确立社会主义市场经济体制的同时,把加强法制建设作为一项关系全局的工作任务。十四大报告指出:"加强立法工作特别是抓紧制定与完善保障改革开放、加强宏观经济管理、规范微观经济性行为的法律法规,这是建立社会主义市场经济体制的迫切要求。"根据形势的需要,1993年宪法修正案将1982年宪法中关于计划经济的规定,即"国家在社会主义公有制基础上实行社会主义计划经济,国家通过计划经济的综合平衡和市场调节的辅助作用,保证国民经济按比例协调发展","禁止任何组织或个人扰乱社会经济秩序,破坏国家经济计划",修改为"国家实行社会主义市场经济","国家加强经济立法,完善宏观调控","国家依法禁止任何组织或个人扰乱社会经济秩序",从而启动了中国市场经济及其发展中的法治建设。1993年11月,党的十四届三中全会通过的《关于建设社会主义市场经济若干问题的决定》,从党的政策角度进一步深化了上述宪法修正案,明确提出要建设社会主义市场经济体制就必须高度重视社会主义法制,以完备的法制来规范和保障社会主义市场经济体制。法制建设的目标是:"遵循宪法规定的原则,加快经济立法,进一步完善民商法、刑事法、有关国家机构和行政管理方面的法律,本世纪末初步建立适应社会主义市场经济的法律体系;改革、完善司法制度和行政执法机制,提高司法与行政执法水平;建立健全执法监督机制和法律服务机构,深入开展法制教育,提高全社会的法律意识和法制观念。"

1996年第八届全国人民代表大会第四次会议制定的《国民经济和社会发展"九五"计划和2010年远景目标纲要》,明确提出了到21世纪初要初步建成社会主义法治国家。党的十四届六中全会再一次肯定了依法治国、建设社会主义法治国家的社会理想。1997年,党的十五大报告提出

---

① 何勤华:《法治的追求——理念、路径和模式的比较》,北京大学出版社2005年版,第8—9页。

要"进一步扩大社会主义民主,健全社会主义法制,依法治国,建设社会主义法治国家"。这标志着中国共产党的领导方式和执政方式的改革和成熟。1999年3月,第九届全国人民代表大会第二次会议对1982年宪法进行修改,确立了建设社会主义法治国家的目标,规定:"中华人民共和国实行依法治国,建设社会主义国家",凸显出国家法治的目标意义。2004年3月,第十届全国人大第二次会议根据十六大精神,对1982年宪法进行了四次修改,将"国家尊重和保障人权"、"国家对全体公民合法的私有财产予以保护"载入宪法。这一系列的宪法性确认标志着我国依法治国基本方略最终形成。

我们前面已经深刻认识到,国家治理问题是一个非常浩大而复杂的社会实践工程,也是一个极其宏大而困难的理论探索问题,它既要遵循国家治理自身的客观规律,更要从具体国家治理的复杂现实和问题出发。从国家治理手段、方式和策略上看,单靠法治显然是无法实现国家治理目标的,必须将政治手段、法治手段、德治手段、文化手段等互相配合,才能解决问题。马克思主义经典作家十分重视道德的治国意义。马克思、恩格斯在《共产党宣言》中,初步确立了无产阶级的政治目标和革命道德规范。列宁确立了无产阶级国家道德建设的基本方针,应该是服从和服务于无产阶级的根本利益。以毛泽东为代表的中共领导人在长期的革命和建设过程中,形成了比较完整的德治思想:一是把道德建设的出发点和落脚点归结为造就社会主义新人;二是强调无产阶级思想和政治是党的灵魂;三是把为人民服务作为广大党员干部执掌和运行国家权力的主要目的和价值标准。以邓小平为代表的中国共产党人,丰富和发展了马克思主义关于无产阶级道德建设的理论,强调社会主义道德建设,必须服从于经济建设这个中心任务,必须与社会主义法制建设紧密结合起来,不仅要求广大人民群众遵循爱国主义、集体主义、社会主义的道德规范,而且要求共产党员要模范遵循社会主义、共产主义的道德要求。

然而,由于我国社会主义道德建设只是精神文明建设中的一项任务,由于没有把道德建设提到国家治理方略的高度来加以重视和推进,致使道德建设总是滞后于法律建设,道德的规范作用和治理作用总是满足不了国家的法治需要,致使出现这样的怪现象:虽然社会主义法制越来越健全,国家的法治也越来越受到重视,但国家权力的运行和运作却总存在比较严峻的问题,滥用权力、以权谋私的现象不断出现。另一方面,更为重要的是,由于改革开放的进一步深化,出现了一些仅仅依靠法律难以解决的深层次问题,如资本主义道德观、价值观的冲击和挑战,国内利益主体多样化带来的价值观念变化,"市场"带来的消极的负面影响,精神家园的失落,信仰危机的产生,等等。这些现实要求我们必须把道德建设提高到治国方略的高度。

对此,江泽民同志有着精辟的见解,充分认识到了社会主义道德的国家治理意义,并适时地把社会主义道德建设提升到治国理政的高度。2000年2月,江泽民同志在广东视察时指出,开展党风廉政建设,德治和法治必须双管齐下。在同年6月召开的中央思想政治工作会议上,江泽民同志明确使用了"德治"概念。他指出,"法治以其权威性和强制手段规范社会成员的行为。德治以其说服力和劝导力提高社会成员的思想认识和道德觉悟。道德规范与法律规范应该互相结合,统一发挥作用。"2001年1月,江泽民同志在全国宣传部长会议上的讲话中强调指出:"我们在建设有中国特色社会主义,发展社会主义市场经济的过程中,要坚持不懈地加强社会主义法制建设,依法治国,同时也要坚持不懈地加强社会主义道德建设,以德治国。"江泽民同志站在历史与全局的高度,提出了以德治国的重要思想,适应了当前我国社会治理的迫切需要。

"以德治国",是以江泽民同志为核心的党的第三代中央领导集体在我国社会经济步入新的发展时期所提出的重要治国方略,它与"依法治国"的治国方略构成了当代中国国家治理相辅相成的治国模式。

在理论和实践探索过程中,党自身的建设和治理对国家治理具有决定性意义。要实现党对国家的有效治理,就必须首先实现对党自身的有效管理,即治国必先治党。对于党的治理,中国共产党及其领导人历来都十分重视,尤其是改革开放以来,随着经济的发展和社会利益关系变迁,党自身也出现了比较严重的问题,到了非治不可的地步。1994年9月,党的十四届四中全会把党的治理和建设提到新的伟大工程的高度,党的十五大明确提出,要把党建设成为用邓小平理论武装起来、全心全意为人民服务、思想上政治上组织上完全巩固、能够经受住各种风险、始终走在时代前列的马克思主义政党。按照这一总目标,围绕不断提高领导水平和执政水平,不断增强拒腐防变和抵御风险能力这两大历史性课题,党中央全面推进党的治理和建设,特别是不断加大党风廉政建设和反腐败斗争的力度,坚持从严治党方针,努力保持党的先进性和纯洁性。治国必先治党,治党务必从严;治党始终坚强有力,治国必会正确有效。为此,从1998年11月开始,全党在县级以上党政领导班子、领导干部中集中时间,分期分批开展以"讲学习、讲政治、讲正气"为主要内容的党性党风教育。

面对即将到来的新世纪,基于对国内外形势、党肩负的历史任务、党自身建设实际的清醒认识和准确把握,江泽民同志在 2000 年春进一步提出:只要我们党始终成为中国先进社会生产力的发展要求、中国先进文化的前进方向、中国最广大人民的根本利益的忠实代表,我们党就能永远立于不败之地。这"三个代表"的思想和要求,进一步回答了在改革开放和发展社会主义市场经济条件下,"建设一个什么样的党和怎样建设党"这一直接关系党和国家前途命运的重大问题。2000 年底,中央进一步决定,用两年左右的时间,在全国农村开展"三个代表"重要思想的学习教育活动,全面加强农村基层党组织建设。这些重要措施,极大地提升了党的治理和建设对党治国理政的战略意义。

"三个代表"重要思想以时代的眼光,从国家治理的高度,在总结中国共产党 80 余年的革命和执政的历史经验教训的基础上,高度概括了当代中国政党治理和建设的政德基础,从根本上回答了党要管党、从严治党的一系列理论和实践问题。其一,"三个代表"重要思想从党的建设角度对党的性质、宗旨、根本任务和实践原则进行了新概括,构建出了当代中国共产党治党治国的政德体系。其二,"三个代表"重要思想对党的先进性作出了新的更加完整的概括,把党的阶级性与先进性统一起来,为党的治理的政治方向提供了保障。其三,"三个代表"重要思想提出了新时期党的建设的新要求。其四,"三个代表"重要思想将党的建设同世界文明的最新发展结合起来,提出了以开放的姿态建设党的全新思路。[①] 可见,"三个代表"重要思想构建了新时期党的治理和建设理论的新体系。无论是代表先进生产力的发展要求,代表先进文化的前进方向,还是代表最广大人民的根本利益,马克思主义经典作家都曾分别强调过这些内容。然而,把马克思主义若干基本原理和建党原则综合、提炼、归纳为"三个代表",使之作为一个有机整体集中而鲜明地运用于党的建设,这是对马克思主义建党理论的重大创新。把"三个代表"在实践中统一起来,就成为中共的立党之本、执政之基、力量之源。"三个代表"重要思想及其拓展和深化标志着当代中国国家治理的"治国必先治党"方略的形成。

---

① 秦宣:《论共产党治党治国的理论创新》,《天津行政学院学报》2003 年第 5 期,第 10—14 页。

(二)依法治国的基本方略

如我们所知,当代中国的国家法治方略,是源于对近代西方法治思想和对中国几千年来人治模式的反思,对中国社会主义现代化建设的经验和教训的总结,结合中国改革和开放的新实践,依据马克思主义国家治理理论的一般原则和方法加以提炼整合而形成的。

江泽民同志在党的十五大报告中明确阐明了社会主义法治的科学内涵:"所谓依法治国,就是广大人民群众在党的领导下,依照宪法和法律的规定,通过各种途径和形式管理国家事务,管理经济文化事务,管理社会事务,保证国家各项工作都依法进行、逐步实现社会主义民主的制度化、法律化,使这种制度和法律不因领导人的改变而改变,不因领导人的看法和注意力的改变而改变。"具体地说,它的内涵可概括如下:一是坚持中国共产党的领导。这是人民民主专政的国体决定的,也是建设中国特色社会主义的内在要求。党是依法治国的倡导者,党领导人民制定法律,并在宪法和法律的范围内活动。坚持党的领导是中国社会主义"依法治国"的政治特色。二是发扬社会主义民主。依法治国是社会主义民主的重要内容、主要方式和基本保障,社会主义民主是依法治国的重要政治基础。社会主义民主确保了广大人民群众的自由、平等、权利,反映的是中国社会主义"依法治国"的价值取向。三是做到严格依法办事。作为党领导人民治理国家基本方略的依法治国的精神内核就是,党领导人民制定宪法和法律并在宪法和法律的范围内活动。因此,依法治国意味着法律本身必须受到广大人民严格的遵守和执行,特别是政府官员和司法人员必须在法律规定的范围内行使职权,而不能有超越法律之上的特权。四是建立完备的法律体系。建立和健全完备的法律是依法治国的首要条件。社会主义国家的法律必须是反映人民群众根本利益和意志的法律,是反映社会生活客观规律的法律。五是创建国家法治的文化形态和价值生活。全体公民具有良好的法律意识和法律文化,形成守法学法的社会风气和社会氛围,从而为法的实施提供文化和心理基础。它并不是法律规范本身,但却是国家法治的文化土壤,是当代中国社会主义国家的一种法治文化形态,一种人民群众的价值生活。

从中国共产党的执政方式的意义上看,依法治国的基本内涵包含了我国社会主义国家实现依法治国必须坚持的基本原则。首先,党的领导原则。坚持党的领导与依法治国之间并存在不矛盾,两者是互相促进的。

一方面,坚持党的领导是依法治国的前提,没有党的政治领导、思想领导和组织领导,就不可能正确把握依法治国实践中的社会主义方向和人民民主的性质;另一方面,依法治国将使党真正做到在社会主义宪法和法律的范围内活动,使党的领导在制度和法律上得到保证。其次,社会主义民主原则。人民民主专政的国体和人民代表大会制的政体决定了在我们国家,国家法治的主体是广大的人民群众,国家的一切权力属于人民,宪法和法律是人民意志的集中体现,国家法治的终极目标是人民当家作主,真正享有自由、平等和权利,实现人的自由与解放。因此,依法治国是发展社会主义民主政治的基本要求,发展社会主义民主是依法治国的政治基础。邓小平指出:"要加强民主就要加强法制。没有广泛的民主是不行的,没有健全的法制也是不行的。"①第三,严格依法办事原则。依法办事是依法治国的基本条件,党的领导、执政,以及广大党政干部和一切政府机关能否依法办事,能否带领广大人民群众严格遵守社会主义宪法和法律,是依法治国基本方略的关键。为此,严格依法办事就是要维护宪法和法律的权威和尊严,坚持法律面前人人平等,任何人、任何组织都没有超越宪法和法律的特权。基于这三个基本原则的依法治国的基本方略,是与发展社会主义民主政治,建设社会主义法治国家相适应的,它既同传统社会中基于"极权专制"的"人治"状况划清了界限,又同西方资本主义社会基于"分权制衡"的法治从根本上区别开来,标志着中国共产党领导人民治理国家的领导方式、执政方式和治国方略的战略调整和转型。

党的领导方式和党治国理政的方式在很大的意义上是指,党的领导权力和党执掌和运作国家权力是否能"有法可依,有法必依,执法必严,违法必究"。伴随着中国共产党在中国社会中的政治方位的转变,即从中国的革命党转变成中国的执政党,再向现代执政党的转变,其领导、执政和治国的方式也发生了根本性的转变。中国共产党执掌国家政权后,虽然认识到国家法制的重要,但由于种种原因,在很长时间里,社会主义民主政治同社会主义法制并没有有机地结合起来,也没有受到应有的重视和推动。邓小平指出:"解放以后,我们也没有自觉地、系统地建立保障人民民主权利的各项制度,法制很不完备,也很不受重视……"②邓小平在分析"文化大革命"发生的原因时认为,与其他原因相比,社会主义法制不完

---

① 邓小平:《邓小平文选》(第 2 卷),人民出版社 1994 年版,第 189 页。
② 邓小平:《邓小平文选》(第 2 卷),人民出版社 1994 年版,第 332 页。

备,遭到破坏,领导制度问题没有解决是更为重要的原因。因此,改革开放后,他多次强调,党要避免"文化大革命"的恶果,就必须"从制度方面解决问题"。从此,中国共产党才真正自觉地走上建立和健全社会主义民主和法制的道路,开始了党治国理政的法制化进程。

从党的十一届三中全会到党的十三届四中全会,社会主义民主和社会主义法制建设取得了巨大成就,不仅大大健全了社会主义法律体系和法律制度,而且还形成并提出了社会主义法制建设的一系列原则性规定和要求。如决不能动摇党发展社会主义民主、健全社会主义法制的基本方针;社会主义民主和社会主义法制不可分离;通过法制建设促进社会主义民主的制度化、法律化;用法律的形式确定各种社会关系,用法律的手段解决各种社会矛盾;全党和全体干部都必须依照宪法和法律办事;使社会人人懂法,越来越多的人不犯法,积极维护宪法和法律;重视和加强社会主义法制教育,提高人们的法制观念和法律修养,等等。

这些成就为江泽民同志在党的十五大上,第一次把依法治国,建设社会主义法治国家,作为党领导人民治理国家的基本方略的郑重提出提供了重要的法制基础和现实条件。依法治国的基本方略的提出,不仅表明社会主义民主和社会主义法制建设进入了一个"法治"的新阶段,即从重视法律、制度建设进入更加注重法律实施、真正实现依法治国的新阶段,①而且也标志着中国共产党的领导方式、执政方式和治国方略的根本转型。

(三)以德治国的基本方略

作为当代中国国家治理方略的"德治",按照江泽民的有关论述,就是以马列主义、毛泽东思想和邓小平理论为指导,以为人民服务为核心,以集体主义为原则,以爱祖国、爱人民、爱劳动、爱科学、爱社会主义为基本要求,以职业道德、社会公德、家庭美德的建设为落脚点,建立与社会主义市场经济相适应的,与社会主义法律体系相配套的社会主义思想道德体系,并使之成为全体人民普遍认同和自觉遵守的行为规范,以德治国通过建立与社会主义市场经济发展相适应的思想道德体系,为社会主义法治国家的建设奠定坚实的伦理道德基础。

社会主义的以德治国的"德"主要是社会主义的政治道德,这是社会

---

① 人民日报社论:《大力推动依法治国进程》,《人民日报》1997 年 10 月 17 日。

主义核心价值的重要体现。"德"是社会主义、共产主义的思想道德,它以马列主义、毛泽东思想和邓小平理论为指导,以全心全意为人民服务为核心,以集体主义为原则。因此社会主义的以德治国主要指的是社会主义的"政德"建设,即通过为国家权力运作设定一系列的"政德"规范和"政德"要求,来约束和监督党政人员,在全社会形成一个强大的道德舆论力量和道德监督体系,将一切社会成员都纳入它的评判体系之内,而不允许有超越道德规范之上的任何特权和人物。

德治不仅仅是调整社会生活的一系列规范体系,还是一种文化形态、一种人的生活意义,更是一种道德价值的实现方式。作为一种文化,以德治国必须"坚持马克思列宁主义、毛泽东思想的指导地位,是我们立党的根本,也是社会主义文化建设的根本,决定着我国文化事业的性质和方向"。① 理想、信念、世界观、人生观、价值观、意识形态、政治思想,必须融入马列主义、毛泽东思想和邓小平理论指导下的中国特色的社会主义道德体系。惟其如此,才能真正体现中国特色,并凝聚中华民族之向心力。作为一种人的生活意义,德治也就是人生社会道德理想的实现过程及其自然形成的良好的社会秩序。德治还是一种强化道德价值的实现方式,它使具有认知、激励、评价等功能的道德获得了维持社会秩序、实现社会稳定的政治功能,在深层次上对"有序化社会共同体的合法性、正当性"问题作出合理的阐释,对政治权力提出价值理性评判的要求。

作为国家治理基本方略的"德治"具有以下特征。

第一,"德治"的政治前提是人民民主专政。

我国实施的以德治国方略与中国古代的"德治"有着根本区别。古代儒家的德治以皇帝一人家天下之治的封建专制制度为政治前提,而今天的德治的政治制度基础是人民民主专政的社会主义国家制度。封建统治者为了维护封建专制主义统治秩序和封建剥削阶级的根本利益,对黎民百姓加以封建主义道德礼教的教化,以求服从,对封建官吏推崇儒家道德人格的修养,施以善政仁治,以求服人。虽然封建德治特别强调"民本",但这主要是从维护和巩固统治阶级的利益出发,是一种统治之术的"治民"之策,主要不是从人民的利益出发,也不可能是真正的"以民为本"。同样,中国古代封建统治者虽然也十分强调国家的法治,但法治始终是德治之辅,是治国之末策。《淮南子》一书提出,"以仁义为治国之本,以法度

---

① 江泽民:《江泽民论中国特色社会主义》(专题摘编),中央文献出版社 2002 年版,第 384 页。

为治国之末"。董仲舒提出,"国之所以为国者,德也","教,政之本也,狱,政之末也"。因此,封建专制主义政治制度从根本上决定了其德治策略实质上必然是"人治"的,并以各种"人治"的形式表现出来。

社会主义以德治国的基本方略是建基在人民民主专政的国家制度之上,目的是为了维护广大劳动人民的政治统治,为了实现人民当家作主的根本利益。对人民实现社会主义道德教育,不仅是为了提高人民群众的思想道德水平,更是为了提高人民群众当家作主的能力和素养。易言之,社会主义德治的目的关注的是人的全面发展;对广大党员干部进行社会主义的道德教育和政德规约不仅是为了提高社会主义国家的吏治水平,更直接的意义是为了推动党政干部和一切政府工作人员身体力行,率先垂范,以身作则,从而真正起到德法并治的作用。如果没有党政干部和一切政府工作人员的"以身作则",没有领导者崇高道德的"人格力量","德治"就必然沦为一种空洞的说教。所以,在一种党领导人民制定宪法和法律,推动依法治国的政治生态下,党、党政干部和政府工作人员在人民中倡导和践行社会主义道德,以身作则,具有举足轻重的作用,这是防止"德治"沦为"人治"的政治前提。

第二,"德治"是社会主义政治文明的重要内容。

发展社会主义民主政治,建设社会主义政治文明,是全面建设小康社会的重要目标,也是中国社会主义政治发展的根本任务。政治文明是一个内涵丰富的政治范畴,它不仅包括政治制度文明,而且包括政治价值文明。人类政治价值演进到今天,已经积累了丰富而深厚的政治价值文明成果,既有阶级性价值又有公共性价值,既有资本主义的政治价值,又有社会主义的政治价值。社会主义政治文明是社会主义政治制度文明与社会主义政治价值文明的统一。"依法治国"与"以德治国"是社会主义政治文明的重要标志。社会主义民主在价值上突出表现为人民当家作主,享有基本的公民权利,这是社会主义"以德治国"方略的题中应有之义,是社会主义重要的政治道德;社会主义民主在制度上突出表现为民主的国家制度,如人民民主专政、人民代表大会制、共产党领导的多党合作与政治协商制度,民族区域自治制度等,这是"德治"的制度基础。因此,"以德治国"并不妨碍社会主义民主进程,反而与"依法治国"一道促进其发展。

第三,"德治"的核心是社会主义政德建设。

我们前文已经认识到了,"以德治国"之"德"不仅包含社会道德建设,即民族思想道德素质的提高和社会公民道德的建设,而且更包括社会主义的政治道德建设。由于政治权力运作在国家治理中的关键性，由于政党领导和执政在国家治理中的主导性，由于广大党员、党政干部和一切行政机关工作人员在国家治理中的实际主体性以及他们在社会生活中的引领性，使得社会主义"政德"建设始终居于"德治"治国方略的核心地位。

但是，我们贯彻"德治"方略以及"政德"建设并不妨碍依法治国。因为首先，德法是相辅相成的，以德治国不是对依法治国的削弱或否定，而是对依法治国的进一步肯定和强有力支持。强调以德治国，是通过加强道德建设，特别是加强道德教化的功能，巩固法律的道德基础，以道德的正当性保证法律的正当性，尤其是保证立法和执法的正当性，以道德的规范性和约束性支持法律的规范性和制约性。其次，法律只有以道德为支撑才有广泛的社会基础，才能得到人民群众的认同和支持、遵守和维护。所以，提高人民群众的社会主义道德素养，加强社会主义公德建设，可以为法律充分发挥国家治理功效创造一个良好的社会道德基础和道德环境。当然，社会主义"政德"建设只是国家治理上的一个价值倡导和引领，它不可能代替国家治理的制度化、法治化，因为制度缺失下的任何价值倡导都可能流于空洞。社会主义的"德治"与"法治"是一个有机整体，前者以后者为制度前提，后者以前者为价值支持。

第四，"德治"的基础是民族道德素质的提高和社会主义公民道德建设。

重视民众的道德修养和人的道德人格在国家治理中的作用，历来是我国"德治"的一个重要内容，也是中国共产党人以德治国思想的重要内容。党的第一代中央领导集体提出了以"五爱"（爱祖国、爱人民、爱劳动、爱科学、爱护公共财物）为核心的公民道德要求，也涌现出了一大批社会主义道德的楷模，人民群众的道德修养和公民的社会公德水平有了极大的提高。但是，由于种种原因，这一良好的"德治"形势很快就变味了，"政德"被极度扩张，国家治理的价值性被全面政治化了，社会道德生活也被全面泛政治化，而在政治生活中又片面夸大领袖人物和领导者个人的"德性"作用，形成严重的个人崇拜，这是导致"人治"的一个重要原因。

党的第二代中央领导集体在对待"德治"问题上，始终是以"社会主义精神文明建设"和"社会主义思想道德建设"为依托，提出以培育有理想、有道德、有文化、有纪律的"四有"公民为目标，要求提高整个中华民族的思想道德素质和科学文化素质，并在这一思想的指导下大力推进社会主义思想道德建设，从而使社会主义思想道德建设在促进社会主义国家治理中发挥了重要作用。以江泽民为核心的党的第三代中央领导集体继承了前两代领导集体的"德治"策略思想,从我国社会主义市场经济和我国经济社会发展的实际出发,强调没有中国全民族的思想道德素质的提高,没有全社会公民道德的进步,人们的道德行为失控,道德观念、道德准则就会"失范",社会主义市场经济体制就建立不起来,社会的运行就难以稳定和健康地发展。与此同时,第三代领导集体又以新的宽广视界看待当代中国的"政德"建设。在"政德"建设过程中,十分重视把宣传教育的普遍性、社会性与实际要求的层次性、群体性结合起来,尤其重视对广大党员、行政干部和政府机关工作人员的"政德"教育。这样,建立在民族道德素质提高和公民道德建设基础上的"德治"方略就能防止国家价值治理中的"政治狭隘化"或泛政治化。

(四)"治国必先治党"

首先,"治国必先治党,治党务必从严",指的是把对党自身的治理提到国家治理方略的高度上来对待。中国共产党所处的历史方位和肩负的历史任务,决定了党的治理对党执政兴国具有十分重大的战略意义。正是基于这样的深刻认识,中共十四届四中全会把党的治理和建设确定为党面向新世纪的新的伟大工程。"当今中国的事情办得怎么样,关键取决于我们党,取决于党的思想、作风、纪律、组织状况和战斗能力、领导水平。党的性质、党在国家和社会生活中所处的地位、党肩负的历史使命,要求我们治国必先治党,治党务必从严。治党始终坚强有力,治国必会正确有效。"[1]

其次,"治国必先治党,治党务必从严",重在从严,坚持"管"、"治"、"教"相结合。"严"就是要严格党的监督,严肃党的纪律,严明党的制度,严谨党的作风。各级党委要切实负起责任,把从严治党的方针贯穿于党的思想、政治、组织、作风、纪律、制度建设的各个方面,切实落实到对各级党组织、广大党员和干部进行教育、管理、监督等各个环节中去。对同志要有必要的宽容,但不能放弃原则。[2] 邓小平同志曾指出,制度好可以使坏人无法任意横行,制度不好可以使好人无法充分做好事,甚至会走向反面。制度问题更带有根本性、全局性、稳定性和长期性。对党内已经确立

---

① 江泽民:《江泽民文选》(第2卷),人民出版社2006年版,第496页。
② 江泽民:《江泽民文选》(第2卷),人民出版社2006年版,第498页。

的制度要严格执行,同时要根据实践的发展,不断健全各项制度,形成一套从严治党的制度机制。对领导干部一定要严格要求、严格管理、严格监督、严格教育,经常开展积极健康的批评与自我批评。

第三,"治国必先治党,治党务必从严",贵在"党要管党",坚持"以德治党"与"依法治党"相结合。中国共产党的领导和执政地位决定政党治理的主体主要是党自己,这也是中国共产党的党性自觉必然。落实好从严治党的方针,必须坚持"党要管党"。落实"党要管党",要求各级党委都要建立和健全抓党的建设的责任制,一级管好一级,一级带动一级,一直抓到支部、抓到党员。各级都要严格实行集体领导与个人分工负责相结合,出了问题要分清责任,不能拿"经过集体讨论决定"等理由来搪塞应负的责任,要按照责任制予以追究。管党的要求落实了,从严治党才有组织保证。① "以德治党"不仅要以社会道德和个人品格要求广大党员干部,而且要以社会主义政治道德和政治品格要求党员干部。"依法治党"要求党在宪法和法律的范围内,严格遵守党章党纲的前提下,运行国家权力,行使党的权力,党没有超越宪法和法律的特权。邓小平同志早在民主革命时期就明确指出:"党权高于一切"是麻痹党、腐化党、破坏党,使党脱离群众的最有效的办法。其危害性在于:一是使党脱离群众;二是党的各级指导机关日趋麻木,不细心地研究政策,忙于事务上干涉政权,放松了政治领导;三是党员"因党而骄",党员自高自大,自己可以不守法。②

第四,"治国必先治党,治党务必从严",目的在于保持党的先进性和提高党的执政能力,目标是执政兴国,实现国家治理的制度性、有效性与价值性的高度统一。党要管党,从严治党,是保持党的先进性和纯洁性,巩固党的执政地位的重要保证。党要深刻认识和吸取世界上一些长期执政的共产党丧失政权的教训,始终保持党的先进性,提高党的执政能力;丧失党的先进性质,脱离人民群众,违背人民的根本利益,而又治党不力、治国无能,最终必然会"亡党亡国"。因此,"治党"在国家治理的目标必须是实现国家治理的制度化、有效性与价值性的高度统一。

综上所述,当代中国国家治理理论的最新成就可以概括为以下几个方面:

第一,首次在国家治理方略的高度上,提出"依法治国"和"以德治

---

① 江泽民:《江泽民文选》(第2卷),人民出版社2006年版,第499页。

② 参见邓小平:《邓小平文选》(第1卷),人民出版社1993年版,第10—11页。

国"，并把"法治"与"德治"有机地结合起来。

治国是一个大战略问题。面对新世纪新形势新任务，江泽民在世纪之交的关键时刻，在强调依法治国的同时，又提出了依法治国与以德治国相结合的重要思想。如前文所引述的，"我们在建设有中国特色社会主义，发展社会主义市场经济的过程中，要坚持不懈地加强社会主义法制建设，依法治国，同时也要坚持不懈地加强社会主义道德建设，以德治国。对一个国家的治理来说，法治与德治，从来都是相辅相成、互相促进的"。江泽民在纪念建党 80 周年的重要讲话中再一次指出，"要把依法治国同以德治国结合起来，为社会保持良好秩序和风尚营造高尚的思想道德基础"。可见，以江泽民为代表的党的第三代中央领导集体关于依法治国与以德治国相结合的重要思想，是对治国方略全面性的思考中提出来的。这是对党执政以来治国经验的最新总结，是对党领导人民治理国家基本方略的完善和创新，是对建设有中国特色社会主义规律性认识的升华，也是对马克思主义国家治理理论的丰富和发展。

第二，把"德法兼治"作为当代中国社会的文明形态和价值生活来建设。

中国共产党人把"依法治国"与"以德治国"紧密结合起来，形成了有中国特色的社会主义国家治理模式。"德法兼治"思想的提出，其创新之处不仅仅在于充分发挥"德治"与"法治"及其相辅相成的国家治理的工具性、技术性作用，更在于把"德法兼治"当作当代中国的社会文明形态和价值生活来建设。这种"德法兼治"社会文明形态和价值生活不仅重视法律与道德在社会生活中的工具意义，更重视两者本身的目的意义，它以社会主义精神文明建设、公民道德建设为基础，以民族道德素养、全民法治意识的提高为前提。人民当家作主决定了中国社会主义国家的治理主体是广大人民群众，要使人民真正具有治国素质和治国能力，就必须以提高人民群众的法律素养和道德素质为基础。"德法兼治"既是社会主义精神文明的重要内容，也是社会主义政治文明的重要表现，是当代中国人民的一种价值生活。

第三，把政党的治理提到关系国家治理成败的高度，从而形成有中国特色的国家治理方略。

对政党本身的治理虽然还算不上一个国家层面上的治理方略，但由于当代中国政党政治的特色，对政党的治理却具有国家治理方略的地位和意义。正是因为把政党的治理提到关系到国家治理成败的高度上来对待，"依法治国"和"以德治国"的国家治理方略才具有现实性和有效性，两个治理方略才可能做到相辅相成，才可能在国家治理实践中真正把制度逻辑、效率逻辑和价值逻辑有机统一起来，从而构成中国特色的完整的国家治理模式。因此，这是马克思主义国家治理的理论和实践的必然，也是西方国家治理的理论和实践的逻辑。

第六章　管理、服务与新型国家安全观

——马克思主义国家职能理论的新发展

无产阶级国家的治理分析指的是无产阶级如何运用国家治权来维护自己的统治秩序,管理社会事务,以实现自己的政治目标和历史使命,要解决的主要是国家机器"如何干"的问题,揭示的是国家治权运作的内在逻辑。无产阶级国家的职能分析指的是无产阶级国家以承担怎样的职责和功能去实现其总任务、总目标,要解决的主要是国家机器"干什么"的问题,揭示的是国家职能的内在逻辑。所以,国家治理分析不能代替国家职能分析,反之亦然。

马克思主义国家职能理论是马克思主义国家理论中的重要组成部分,是马克思主义国家本质的重要表现,是反击各种非马克思主义国家观的重要理论武器。马克思主义认为,国家既是阶级矛盾不可调和的产物,也是社会分工的产物。前者指的是国家的本质,后者指的是国家的职能。国家的本质决定国家的职能;任何阶级性质的国家,都存在政治统治与社会管理两个基本的职能;阶级统治职能以执行社会管理职能为前提,社会管理职能归根到底服从于政治统治的职能,两者是辩证统一的关系;国家职能的变迁以社会物质生产及其利益关系为基础,国家职能的分化、整合、转型取决于具体国家的国情及其与世界交往状况。因此,社会主义国家既不能无视国内社会物质生产的发展,也不能无视世界物质生产的历史进程;既不能固守国家职能的政治统治性质,也不能因国家公共管理职能的扩展而忽视了政治统治。无产阶级国家只有尽量发展社会生产和积极参与世界交往,才能正确把握并充分发挥国家应有的职能。

当代中国正是在积极推进改革开放、努力发展社会生产的基础上,使社会主义国家职能在充满矛盾和风险的社会转型过程中,渐次展开战略上的调整,取得了巨大的成就。

一 马克思主义国家职能:理论与实践

(一)马克思主义国家职能的基本思想

在前面分析"三个代表"重要思想的国家治理内涵时,我们引述了恩格斯在《家庭、私有制和国家的起源》一书中关于国家本质的一段经典论述:"国家是表示:这个社会陷入了不可解决的自我矛盾,分裂为不可调和的对立面而又无力摆脱这些对立面。而为了这些对立面,这些经济互相冲突的阶级,不致在无谓的斗争中把自己和社会消灭,就需要一种表面上凌驾于社会之上的力量,这种力量应当缓和冲突,把冲突保持在秩序的范围之内;这种社会中产生但又居于社会之上并且日益同社会脱离的力量,就是国家。"恩格斯这段精彩的论述不仅揭示了国家的产生及其本质,它同样也揭示出了国家作为统治机器所必须承担的职能及其内在逻辑,至今依然闪烁着智慧的光芒:国家的职能取决于社会;国家的本质决定国家职能的性质、内容和实现方式;任何阶级性质的国家,都必然承担着阶级(政治)统治和社会(公共)管理两个方面的职责和功能;国家职能如何变动,该强化或弱化什么职能,全在于它所凌驾于其上的这个社会的发展水平和状况。

第一,国家的职能取决于社会。

马克思主义认为,国家是从社会中被"发明"出来的,它区别于氏族的地方除了按地区来划分它的国民外,就在于它设有公共权力,这种"与全体固定成员相脱离的特殊公共权力",[①]是国家存在的前提。这种"特殊公共权力"所承担的职责和功能的全部逻辑在于社会。

在国家出现之前的氏族社会,氏族的生产与消费、交往与秩序、纪律与约束等公共事务全靠风俗、习惯和传统的力量来维持,全靠氏族首领的

---

① 恩格斯:《家庭、私有制与国家的起源》,《马克思恩格斯选集》(第 4 卷),人民出版社1972 年版,第 91 页。

能力、威信来维持,没有专门从事管理的特殊等级,"丝毫没有今日这样臃肿复杂的管理机关,一切问题都由当事人自己解决,在大多数情况下,历来的习俗就把一切问题调整好了"。[①] 可见,原始的氏族社会不存在什么特殊公共权力。但氏族社会却存在公共权力萌芽的土壤,这就是社会的公共事务和公共利益。因为,社会的公共事务一旦形成了社会共同体的共同利益,就要求社会有一种力量来维持这种利益,保障这种利益,保障这种利益不被破坏。这种力量就是公共权力。在氏族社会中,这种力量已经萌芽。恩格斯指出:"在原始农业社会中,一开始就存在着一定的公共利益,维持这种利益的工作,虽然是在全社会的监督之下,却不能不由个别成员来担当:如解决争端;制止个人越权;监督用水,特别是在炎热的地方;最后,在非常原始的状态下执行宗教职能。这样的职位,在任何时候的原始公社中,例如在最古老的德意志的马尔克公社中,甚至在今天的印度,还可以看到。这些职位被赋予了某种全权,这就是国家权力的萌芽。"[②]显然,社会的公共利益决定了社会公共权力的形成,而公共权力所承担的使命和职能就是为了维护全社会共同体的公共利益。

然而,另一方面,随着原始氏族的社会分工和私有制的产生,在原始公共利益或共同利益的内部逐渐形成了一股强大的社会私人利益。这种私人利益是生产发展的产物,主要体现为个人利益或单个家庭利益。私人利益从一开始就与社会公共利益产生矛盾。这种矛盾起初只是所产生的个人利益与所有互相交往的人们的共同利益的矛盾,但是随着阶级和阶级差别的出现,所有互相交往的人们的共同利益日益为私人利益所遮蔽或吞噬,此时,随着某个阶级在经济上逐渐占据主导或统治地位,其私人利益也就日益被宣称为"公共利益"。为了维护这种公共利益以及公共利益所需要的社会的统一、稳定和秩序,社会就需要一种能够超越于并脱离社会私人利益的更为强大的力量,于是特殊公共权力,即国家就出现了。马克思、恩格斯指出:"正是由于私人利益和公共利益之间的这种矛盾,公共利益才以国家的姿态而采取一种和实际利益(不论是单个的还是共同的)脱离的独立形式,也就是说采取一种虚幻的共同体形式。"[③]这就

---

① 恩格斯:《家庭、私有制与国家的起源》,《马克思恩格斯选集》(第4卷),人民出版社1972年版,第92—93页。

② 恩格斯:《反杜林论》,《马克思恩格斯选集》(第3卷),人民出版社1972年版,第218页。

③ 马克思、恩格斯:《马克思恩格斯选集》(第1卷),人民出版社1972年,第38页。

是说,一方面,私人利益与公共利益的矛盾,实质上是从社会分裂出来的各个不可调和的阶级之间的矛盾与冲突的反映,私人利益所对抗的公共利益,实际上是经济上占主导地位的那个阶级的私人利益。另一方面,经济上居于主导地位或统治地位的那个阶级为了维护自身的利益,在把自己利益说成是"公共利益"的同时,设立起了"特殊公共权力"——成立专门进行管理的等级、制度、机关及其意识形态——来维护和实现这种"公共利益"。因此,这种"特殊公共权力"所承担的维护阶级的利益(政治统治利益)、维护"社会公共利益"的职责和功能也就成了国家的基本职能。

综上所述,国家是从社会分化出来的管理机构,国家的职责和功能是社会分工的产物。马克思、恩格斯都认为,原始社会一出现,就存在着一定的公共事务和公共利益,起初这些公共事务和公共利益是由社会所有成员来共同承担和共同维护的。但随着社会的发展,尤其是人类活动能力的提高和活动方式的复杂化,社会就需要把某些重要权力赋予个别有威信、有能力、道德高尚的共同体成员,执行维护社会共同体利益的社会职能。易言之,当社会需要赋予个别成员全权处理社会公共事务、维护社会公共利益时,从事单纯体力劳动的群众与从事管理事务的少数成员之间的分工就出现了。这种分工为国家职能的形成提供了可能。因为国家是专门从事统治和管理的机关。

第二,国家的本质决定国家职能的性质、内容和实现方式。

在马克思主义看来,国家的本质是统治阶级统治和压迫被统治阶级的暴力机器。这就意味着,任何国家都是一定统治阶级的国家,都是为统治阶级利益服务的国家。因此,国家的本质首先体现为国家的阶级属性,具体表现为:哪一个阶级在这个国家中所处的地位怎样;哪个阶级是这个国家统治阶级;这个国家采取何种形式进行统治;统治阶级如何实现这种统治,等等。所以,国家的阶级本质决定国家的职能,即决定了国家职能的性质、内容和实现方式。

国家的阶级本质决定了国家职能的性质。任何国家都是统治阶级的国家,统治阶级执行国家职能的根本的目的,是为了维护自身的统治利益。恩格斯曾经指出:资产者如不直接地、经常不断地控制本国的中央行政机关、对外政策和立法,就无法保障自己的利益。① 国家的阶级性质决定国家职能的性质。在剥削阶级占统治地位的社会,统治阶级执行国家

---

① 马克思、恩格斯:《马克思恩格斯全集》(第 4 卷),人民出版社 1958 年版,第 52 页。

职能所要达到的目标是控制和压迫广大劳动群众,维护和扩大自身的统治利益。但在剥削阶级作为阶级已经被消灭的无产阶级国家,无产阶级执行的国家职能所要达到的目标是维护广大劳动群众的利益,造福于整个社会和人类,镇压少数人对社会和人民利益的破坏。对于剥削阶级的国家职能的目标,列宁曾明确地指出:"旧的国家,即使是由资产阶级共和国最优秀最民主的分子建立起来的,永远不是也不可能是什么别的东西,而只能是资产阶级专政,是占有工厂、生产工具、土地、铁路的人的专政,总之,是拥有一切物质资料,一切劳动工具的人的专政,而劳动者因为没有这些东西则处于奴隶地位。"[1]而无产阶级专政的国家,"无产阶级专政就是对资产阶级对少数居民实行镇压,同时,它又充分发扬民主,也就是使全体居民群众真正平等地、真正普遍地参与一切国家事务,参加对消灭资本主义的一切复杂问题的处理"。[2]

国家的阶级本质还决定了国家职能的基本内容。任何阶级性质的国家都具备基本的国家职能,但国家基本职能的具体内容,不同阶级性质的国家是不同的。国家职能的具体内容是由统治阶级的性质和利益决定的,与国家的性质密切相关。在剥削阶级占统治地位的国家,阶级统治是少数人对多数人的统治,因此所有剥削阶级统治的国家的政治统治职能的内容是镇压和压迫广大劳动阶级的反抗,维护有产阶级的政治统治,维护剥削阶级的利益。在无产阶级专政的国家,无产阶级政治统治的职能是,镇压被推翻了的阶级,是对少数人的镇压,同时发展无产阶级民主,扩大人民群众参与国家和社会事务的范围。这两种性质的国家政治统治职能内容是有巨大差别的。

国家的阶级本质决定了国家职能的实现方式。剥削阶级占统治地位的国家以私有制为基础,国家职能是为这种私有制服务的。在这种情况之下,国家职能的实现方式、执行手段、具体策略、制度方式等,就不能不受制于这种私有制的要求,即受制于这种私有制中支配生产资料的那些有产者的要求。在资产阶级夺取了国家政权后,为适应资本的自由发展,资产阶级以放任自由、完全竞争的社会调控方式代替了封建社会的等级制的社会调控方式。到了帝国主义阶段,为了维护垄断资本的统治,资本主义又以国家对社会的全面控制和干预方式取代自由竞争时期的自由放

---

[1] 列宁:《列宁全集》(第 28 卷),人民出版社 1958 年版,第 397 页。
[2] 列宁:《列宁全集》(第 23 卷),人民出版社 1958 年版,第 14 页。

任方式。在这个过程中,每一次的变化、如何变化、是自由多一点还是国家干预多一点,完全取决于财产所有者的利益和要求。

第三,国家职能具有政治统治与社会管理的双重属性。

在国家职能属性上,一向有不同的看法。有人认为,国家本质上只是阶级专政的工具,是统治阶级镇压被统治阶级的机关,国家只有一种属性,就是阶级性。所以,剥削阶级的国家,只有两种基本职能:一是镇压被统治阶级的内部职能;二是侵略别国或保护本国不受侵略的外部职能。换句话说,国家职能无论是对内的还是对外的只有一种属性,即政治统治属性。有人则认为,国家本质上是社会公共利益的代表,是一种中性的社会设施,是一种管理社会公共事务的机关,因而国家对内对外的职能就是为社会公众履行公务。在马克思主义看来,上述看法都是片面的。马克思主义认为,国家无论是对内还是对外的职能都具有双重属性,即既具有政治统治的属性又具有社会管理的属性。

按照马克思主义的理解,国家是统治阶级的组织,是维护一个阶级对另一个阶级的统治机器。这决定政治统治职能是国家的根本性职能,它决定着国家所执行的社会职能的性质。恩格斯指出:"由于国家是从控制阶级对立的需要中产生的,同时又是在这些阶级冲突中产生的,所以,它照例是最强大的、经济上占统治地位的阶级的国家,这个阶级借助于国家而在政治上也成为占统治地位的阶级,因而获得了镇压和剥削被压迫阶级的新手段。"[①]"国家是文明社会的概括,它在一切典型的时期毫无例外地都是统治阶级的国家,并且在一切场合在本质上都是镇压被压迫被剥削阶级的机器。"[②]可见,国家的本质决定了政治统治职能是国家的根本性职能。易言之,国家首先是作为政治统治的工具或机器而存在的,然后才是作为执行社会管理职能的机构而存在,政治统治职能决定着国家执行社会管理职能的性质。在阶级社会里,国家所执行的社会管理职能,它所代表和维护的社会公共利益,实际上只不过是统治阶级的公共利益,它总是服从于、服务于维护经济上占统治地位的那个阶级的统治。正是从这个意义上,马克思、恩格斯认为,"现代国家的政权不过是管理整个资产

---

① 恩格斯:《家庭、私有制和国家的起源》,《马克思恩格斯选集》(第4卷),人民出版社1972年版,第168页。

② 恩格斯:《家庭、私有制和国家的起源》,《马克思恩格斯选集》(第4卷),人民出版社1972年版,第172页。

阶级的共同事务的委员会罢了"。①

在阶级社会里,国家在执行社会管理职能所依靠的或借助的,不再是社会风俗和习惯,而是作为国家的政治基础的公共权力。国家所代表和维护的公共利益是统治阶级的利益,在阶级对抗的社会状况下,这种利益实际上只是少数人的利益。因此,国家要履行社会管理职能,实现这种利益,就必须借助于国家权力。这就在一定程度上表明了,国家在执行其社会管理职能时,客观上与国家的政治统治有机地融合在一起了。马克思、恩格斯确实认为,国家作为一种执行社会管理职能的机构,其管理活动是由统治积极性质和任务所决定的。但是,这并不等于说,国家所执行的政治统治职能的活动是绝对的,完全可以撇开社会管理职能而独立地自足地存在。现实情况恰恰相反,历史事实已经充分证明:"政治统治到处都是以执行某种社会职能为基础,而且政治统治只有在它执行了它的这种职能时才能持续下去。"②这就是说,在国家活动中,政治统治与社会管理职能相辅相成的关系的另一方面是,政治统治的维持又必须以执行某种社会管理职能为基础。

马克思在分析古代印度社会时,就反复强调了"公共工程部门"的重要性。他指出,国家履行社会公共事务管理职能,对缓和社会矛盾,维持阶级统治,实现统治阶级利益具有重要意义。不列颠人在东印度的统治执行的是从他们祖先那里接受下来的财政、军事职能,却完全忽视了"公共工程部门",即完全忽视了"亚洲的一切政府都不能不执行一种经济职能,即举办公共工程的职能",③"因此,他们不能按照不列颠的自由竞争原则——听之任之原则——来发展的农业便衰落下来了"。④ 经常发生的饥荒,才使他们最后发现,"他们忽视了唯一能使他们在印度的统治至少同他们前人的统治具有同等法律效力的那种行动"。⑤ 恩格斯在《反杜林论》中得出结论认为,政治统治只有在它执行了它的这种社会职能时才能继续下去。

所以,国家的政治统治职能和社会管理职能并不是彼此独立而自足

---

① 马克思、恩格斯:《共产党宣言》,《马克思恩格斯选集》(第1卷),人民出版社1972年版,第253页。

② 恩格斯:《反杜林论》,《马克思恩格斯选集》(第3卷),人民出版社1972年版,第219页。

③ 马克思:《不列颠在印度》,《马克思恩格斯选集》(第2卷),人民出版社1972年版,第64页。

④ 马克思:《不列颠在印度》,《马克思恩格斯选集》(第2卷),人民出版社1972年版,第65页。

⑤ 恩格斯:《反杜林论》,《马克思恩格斯选集》(第3卷),人民出版社1972年版,第219页。

的,而是相辅相成的。这种相辅相成一方面是通过互相依靠和"借重"来实现的,另一方面则是通过职能融合或渗透的方式来实现的。易言之,在国家所执行的某些事务上融合或渗透着政治统治职能和社会管理职能。在国家被"发明"出来后,国家在执行协调社会阶级关系的政治统治职能时,必然要承担社会公共事务的管理,而且这种管理在分裂为阶级的社会中也必然具有很强的阶级性,甚至以阶级对抗和斗争的方式来管理。这一点,在前资本主义社会的国家是这样,在每一个国家政权的创始之初也是这样。另一方面,随着以现代生产和技术为基础的资本主义生产方式的出现,资本主义社会的正式代表——国家在承担对生产的领导的同时,深刻认识到大规模的交通机构,如邮政、电报和铁路方面转化成国家财产的必要性,认识到对这些大规模的社会公共事务的管理本身的政治统治的性质和意义。

国家职能被人为地划分成对内与对外两个部分,并不能掩盖国家职能质的统一性,即国家的对外职能同对内职能一样,既有社会性即社会管理性,又具有很强的阶级性即阶级统治性,是政治统治与社会管理两种属性的统一。不同阶级国家的对外职能的性质和内容是不同的。马克思主义认为,剥削阶级的本性决定了剥削阶级国家的对外职能具有侵略性和扩张性,这是与它们确立在私有制和阶级剥削基础上的内部职能所具有的压迫性和剥削性相对应的。历史的事实已经表明了这种对应性:剥削和压迫本身的经济动机决定了国内的阶级压迫和剥削,最终必将发展为对外的侵略和扩张;阶级压迫和剥削的政治动机决定了为巩固内部的阶级统治,必然会铤而走险,走向对外侵略和扩张。这是国家对外职能的阶级统治性的一面。另一方面,国家对外职能还具有明显的社会性,即国际层面上的社会交往、社会合作等,这可以称得上是国际层面上的社会管理。马克思很早就注意对早期资本主义国家对外关税制度的分析,虽然资本主义对外关税是基于国内资产阶级经济利益而建立起来的,但整个资本主义关税制度的形成,则是资产阶级国家彼此对话、合作与妥协的结果,体现的是整个资本主义国家对外竞争、合作管理国际社会事务。

第四,社会发展水平和状况决定国家的职能变迁。

如果说依靠社会风俗、习惯来执行维护社会公共利益的职能与原始落后的社会生产相适应的职能方式的话,那么依靠专门的管理等级和机关以及公共权力来协调和管理分裂为阶级的社会的职能,则是与私有制经济、商品交换和先进的生产技术工艺相适应的职能方式。当社会分裂为阶级后,这个社会的发展的水平和状况——无论是社会物质生产、社会关系交往,还是社会为国家所容纳的社会秩序的水平和状况都大大地超出了以往的社会,生产的发展、交流的扩大、财富的增大、人的认识视野和能力的增进,使社会公共事务比原始社会的公共事务,无论从形式到内容,都更加丰富更加复杂,从而促使国家职能扩大或强化。这从马克思所列举的古代亚洲社会生产和生活方式中可以清楚地看到。[①]

　　社会的发展是国家职能变化的根源。但具体到某个阶级社会的国家、某个阶级的国家、某个国家的某个历史时期,由于社会发展水平和状况不同,如社会阶级斗争状况不同,国家职能的政治统治与社会管理的侧重选择、政治统治职能所需要强化的程度和范围以及所能够采取的方式、社会管理职能所必须达到的范围和深度以及实现方式等等方面是不一样的。国家作为阶级统治的机器,它的核心任务是维护和实现阶级统治。但是国家为此而执行政治统治职能的强度、范围和手段的具体选择都必须以统治阶级政权的现实生存条件和状况为依据,如政权的巩固、社会经济发展条件、阶级斗争状况、社会秩序状况等,如果一味地强调阶级斗争、政治统治,甚至不顾国家的社会管理职能而盲目地把阶级斗争扩大化,那么政治统治将最终会丧失其社会基础。

　　国家职能变化的另一个方面是随着社会的发展,国家的社会管理职能将会不断扩大并得到强化,而国家的政治统治职能则会以更加隐蔽的方式渗透或融合到社会管理职能中去。在前资本主义社会的各阶级社会中,国家所承担的社会管理职能是比较有限的,这与这些社会的社会生产发展水平不高和生活方式简单密切相关。但到了近代,资本主义兴起后,随着大工业生产的发展,新兴城市的不断涌现,资本主义国家的社会管理职能的范围、方式,与前资本主义国家的社会管理相比,有了很大的发展。在考察 1848 年革命后的法国社会时,马克思看到在行政权力扩大的背景下,国家对社会管理扩大到了极端形式。"在这里,国家管制、控制、指挥、监视和监护着市民社会——从它那些重大的生活表现起,直到最微小的生活表现止,从它的最一般的生存形式起,直到个人的生活止"。[②] 这说

<hr />

　　① 马克思:《不列颠在印度》,《马克思恩格斯选集》(第 2 卷),人民出版社 1972 年版,第 64—65 页。

　　② 马克思:《路易·波拿巴的雾月十八日》,《马克思恩格斯选集》(第 1 卷),人民出版社 1972 年版,第 641 页。

明，只要符合资产阶级的利益，只要资产阶级需要，资本主义国家对社会的管理就可以延伸到社会生活的各个角落和各个层面。资本主义国家进入垄断资本主义阶段后，随着国有垄断资本和私人垄断资本的互相融合，国家在直接参与资本再生产过程的同时，还以立法、行政、政策等手段广泛干预和管理社会经济生活，国家的社会管理职能进一步地得到扩展和强化。

无产阶级国家同资产阶级国家以及其他一切国家一样，其国家职能也必然有一个不断调整、转型和变迁的过程，这个过程始于为自己争得民主权利的革命斗争。无产阶级专政的政治统治职能是通过打碎旧的国家机器，建立自己的专政工具，消灭私有制，确立生产资料公有制，消灭阶级和剥削，来建立维护自己的政治统治。为了实现政治统治，无产阶级确立并执行以社会主义公共利益为基础的社会管理职能。无产阶级国家是从资本主义国家向共产主义迈进的一个过渡阶段。所以，无产阶级专政的国家职能不是一成不变的，将随着这个过渡的具体进程而发生变化。这种变迁的基本趋势是：政治统治职能将随着社会的发展、阶级差别和阶级斗争范围的缩小而逐渐缩小其作用的范围，而社会管理职能则日益深入到社会生活越来越多的领域。

(二)社会主义国家职能的实践探索及其经验教训

在十月革命前，列宁就曾经在《国家与革命》、《大难临头，出路何在?》、《布尔什维克能保持国家政权吗?》等著作中阐发了对新政权职能的看法。他认为，工人阶级应该打碎和摧毁旧的现成的国家机器，在从资本主义到共产主义的过渡时期的政治形式的本质只能是无产阶级专政，无产阶级的国家是对资产阶级进行镇压的特别力量，革命政府应该是同时监管立法和行政的工作机构；他还认为，新政权在经济方面，应把没收来的地主的土地国有化，然后，按劳动或消费定额在劳动者中进行分配，把资本家的最大的垄断组织收归国有，取消商业秘密，强迫工业家、商人以及一般企业主合并为各种联合组织，实行普遍义务劳动等。

十月革命胜利后，新生的苏维埃政权面临严峻的挑战，国内战争和国际帝国主义国家的武装干涉的双重考验，促使苏维埃必须充分发挥国家的政治统治职能，镇压反革命的颠覆和叛乱，国家的一切社会职能只能服从于、服务于国家的政治统治职能。

在政治职能方面，革命胜利后迅速成立临时工农政府即人民委员会、全俄苏维埃代表大会及中央执行委员会,选举产生新的法院,建立全俄肃反委员会,建立红军和红海军等。1918年,国内战争爆发,苏维埃国家的体制也随之发生了重大变化,宣布苏维埃共和国为统一的军营,成立了以列宁为首的工农国防委员会。该委员会由全俄中央执行委员会、革命军事委员会、交通人民委员部和食品人民委员会的代表,以及红军特别公营委员会主席组成。该委员会拥有动员全国人力和物力的权力。苏联成立后,1924年通过的《苏联宪法》规定,一切外交事务,军事,对外贸易,铁路和邮电各项事务都归苏联管辖。此外,属于苏联管辖的还有,制定加盟共和国的政治和经济生活的指导原则,领导财政、粮食、监察等部门的工作,规定法院组织、诉讼程序以及联盟的民事和刑事立法的原则,解决加盟共和国之间的纠纷等。在这种军事化国家职能体制下,作为执政党的俄共(布)普遍存在的是以党代政、党政不分,党内缺乏必要的民主生活和民主程序。

在社会经济职能方面,新政权颁布了《土地法令》,没收了地主的土地,并在农民中按劳动和消费定额平均分配,剥夺了富农多余的土地,均分给农民;经济领域实行了工人监督生产,普遍建立工人监督委员会,以群众性的权威组织的方式,向资产阶级夺取经济权力,确立国家在经济生活中的主导地位。为了领导、统一和协调全国的经济生活,1917年成立了经济行政领导机构——最高国民经济委员会。之后,最高经济委员会下设了地方各级委员会,从而形成了苏维埃领导国家经济生活的行政体系。与此同时,苏维埃政权迅速地把银行、交通、外贸以及垄断程度最高的工业企业如采煤、石油、制糖等收归国有。由于战争的发展,苏维埃俄国面临巨大的困难,粮食紧缺,燃料和原材料奇缺,军工生产任务剧增,生产工人大量减少。在这种情况下,苏维埃国家的经济职能又发生了重大变化,实行新的余粮征集制,加速实行国有化的进程。直至1920年底,把一切工业企业都收归国有。在管理体制上,在最高国民经济委员会内设置了52个总局,对企业进行直接的总体性的领导。1918年末,实行普遍的劳动义务制和劳动军事化。在分配领域,实行了经济关系实物化,禁止自由贸易,实行平均主义分配等。

这样就逐渐形成了战时共产主义国家职能体制。战时共产主义体制保证了国家最大限度地动员和集中全国的资源,有计划地利用了资源,以维持战争时期的经济需要,为前线服务,战胜国内外的敌人。1920年,曾经试图把这种战时共产主义职能体制延伸为和平经济建设的职能体制。

但是,在实践中却遇到了很大的危机,不仅是经济方面的危机,而且导致了政治上的危机。这迫使以列宁为首的俄共(布)对战时共产主义国家职能进行调整。

实现新经济政策使战时国家职能出现的新的变化。开始探索从当时苏联经济的实际状况出发,按照经济规律本身的要求来发挥国家管理经济生活的作用。改余粮征集制为实行粮食税,允许多种经济成分和经济形式存在,改革工业经济管理的总管理局体制,扩大地方和企业权力,对大企业实行托拉斯和辛迪加化,改革平均主义色彩的分配制度,实行等级制工资制度,重建国家银行和货币体系,稳定币值,国家开始编制经济计划工作,等等。这些新经济政策大大恢复和强化了国家的社会经济职能,对发展生产,提高人民生活水平起到了重要的作用。

然而,苏联的国家职能还没有真正实现有效调整,1925 年,苏联的国际国内形势又经历了另一场巨大考验。在国际方面,国际形势的紧张,国际反法西斯战争爆发;在国内方面,党内矛盾激化,各种政治斗争潜流暗涌。在这种历史条件下,苏联在 20 年代末,终止了新经济政策,开始向高度集中的经济体制变化,到 30 年代中后期,最终形成了高度集中的国家职能体制。

在社会经济职能方面,国家的经济职能就是直接组织和领导经济。国家的经济职能涉及经济生活的所有方面,而国家经济职能发生的方式,则是直接地用高度集中的计划方式。指令性的计划体制,单一的所有制体制,带有平均主义色彩的分配体制,统收统支的财政体制,供给式的物资供应体制,国家严密控制的农业体制,国家集中管理的价格体制,国家垄断的外贸体制等,这就构成了当时的计划经济的体制。这种体制在当时的历史条件下,带有历史的必然性,也起到了重要的历史作用,充分利用了人力、物力、财力,有效地克服了分散主义、地方主义和无政府主义,为开发自然资源,实现重工业高速发展的目标创造了条件,苏维埃国家出现了经济持续高速增长的局面。

与社会经济职能的高度集中相适应,国家的政治职能也高度集中起来。尽管斯大林在发展社会主义民主法制、处理党和国家的关系等方面都有过许多精辟的论述,但是由于国际国内环境的影响,由于对国内阶级斗争形势的错误判断,以及个人崇拜等原因,在政治实践上,出现了党政不分,以党代政,权力高度集中的现象。斯大林逐渐兼任了党政军的最高职务,从上到下,各级权力越来越集中到党委,党委的权力越来越集中到几个书记甚至第一书记手中。过度强化国家的镇压职能,导致国家专政职能的滥用,国家安全机关的权力不受法律约束,也不受党政军约束,完全变成了脱离党和国家领导集体的监督和人民制约的特殊权力力量,给国家和人民群众造成重大损失和伤害。另一方面,不重视发展民主,不重视对人民的权利的维护和保障。1936年的新宪法,规定公民享有广泛的权利,还规定了公民有义务遵纪守法、尊重公共生活的准则,爱护社会主义财产、服兵役等义务。但是,立法的重点在于保卫革命的成果和社会主义的公有财产,对于维护和保障公民民主权利和合法利益的立法不够。

虽然,这种高度集中的国家职能体制的出现,有其历史的必然性,并起到了巨大的进步的历史作用,但它的弊端日益严重地表现出来了。在政治上,权力过分集中,民主太少,领导干部容易脱离群众;在一定的历史条件下,很难避免个人专断的产生,甚至会产生破坏法制和个人崇拜现象。在经济上,这种权力过分集中体制下的国家职能,不能适应经济规律的需要,经济效益差;同时,又必然造成政府机构臃肿庞大,经济民主化的水平不高,这就为官僚主义的产生提供了条件。而官僚主义等弊端反过来又加剧了这种体制同经济规律相背离的程度。逐渐地,这种体制及其职能就成为阻碍生产力发展的障碍了。在文化方面,主要问题在于,没有按照文化的规律去开展工作,摆错了权力和科学的关系,人们热衷于注解领袖的讲话、指示和国家的文件,不去进行理论的分析和规律的研究。特别是,由于严重的阶级斗争扩大化,把知识分子中的认识分歧当作是阶级斗争,扼杀了学术民主,许多学者被当成人民的敌人遭到镇压和打击。

这种权力过分集中的国家职能制度,必须进行改革,赫鲁晓夫时期的苏联已经认识到了这一点。在政治体制方面,批判了斯大林严重破坏法制的错误,实行集体领导,改变了国家安全机关凌驾于党和政府之上的不正常局面,平反了大量的冤假错案,健全了法制,提高了社会团体的地位和作用,建立了干部更新制度等,这使国家政治职能得以恢复正常。在经济体制上,提出了物质利益原则,开始改变过度集中的计划管理体制。然而,由于过高估计了社会主义发展水平,急于向共产主义过渡,对苏联国情和社会主义发展阶段和建设规律的肤浅认识,对斯大林教训总结不够深刻,最后,高度集中的国家职能体制还是没有从根本上得到有效改善。在政治体制上,集体领导的原则又重新让位于赫鲁晓夫的个人独断专行和个人崇拜;在经济方面,从部门的本位主义,变成了严重的地方本位主义,国家管理机构变得膨胀起来。勃列日涅夫时期,在经济体制、政治体制、干部制度和苏维埃制度、法律制度、文化制度等各方面进行了全方位的改革，但这些改革并没有收到实际的效果，多是流于形式，没有真正触动旧的过分集中的经济政治体制，尤其是干部领导体制。再加上改革的领导阶层思想上脱离实际，精神上故步自封，理论上老套守旧，勃列日涅夫的改革还是没有任何起色。

1985 年，戈尔巴乔夫担任苏共领导人。面对当时苏联经济停滞的困难和社会上出现的各种矛盾和问题，他开始推行新的改革。戈尔巴乔夫提出要全面改革所有制关系，取消起主导作用的社会主义公有制，实行生产资料的"非国有化和私有化"；放弃国家直接参与经济活动，实行完全的市场经济，开展各种所有制不受限制的自由竞争。在政治方面，逐步放弃了共产党的领导地位，允许实行多党制，并且实行了总统制和三权分立的政制构架。在思想理论方面，提出"公开性"、"民主化"和"意识形态多元化"，导致政治多元化和实行多党制的思想理论基础。1988 年，苏共十九大决定转向政治体制改革，推行"人道的、民主的社会主义"的纲领目标。1990 年，提出"人道的、民主的社会主义"是苏共的指导思想和行动纲领，彻底放弃了马列主义的指导地位。至此，苏联的改革急转直下，最终在 1991 年导致苏联命归黄泉。

苏联社会主义国家的职能实践及其演变的历史，教训极为深刻。

第一，国家职能及其调整取决于国家权力所代表的那个"公共利益"，即在经济上和政治上占统治地位的那个阶级的利益以及这个利益与社会经济发展之间的关系。恩格斯指出，国家权力对经济发展的反作用，决定整个社会生活及其发展。国家职能的调整意味着国家权力发生的作用的重点和方向的变化，意味着对社会利益结构和社会生活的全面影响。因此，国家职能何如调整？一个根本的逻辑和规律就是确保这个国家所维护的"公共利益"。这个"公共利益"首先是这个国家的统治阶级的利益，然后才是这个国家所要维护和代表的社会普遍利益。如果国家职能的发挥不是维护反而是伤害到阶级自身的利益，伤害到民众的利益，那么这种国家职能体制下的国家权力必将导致自身经济的崩溃和政治权力的瓦解。苏联的高度集中的国家职能体制，导致一党高度集权、领袖个人高度集权直至个人专权，当国家权力——尤其是最高权力不受任何监督和制约时，那么民主选举、民主监督也必然流于形式，甚至连形式都不存在。此时的社会主义就从根本上无法真正体现国家政权的无产阶级性质，无法体现和保证作为统治阶级的广大人民群众的利益。其严重后果就是：

领导集团、执政阶层成了从经济地位、生活方式、世界观和价值观等方面都同广大民众格格不入的官僚特权阶层。于是到了后来，大部分民众理所当然地认为这个国家（政权）并不像所说的代表无产阶级和广大人民的利益，而只是代表了官僚阶层的利益。

第二，国家职能的调整必须依赖并通过自身的一整套统治机制来实现。国家的统治机制是国家的全部生命，如果国家的改革以损毁国家统治机制为代价，那么改革只会导致国家（既定阶级政权）的毁灭。国家职能调整就是既定阶级性质的国家权力作用内容和方式的变动，而不是国家权力性质的改变。因此，国家职能的调整需要一整套统治机制，来确保权力的阶级性质和权力运行的合法有效。一是法律。法律是掌握国家权力的统治阶级意志的体现，而这种意志的内容是由这个阶级的物质生活条件决定的。统治阶级的社会物质生活发生了变化，必然要求国家权力改变和调整其内容与方式，以维护自身的阶级利益。而只有以法律的形式来反映和表达其阶级利益，这种阶级利益才具有合法性，这种阶级利益才可能上升为社会公共利益，并取得普遍的效力。因此，国家职能调整是一个法治化过程，绝不允许个人独断专行。二是民主制度。这里的民主制度指的是国家政策层面上的具体的规范和准则，涉及政治、经济、文化、社会等方面。制度是国家职能得以发挥的载体和途径。国家职能通过一系列的具体的制度或体制对社会和经济生活所产生的影响是十分直接和有效的。国家职能的发挥没有制度不行，制度不民主、缺乏监督更不行，制度或体制僵化，体制不适应社会发展的要求，国家的职能也是无法发挥作用的。三是意识形态。国家是"第一个支配人的意识形态"的力量。[①]国家权力是统治阶级的权力，国家权力不能不受国家意识形态的约束，因此国家职能调整也不能不坚持这个国家意识形态。当戈尔巴乔夫在经济体制改革受挫后，也确实主要是抓住了政体改革的思想理论的"创新"，但他提出和实行错误的指导思想和方针，却从根本上放弃了无产阶级专政，放弃了社会主义、马克思主义，放弃了党的领导。四是国家机器。国家机器是"国家权力的主要强力工具"。[②]通过一套强有力的工具，国家权力不仅为社会建立了一种"秩序"，而且也使统治阶级的统治能够合法化、稳

---

① 马克思：《路德维希·费尔巴哈与德国古典哲学的终结》，《马克思恩格斯选集》（第4卷），人民出版社1972年版，第249页。

② 列宁：《国家与革命》，《列宁选集》（第3卷），人民出版社1972年版，第178页。

固化,使阶级矛盾冲突得以缓和。因此,国家职能调整必须合理正确地发挥国家机器的作用。在这方面,苏联的教训是:不能把国家的政治职能粗暴地归结为"镇压"而滥用了国家机器,也不能为了达到所谓"人道的、民主的"改革目标而疏忽了对国家机器的掌控,更不能把国家的对外职能简单地归结为"侵略与反侵略"而采取攻击性的国家对外职能方式。

第三,国家职能的调整必须以创新党的理论和健全党的领导为政治前提。列宁一再强调,只有无产阶级政党的领导才能把社会主义工人运动提高到科学社会主义的水平。无产阶级政党正是靠不断提高自己的思想性、组织性和纪律性,靠不断发展党的民主制度,靠不断创新自己的理论,并形成党的纲领、路线和策略,来保证工人运动水平的;只有健全党的领导,创新党的理论,制定正确的党的策略,党才能成为政治上独立的、强大有力的革命领导者,引导革命取得胜利。国家职能的任何调整和变化不仅关系着人民群众的根本利益,而且还关系着党的生死存亡。因此,国家职能的调整必须创新党的理论,坚持和健全党的领导。苏联的经验告诉我们,改革要在执政的共产党的领导下,有计划、有步骤地进行;改革必须坚持并不断创新党的理论,用先进的理论来武装全党,党的理论陈旧,思想就会枯竭,改革和发展就没有方向、动力和活力;改革必须加强党的自身建设,提高党的执政能力。

二 全球化中的国家职能:分化、整合与现代性变革

(一)资本主义国家职能的现代变革:分化与整合

自第二次世界大战以来,西方资本主义国家机构的膨胀和职能的扩大已经成为全球范围内政治生活中的一种普遍趋势。人们在政治、经济、文化和社会生活的各个领域里,到处都可以看到国家的身影,国家作用的日益增大已经是我们可以经验到的客观现实。英国政治学家理查德·罗斯(Richard Rose)在其 1984 年出版的著作中指出:"在 20 世纪的发展进程中,政府的活动在规模、范围和形式上都有所扩大。政府已经远远超出了守夜人国家(the Nightwatchman State)的最小概念界定,成为混合经

济的福利国家的核心机构。"①的确,当今的国家已不仅仅是 19 世纪古典自由主义所推崇的"守夜人"的默默无闻角色,而是逐渐以总资本家的身份参与和指挥从政治、经济、文化意识形态到社会经济生活的各个领域。

如今,全球化正进一步强化这种发展趋势。尽管有许多观点宣称,全球化正在销蚀国家和政府的作用,民族—国家的权威和影响力将不可避免地走向衰弱,但全球化自身的任何功能是永远也代替不了英国学者苏珊·斯特兰奇所质疑的国家在"防务、金融和提供福利"上的职能,而这些问题恰恰是要通过强化国家的职能和国家间的协作才能解决。全球化中所冉冉升起的新星(跨国公司、特殊利益集团、政府间组织、非政府间组织、市民社会)的作用也只是在追求全球民主、全球市场抑或是国家利益的努力中,在某种程度上、某种范围内改变国家职能的发挥方式,而国家职能及其任何变革归根到底是受国家利益,确切地说是受统治阶级的利益以及统治阶级所宣称的公共利益的制约。

二战后,尤其是全球化浪潮在 20 世纪末狂飙突进中,资本主义国家职能发生了重大变革。

第一,国家的社会管理职能不断扩大,在行政、经济、社会、文化等领域国家的职责和功能日益突出,但国家权力的作用不再是包揽一切、统管一切,而主要是管它该管、应管的事务。"19 世纪(实际上是 1929 年以前),很少有人相信,政府应该或能够管理经济,更不用说政府应该或能够控制衰退与萧条了。大多数经济学家相信,市场经济是'自我调节'的;甚至社会主义者也相信,一旦私有财产废除,经济将自我调节。"②但随着经济、政治和意识形态的变化,特别是产业革命、科技革命和资本集中的发展,没有国家的介入,就难以保持经济社会的平衡发展。客观现实促使国家从经济和社会发展的"外部保证人"变成了直接的参与者和内部担保人。

当今西方资本主义国家的社会管理职能空前发达,但这种管理职能虽然作用到了社会生活的各个领域,但并不是包管一切、统揽一切的全职保姆式的职能形式,而是通过建立一整套的国家宏观管理手段和措施,围绕国家职能的战略目标和政策任务而展开的。今天的资本主义国家职

---

① 理查德·罗斯:《理解大政府》(Understanding Big Government),塞奇出版社 1984 年版,第 1 页。

② 彼得·德鲁克:《后资本主义社会》,上海译文出版社 1998 年版,第 65 页。

能,同 19 世纪末 20 世纪初相比,已经直接进入了社会生活尤其是社会经济活动内部,已经形成了比较成熟的宏观管理手段策略和政策目标:物价稳定,充分就业,经济稳定增长,国际收支平衡,等等。具体说来,通过国有经济成分对整个国民经济进行调节;运用财政手段进行调节,诸如国家投资、政府消费、转移支付、财政补贴、税收政策等;运用金融手段进行调节,诸如变更贴现率,调整法定存款准备金限额,公开市场活动等;还有收入政策手段,对工资和物价进行调节;计划化手段,诸如,经济预测、综合平衡、制定经济政策;还有行政和法律手段等。资本主义国家的社会经济职能的发展,是当代资本主义国家职能变革的最重要的特点。

西方资本主义国家职能的这种既有分化又有整合的变化,是有其深刻的社会历史根源的,是资本主义社会化大生产不断发展的客观结果。在自由资本主义时期,社会经济的运转只是通过竞争,通过资本家对平均利润的追逐以及资本的自由转移而得到大致的协调。当社会化生产发展到垄断而垄断又日益破坏着依靠市场自发力量来调节社会再生产的条件时,客观上就要求有一个凌驾于各垄断集团之上的机构,来执行组织和协调社会经济的职能。这个职能便历史地落到了资本主义国家的身上。战后科技革命的兴起加深了生产社会化的程度,从而加剧了生产的社会化与资本主义私人占有之间的矛盾。资本主义国家除了从政治上、军事上发挥其保护社会的"共同利益"的职能外,还不得不直接或间接地加强对社会经济的干预和调节,以确保资本主义的"秩序"正常供给。虽然,20世纪 60 年代末 70 年代初,席卷资本主义世界的"石油危机"以及经济停滞、高失业、高通货膨胀,在一定程度上导致了"国家的失败",国家的作用受到质疑,但是,凯恩斯主义的国家职能观并未终结,新自由主义也依然强调了"国家"的作用,国家也并没有放弃财政和货币政策。20 世纪最后的 10 年,随着全球化的狂飙突进,生产的社会化以新的样态出现,西方主要的资本主义国家,不但没有减弱国家的作用,反而加强对社会管理和经济发展的职能,并且动用了国家权威来迎接全球化的挑战,国家对世界经济的干预与日俱增。

第二,资本主义国家的政治统治职能发生了重大变化,资本主义国家机器空前强大,通过超阶级性的民主、自由等价值的文化宣传,从意识形态上淡化阶级统治职能,通过成熟、健全的法制和国家权力运行机制,把国家的政治统治职能渗透、融合到强大的社会管理和社会保障职能之中。换句话说,通过执行强大的社会管理职能达到传统的政治统治职能的目的,而国家却从一些传统的政治统治职能事务中抽出身来,进入国家统治安全的新领域。

20世纪六七十年代的人权运动、争取社会公正运动和女权运动,以及种族歧视、社会差距、吏治腐败等,表明随着生产的发展,科技的进步,生产的社会化与资本主义私人占有之间的矛盾进一步加剧,资本主义的"秩序"和生存本身受到了严重的威胁。资产阶级的统治者深刻认识到,这个新的威胁,主要不是传统的政治或军事的威胁,不是外敌的入侵和内部暴动,而基本上是社会经济上的,即生产过程不能正常进行,经济危机频繁爆发,从而引起的社会动荡和政治不安定。这种新的威胁,如今已经转向依靠强化国家的社会管理职能,强化国家对社会经济的干预,强化国家对社会的公共利益和公民福利的职责,来从根本上加以解决;而且事实上,西方主要资本主义国家正是通过这样的方式缓和了它的基本矛盾,也达到了维持资本主义现有政治统治秩序的目的。

由此,资本主义国家用先进的现代装备升级了军队、警察、法庭和监狱的政治统治能力,实际上是隐蔽了或在隐蔽中强化了其政治统治职能。与此同时,强化国家的社会经济职能和社会保障职能,提出要建立政府与市场之间的新的"伙伴"关系、新的"契约"关系,注重对市场机制的利用,又不削弱国家的作用,把社区建设放到重要的地位。英国前首相布莱尔认为,"社区"这个概念"表达了互相的权利和义务,它从个人出发,而又将个人置于广大的社会之中,因此它比狭隘的自私自利崇高得多"。[①] 对此,克林顿强调,"从美国历史中可以得出的经验是,美好的生活并不仅仅指个人自由和物质财富,它还需要培养社区关系及关心公共事务";人民为了保持自由,"必须在私利和公益、自己的福利与整个社区乃至民族的普遍福利之间保持平衡"。[②] 这样,当代西方资本主义国家的社会管理职能在很大程度上实现了国家的政治统治目标。

第三,资本主义国家的对外职能逐渐加强,围绕着国家利益的职能活动从一维向多维拓展,以应对全球化对资本主义国家的挑战。20世纪初,随着资本主义世界竞争的发展,资本的空前集中,出现了大规模的垄断组织,并且出现了资本的输出,资本主义国家之间的竞争和殖民争夺空

---

① 托尼·布莱尔:《新英国》,世界知识出版社1998年版,第255页。

② 比尔·克林顿:《希望与历史之间——迎接21世纪对美国的挑战》,海南出版社1997年版,第82、83页。

前激烈,这就使得资本主义国家的对外职能空前地强大起来,并集中在对外军事职能上。殖民争夺的空前激烈,最终导致了两次世界大战的爆发。第二次世界大战后,随着社会主义和资本主义两大阵营的形成,为了对抗社会主义,实现其争霸世界的战略目标,以美国为首的西方国家的对外职能不仅集中在军事政治领域,而且还表现在意识形态领域。在军事上,西方国家大量增加军费开支,发展核武器,把最新的科技成果用于发展各种先进武器。在意识形态领域,西方国家开展了对社会主义国家的攻击与和平演变。20 世纪 80 年代末 90 年代初,"苏东剧变"后,世界格局发生了重大变化,美国成了世界上唯一的超级大国,在国际事务中大力推行单边主义,与一些西方国家一道,利用人权等问题到处干涉别国内政,推行霸权主义,力图进一步巩固在世界上的领导地位,力图把整个世界都纳入西方资本主义体系。为此,西方国家加强了对非西方国家的控制和干涉力度。

另一方面,西方国家在极力主张和推行资本主义的全球化模式的同时,为了维护资本主义国家的利益,积极推进国家职能的全球化调整,国家对外职能活动不仅仅局限于传统的政治、军事、意识形态等具有直接政治统治意义的领域,已经拓展到金融、贸易、科技、文化、教育、劳务以及反恐、禁毒、国际犯罪、信息安全等领域,而且资本主义国家尤其倚重跨国公司、有利的国际政治经济秩序、国家综合实力,加强对世界的影响,以追求和维护国家利益。例如,西方国家通过政策规制来影响和支持跨国公司,以增加国家财政收入,用以增强将公共资源用于其他用途的能力;并且,战后的全球资本主义经济依赖这种支持——跨国公司以国家实力为后盾,在世界各地广泛开展业务,时刻在政治利益上保持与国家利益的一致。如今,全球化进一步强化了西方国家民众要求国家承担干预国际市场的责任的意识,通过谈判桌上的讨价还价、国家或地区贸易壁垒的设置、国际金融的渗透、全球性公共事务的参与,最大限度地维护本国利益。

总之,回顾资本主义战后几十年的发展历程,我们不得不承认,在当代发达资本主义社会,国家的职能已经远远超出了单纯"阶级镇压的工具"与"社会公共管理"的划分,传统的政治统治的职能被分化了,被隐蔽了,被隐蔽到日益强大而庞杂的资本主义社会经济生活的方方面面的职能之中,而社会经济生活的各种职能的充分发挥又达到了政治职能所要实现的功效。这恰恰实践了马克思主义关于"政治统治到处都是以执行某种社会职能为基础"的原则。也正因如此,如今,资本主义国家真的变成了像霍布斯所描述的那个巨大的猛兽一样凶猛、可怕,依然展示出顽强的生命力。资本主义国家的顽强生命力正是它自身应付经济危机和调节社会冲突所进行的资本主义生产方式范围内的国家职能结构性变革和策略整合的结果。这种职能变革的特点,如法兰克福学派所指称的,是国家职能的"一体化"变革,即社会的政治、经济和文化各个系统之间的互相融合和互相依赖的综合性变革。

(二)中国社会主义国家职能的演变

1949 年 9 月 21 日,中国人民政治协商会议通过的《中国人民政治协商会议共同纲领》。《纲领》对新中国的国家性质和国家政权组织形式和国家基本职能作出了明确的规定。《纲领》指出,新中国的经济建设方针是以公私兼顾、劳资两利、城乡互助、内外交流的政策,达到发展经济、繁荣经济的目的;国家应调剂国营经济、个体经济、私人资本主义经济等,使各种经济成分在国营经济的领导下,分工合作,各得其所,以促进整个社会经济的发展。新中国的外交原则是保障国际的持久和平和各国人民间的友好合作,反对帝国主义的侵略政策和战争政策。可见,《纲领》所确立的国家职能是革命的、向社会主义过渡性质的职能。

在政治统治职能方面,国家不仅要肃清国民党残余军队和盘踞地方的土匪,彻底解放除台湾之外的全中国,清除国营工矿交通企业的反革命分子和封建残余势力,镇压反革命,而且还要进行多方面的民主改革,建立工厂管理委员会和职工代表会议。在党政机关开展反对贪污、反对浪费、反对官僚主义的"三反运动",在私营工商业者中开展反对行贿、反对偷税漏税、反对偷工减料、反对欺骗国家财产、反对盗窃国家经济情报的"五反运动"。在经济管理职能方面,运用政权的力量恢复生产,重建国民经济。一方面,进行土改,从减轻赋税、发放农贷,疏导供销、推广技术、奖励丰产、动员兴修水利等方面促进农业的恢复和发展。另一方面,恢复和发展交通、铁路、邮政事业,新建一批骨干企业,基本形成了新中国的工业体系。随着社会的发展,党把对国民经济实行社会主义改造的任务提上了议事日程,1953 年提出了党在从新民主主义向社会主义过渡时期的总路线,国家开展对农业、对手工业和资本主义工商业的社会主义改造。在对外职能方面,进行抗美援朝战争,并取得的伟大胜利;开展了卓有成效的外交工作,参加了 1954 年在日内瓦召开的关于朝鲜问题和印度支那问题的会议;发展同邻近的民族独立国家的友好关系,首次提出了和平共处五项原则的外交思想。

1954 年 9 月,我国制定了第一部中华人民共和国宪法。这个宪法对国家职能作出了明确的规定,并确立了国家职能活动的两大原则:人民民主的原则和社会主义的原则,标志着中国社会主义国家职能的最终确立。

随着社会经济文化的发展和社会主义制度的全面巩固,我国的基本矛盾也发生了根本的变化,国家职能的内容和活动方式也到了需要进行调整的时候了。在经济职能方面,1956 年 9 月,中共八大正确地分析了国内形势和国内主要矛盾的变化,认为"我们国内的主要矛盾,已经是人民对于建立先进的工业国的要求同落后的农业国的现实之间的矛盾,已经是人民对于经济文化迅速发展的需要同当前的经济文化不能满足人民需要的状况之间的矛盾。这一矛盾的实质,在我国社会主义制度已经建立的情况下,也就是先进的社会主义制度同落后的社会生产力之间的矛盾。党和全国人民当前的主要任务,就是要集中力量来解决这个矛盾,把我国尽快地从落后的农业国变为先进的工业国"。这就为国家职能调整到组织领导社会主义经济建设上来奠定了理论基础。在政治职能方面,中共八大要求继续加强人民民主专政,进一步扩大国家的民主生活,开展反对官僚主义的斗争,加强国内各民族的团结,继续巩固人民民主统一战线;逐步制定完备的法律,建立健全的法制。八大不久,毛泽东提出把正确处理人民内部矛盾作为国家政治生活的主题的光辉论断,为国家政治职能的发展提供了理论基础。

但是,由于党对社会主义建设规律和国家职能的认识还不深入,缺乏执政经验,仍然习惯于以阶级斗争方式来认识和应对国家生活中的复杂问题。所以,当国内的政治情况发生变化时,党坚持正确方针的坚定性发生了动摇。在国家职能问题上,出现了比较严重的反复和失误。

在政治职能上,对整风中出现的右派进攻作了过分严重的估计,反右斗争被严重地扩大化了。更为严重的是,党改变了对社会主要矛盾的判断。毛泽东在八届三中全会上认为,无产阶级和资产阶级、社会主义和资本主义的矛盾仍然是社会主义的主要矛盾。思想理论上的这个重大转变,对于国家职能的变化产生了决定性影响。在经济职能上,把国家对经济生活的能动作用夸大到了脱离实际的境地,提出了"大跃进"的口号,并且提出十五年之内在钢的产量方面,超过英国。1958 年八大二次会议提出了"多快好省地建设社会主义"的总路线。在确定第二个五年计划的指标时,提出了不切实际的高指标。在经济体制方面,人民公社一哄而起,全国在一个多月内实现了公社化。有些地方甚至提出了要在两三年之内过渡到共产主义的口号。

到20世纪50年代末,国家职能及其活动已经背离了经济发展的客观事实和社会发展的一般规律,导致国民经济比例结构严重失调,出现了巨大的财政赤字和市场紧张,农业遭到了很大破坏。面对严重的自然灾害和社会危局,60年代初,党对国家职能进行了重大调整。经济上,实行了调整、巩固、充实、提高的方针,国家的经济生活逐步趋于正常;政治上,对反右倾中受到冲击的一部分人,进行了平反,给反右斗争中被划为右派的大部分人摘去了帽子;文化上,通过了"高教六十条""文艺十条"等,使得国家的文化职能趋于正常。然而,1962年以后,在政治上的"左"的错误又发展了起来。夸大"两个阶级"、"两条道路"之间的斗争,把阶级斗争当成国家的政治和文化职能的主要内容,使国家的职能逐渐偏离了正确的轨道,并在1966年到1976年间发生了严重的扭曲。

在政治职能方面,国家的政治体制陷于瘫痪、半瘫痪状态。各级党政领导机关和群众团体都受到了冲击,党和政府的各级机构、各级人民代表大会和政协组织,长期处于不正常的状态;主要领导人个人高度集权,日益凌驾于党中央领导集体之上;"中央文革"取代了中央政治局;"革命委员会"取代了各地的党政机关。公安、检察、司法等专政机关都被砸烂了,取而代之的是群众专政,人民民主遭到了极大破坏,社会主义法制荡然无存。国家机器的专政对象被颠倒,包括党和国家领导人在内的大批党政军领导干部、民主党派负责人、各界知名人士和人民群众受到了诬陷和迫害,本来是对付敌人的专政工具变成了对付人民的手段。

在经济职能方面,高度集中的计划经济体制达到了极端。产生于"文化大革命"中的革命委员会,实行的是以阶级斗争为纲的一元化领导,集党、政、军大权于一身,包揽了行政、司法、党务等一切事务,党政不分、党政合一、政企不分等等。在这种情况下,社会经济生活的正常秩序都难以维持,国家管理经济生活的方式严重违背经济规律,结果国民经济发展缓慢,主要比例长期失调,国民收入损失达5000亿元,人民生活水平基本上没有提高,有些方面甚至下降。自20世纪70年代起,正是国际形势趋向缓和,许多国家经济起飞或开始持续发展之时,由于"文化大革命"的影响,我国与发达国家的差距不仅没有缩小,反而拉大了,失去了一次发展的历史机遇。

在文化职能方面,国家丧失了保护和促进科学文化和教育事业发展的作用,教育、科技、文化事业遭到严重摧残;许多知识分子受到迫害,学校停课,文化园地荒芜,许多科研机构被撤销等,大批历史文化遗产遭到破坏,科学技术水平同先进国家的差距拉得更大,在一个时期内造成了"文化断层"、"科技断层"、"人才断层"。据1982年的人口普查统计,全国文盲和半文盲约2.3亿人,占全国总人口的近四分之一。"文化大革命"给全民族带来了空前的思想混乱,社会风气受到严重破坏。无政府主义、极端个人主义、个人崇拜以及各种愚昧落后的思想行为泛滥开来,致使一些人对马克思主义的信仰和社会主义的信念受到严重削弱。

党的十一届三中全会拉开了中国改革开放的序幕,也开启了中国社会主义国家职能战略调整和现代变革的帷幕。这种调整与变革主要有以下几点:

第一,以"社会主义初级阶段理论"为指导,以经济建设为中心,逐步实现了国家经济职能的战略性调整。

我国已经确立了社会主义基本制度,但我国还处在社会主义初级阶段,社会生产力还比较落后,经济、社会和文化还很不发达,社会发展还很不平衡,这是中国的基本国情,中国的基本矛盾仍然是落后的社会生产与广大人民日益增长的物质和文化生活需要之间的矛盾。因此,解放生产力和发展生产力是国家的迫切任务和主要职能,党和国家的工作重心及时转移到以经济建设上来,并把发展经济作为最大的政治任务。坚持以经济建设为中心,就必须坚持改革开放,改革旧的计划经济体制,发挥国家在组织经济建设、发展和解放生产力方面的能动作用。从十一届三中全会之后的调整,到农村改革的突破,再到城市改革的全面开展,再到整个经济体制改革的深化和对外开放新格局的形成,在长期对市场与计划关系问题的探索和实践中,20世纪90年代初,我们对社会主义建设规律和社会主义市场经济有了深刻的认识,中共十四大把建立社会主义市场经济体制作为经济体制改革的基本目标,这也成为国家的一个重要职能和任务。如今,一个建立在社会主义公有制基础上的,以共同富裕为价值目标的,有着完善的市场规制和政府宏观调控体系,能够充分发挥市场对资源配置起基础性作用的社会主义市场经济体制逐渐形成。

第二,在坚持"四项基本原则"的基础上,以民主和法治建设为支持,调整国家的政治职能。

"文化大革命"的惨痛教训使我们深刻认识到,加强社会主义民主法制建设的极端重要性。党的十一届三中全会提出，社会主义政治建设必须走民主化、制度化、法制化道路。1979年3月30日，邓小平受中共中央委托，在中央召开的理论务虚会上提出了四项基本原则，旗帜鲜明地反对借"社会改革"之名，否定党的领导和社会主义制度；党的十一届六中全会《决议》提出建设高度民主的社会主义政治制度，社会主义物质文明和精神文明必须靠继续发展社会主义民主来保证和支持；党的十三大提出建设有中国特色社会主义政治，规划政治体制改革的目标；党的十四大对社会主义民主法制建设进一步阐发；党的十五大提出依法治国的基本方略，我们对国家政治职能的认识逐步深刻，为国家政治职能的调整提供了强大的思想基础。

党的十一届三中全会后，我国基本政治制度人民代表大会制度、中国共产党领导下的多党合作制等得到恢复和加强，各级国家机关和国家设施的职能得以恢复和加强，废止了"文化大革命"期间产生的"革命委员会"，平反了大量的冤假错案，调整了社会关系。随着对建设有中国特色社会主义民主政治规律认识的深化，国家在发展社会主义民主，保障和发展人民的民主权利，进一步发挥人民群众管理国家和社会事务方面的作用，在建立健全社会主义法制，保证人民的权利和安全，实行依法治国的方略等方面都取得了巨大成就。国家在化解各种社会矛盾，维护社会的稳定和秩序方面，都发挥了巨大的积极作用。随着社会经济的发展和对外开放的深入，我国政治体制改革也逐步展开，过分集中的政治权力模式得到改善。

第三，把握"和平与发展"的时代主题，以国家利益为核心，调整国家的对外职能。

改革开放后，国际形势发生重大变化，"和平与发展"已经成为世界的时代主题，特别是在世界多极化趋势日益明显，世界格局发生重大调整的形势下，我们国家从自身的根本利益出发，对社会主义国家的对外职能进行了重大调整，提出了一整套对外政治、经济、文化交往的政策策略，为我国的社会主义现代化建设创造了良好环境。我们正确把握"和平与发展"的世界主题，把争取和平环境和通过对外交往来提高综合国力"作为对外政策的首要任务"。为此，我国主动扩大外交范围，在奉行独立自主的和平外交政策的前提下，既与苏联改善关系，也与美国等资本主义国家改善和发展关系，还与第三世界国家巩固和发展已有联系，强调不仅经济上对外开放，虚心学习和积极引进世界先进的科学技术和管理经验，把经济外交提高到前所未有的高度。在文化价值上，以开阔的胸怀平等地对待世界各国的优秀历史遗产,把当代各国包括资本主义国家先进的科学技术,具有普遍适应性的经济行政管理经验和其他有益文化学到手。在对外政治交往上,坚决维护国家的主权和安全,维护世界和平与正义,反对世界霸权主义和强权政治,为建立国际经济政治新秩序发挥了重要作用,中国已经成为在世界舞台上发挥重要作用的国家。

(三)全球化中的中国国家职能:现代性变革及其中国特色

全球化演进到今天的经验事实表明,全球化并没有削弱国家的作用,反而比以往更加突出了国家在应对各种挑战中的角色作用。国家的角色作用的这种变化从另一个角度上看就是国家职能的现代性变革,即全球化中国家应该扮演新的角色,应该承担更丰富更重大的职能,并根据全球化的内在要求和人类社会发展的基本规律,对国家职能的范围、功能结构、价值取向、合法性依据等方面进行现代性变革。

如第一章所阐述的,全球市场(生产社会化的全球形式)、全球民主化和全球公共性是全球化的内在要求,也是影响国家职能、促进国家职能现代变革的三个重要的全球性因素。

毫无疑问,全球化是建立在现代科技突飞猛进和生产社会化向全球扩展的基础上的。知识经济和信息技术加速了生产要素的全球性流动,生产、贸易、投资、金融、消费、劳务的国际化引发了空前激烈的市场竞争,人类生产的社会化已经发展到全球化的历史高度;而另一面,发达的通信和交通正日益侵蚀着国家或地区市场的边界,一个统一的各民族国家彼此休戚与共的市场的形成似乎成为一种不可阻挡的趋势。并且,这个市场的主体(尤指跨国公司、国际非政府组织)正大声疾呼遵守共同的"游戏规则"和秩序,如国际协议、国际法规、国际惯例、各种专业经济技术规范等。1995 年,世界贸易组织取代"关贸总协定"后,这种全球贸易、投资与金融自由化的"合规则性"要求被进一步强化。"大量国际政权和组织的成立,它们管理着整个跨国行为(贸易、海洋、空间)所涉及的领域以及集体的政策问题。新形式的政治联合数目的增长反映了跨国联系的快速膨胀"。① 全球化中成长起来的市场及其规制在某些方面改造着国家职能的传统范围、功能结构与合法性依据。

---

① Held, D. Democracy, the Nation-state and the Global System. in Political Theory Today. Edited by David Held. Polity Press, 1991, p. 216.

与全球市场化进展密切相关的是全球民主化要求和发展趋势。从本质上讲,市场经济与民主政治并没有必然的联系,也就是说,国家政治的民主与否是由占统治地位的经济关系决定的,而市场经济作为一种经济运行方式,其本身的性质也是由更基础的所有制关系决定的。然而,这并不是说,市场经济与政治民主化毫不相干,毕竟我们从经验层面上可以看到,"市场经济确能给民主以积极的推动和影响,形成正相关的关系"。①市场经济不仅促进了现代民主主体的诞生与成熟,促进了民主的基本原则(平等、自由、法治)和运行机制(分权与集权、民主与集中的制度安排)的形成,而且还造成了诉求民主的社会普遍愿望和基础,并日益成为人类追求的共同政治价值。

　　全球化及其市场要求,把这种民主化趋势拓展到整个世界,使民主化不再只适用于国内政治,民族国家的政治民主的压力和制约因素不再仅仅来源于国内民众的民主诉求,而且还来源于全球民主化的要求和发展趋势。这种全球民主化要求和趋势同时也构成了在国际层面上活动的国际组织、跨国集团、跨国公司和个人的制约因素。这种全球民主化要求和发展趋势势必对民族国家的职能范围、价值取向和运行方式产生深刻的影响。

　　构成对国家职能现代变革的第三个全球性因素是全球公共性的兴起及其治理趋向。如我们所知,全球公共性不仅表现为人类生存和发展的全球性的共同问题,而且表现为作为人类生存和发展的"普遍性思维"、公共生活信念及其全球治理的发展趋向。全球治理吁求的是治理主体的多元化、治理权威的多中心化、治理规制和行动的协同化,因而它不仅需要民族国家积极参与,开展协调、对话和合作,并承担相应的国家职责,而且还需要民族国家通过外交的方式让与具体的国家治权。

　　由此可见,全球化构成了民族国家职能变革的外在的制约因素,它在很大程度上影响着国家职能的现代变革的内容、目标和方向。在这一点上,当代中国较好地把握住了全球化的发展机遇及其内在发展要求,根据建设中国特色社会主义建设的实际和规律,成功地推动了国家职能的现代变革。这种变革无论是在国家职能的范围、功能结构和执行权威方式方面,还是在国家职能的合法性依据和价值取向方面,既是中国特色和中

---

　　① 聂运麟:《论市场经济与民主政治》,载《华中师范大学学报》(人文社科版)1998 年第 6 期,第 1—8 页。

国气派的，又是马克思主义和社会主义的，既保持了国家职能的传统精要，又赋予了国家职能现代新要义。

第一，当代中国国家职能变革是"综合性"与"专业性"相结合的变革。从国家职能的总体结构上看，我国的国家职能变革是朝更综合化方向发展；从国家职能的某个具体的方面或具体的事务上看，我国的国家职能变革是朝更专业化方向发展。经济全球化和社会主义市场经济，使我国的国家职能变革不能用"职能重点转移"、"以管理代替统治"、"强化社会管理弱化政治统治"等话语来简单加以描述了。因为，当代国家职能已经把国内外的政治、经济、社会、文化等各个领域、各种因素都紧密地联系起来，互相影响、互相依赖、互相作用，形成一个有机的系统，牵一发而动全局。而且各种国家职能之间又互相渗透、互相融合、互相协调，国家的经济、政治、文化、社会和安全等任何一方面的职能都是综合性的职能，都涵盖了国家过去多种职能因素，而且任何职能领域所出现的问题，越来越带有综合性，不是国家某一职能部门所能单独解决的，甚至也不是哪个国家所能独立应对的。如今我国国家职能的这种综合变革的趋向和要求已经明显地呈现出来了。另一方面，就国家职能的某个方面、具体事务而言，国家职能的变革又必然是向更为专门化的方向发展。随着市场经济的深入发展和中国进一步融入社会化生产的全球性拓展进程，我国的社会利益、社会结构和社会公共事务，甚至是公共危机所发生的任何问题和矛盾，其复杂性、专业性和系统性都远远超过了传统社会。所以，它不仅需要从业人员要有专业的知识、专门的训练和技能，而且要求国家职能执行部门要有专业化的工作机制和办事规程，要有专业人才以及人才储备、人才合作的支持。"国以人兴，政以才治"。从坚持科技是第一生产力，到把科技和教育摆在优先发展的战略地位，从实施科教兴国战略，到人才强国战略，再到国家创新战略，我国在改革开放和现代化建设过程中始终重视教育、科技和人才的培养。国家职能建设与社会经济发展是我国科技、人才和创新工作的两个"主战场"，国家这些战略的实施有力地推进了我国国家职能专业化变革。

第二，当代中国国家职能变革是"政治性"与"社会性"相结合的变革。从国家职能履行的权威主体和权威空间上来看，我国的国家职能变革是在坚持政府（国家）为主导的权威主体和权威空间即坚持国家职能履行的政治性权威的基础上，根据我国经济、社会的发展实际和社会自身的治理能力，国家（政府）正有针对性地向社会放权，把某些国家职能或某种国家职能的某些事务让社会组织来承担。例如,我国国家职能社会化方面,突出地体现为农村村民自治、城市社区自治和行业自治三个领域,这三个领域的公民自治承担着大量的国家政治、经济、文化和安全等方面的职能事务;但是另一方面,由于我国社会组织的发展还处在初始阶段,社会组织缺乏独立性,管理规制混乱落后,社会组织功能不齐全,治理能力差,这些反过来又制约着国家职能社会化的进程。这说明:国家职能的社会化是一个历史过程,而且是一个相当长的历史进程。如前面所指出的,我国现代化进程中所出现的许多问题和矛盾,都是复杂性、专业性和系统性极强的问题,应对和解决这些问题和矛盾,不仅要充分发挥国家(政府)的权威性、政治性功能,而且还要充分动员社会力量参与,以实现国家职能的"国家"与"社会"互动和协作的现代变革。这正如温家宝总理在指挥四川汶川抗震救灾时所指出的,必须举全国之力才能取得抗震救灾的全面胜利。国家职能的政治性权威能够有效发挥政治导向、迅速反应和有效动员的功能,国家职能的社会性权威能够有效发挥社会共识、社会参与和社会支持的功能。

第三,当代中国国家职能变革是"民主性"与"法治性"相结合的变革。"民主化"和"法治化"是现代国家职能合法性建设的两大支柱。从国家职能的内涵来看,发展政治民主,实现国家的法治,是当今国家职能的主要目标,也是国家职能现代性变革的基本内容。任何国家的职能及其变革如果违逆了"民主化"与"法治化"的趋势,最终都逃不脱失败的命运。另一方面,从国家职能运行来看,现代国家职能的确立与设定、执行与调整、委托与转让、政策制定与制度安排、结构整合与国际参与都必须是一个民主化和法治化的过程,都必须充分发挥政治民主和社会民主,把"民主性"和"法治性"贯彻到"依法治国"和"依法行政"的国家战略策略中去。始终牢牢把握住"民主化"和"法治化",是当代中国国家职能现代性变革的基本特色和基本经验。

第四,当代中国国家职能变革是"服务性"与"责任性"相结合的变革。从国家职能价值导向来看,国家职能的价值原则和价值导向问题,关涉的是国家职能目的究竟是为谁服务、对谁负责的问题。马克思主义国家职能理论认为,国家职能及其变革取决于国家权力所代表的那个"公共利益",即首先是在经济上和政治上占统治地位的那个阶级的利益,然后是这个阶级所宣称的社会公共利益。所以,从国家层面上看,国家政权所代表的那个"公共利益",就是国家利益,从社会层面上看,国家政权所宣称维护的社会公共利益,就是人民的利益或民族的利益;国家的任何职能及其运行都必须服从于、服务于国家利益和人民利益,对其负责。因此,这就要求国家职能的执行机关和执行人员树立为国家、为人民服务的价值感和责任心,而"服务性"和"责任性"也就必然成为国家职能尤其是政府职能变革的价值原则。在当代中国国家职能变革过程中,伴随着国家政治体制改革历史进程的就是"服务型政府"、"责任型政府"的建设。

综上可见,全球化进程中,国家职能的现代变革呈现出这样一些特点:国家职能的分化也好,整合也罢,反映的不只是国家职能的简单扩大或强化,而且是国家职能的系统的综合性的变革;国家职能的任何变革都是现代生产的社会化、国家利益(统治阶级利益、社会公共利益)等因素综合作用的结果;全球市场、全球民主化和全球治理对民族国家职能的影响,最终要通过民族国家自身来发生作用。当代中国社会主义国家的职能变革既坚持了马克思主义、社会主义的基本思想和基本原则,又汲取了现代社会发展的积极因素,极大地推动了马克思主义国家职能理论的发展。

三 当代中国国家职能理论的新发展:管理、服务与新型国家安全观

(一)系统国家职能观:结构与功能的创新

中国改革开放 30 年,也是国家职能现代综合变革与系统性建设的 30 年。如今,我国国家职能在实践上开始走上了现代化轨道,在理论上逐渐形成了中国特色社会主义的系统国家职能观。

系统国家职能观就是运用系统思维和系统科学方法观察分析国家职能问题,把国家职能的构成要素与影响国家职能运行、成效和变革的各种因素等理解为一个复杂的有机系统,把国家职能建设和运行活动理解为一项复杂的系统工程,从而科学地认识、分析国家职能问题,并用以指导国家职能活动的国家职能观。改革开放以来,中共几代领导集体正是以系统的观点和方法来认识和推进我国的国家职能建设和现代变革的。

国家职能是一个由各种职能形式构成的有机系统,具有全面性、整体性的特点。这不仅要求我们全面地把握国家职能的系统结构,而且更要

使国家职能的系统构成如实地反映社会发展变化的实际和需要。邓小平从中国现代化和中国特色社会主义建设的总体实际和需要出发，高屋建瓴地把握当今世界"和平与发展"的时代主题，针对以往对我国基本矛盾和"两类不同性质的矛盾"的错误认识，科学地、系统地看待和推动我国的国家职能变革。他一再强调，社会主义初级阶段，国家最主要的任务是切实加强经济管理职能，以经济建设为中心，以改革开放为动力，促进社会生产力的发展；社会主义的本质就是解放和发展生产力，消灭剥削，消除两极分化，最后达到共同富裕；社会主义的特点和优势应该体现为物质文明和精神文明的协调发展，两手抓，两手都要硬；应该充分重视国家的科学技术发展、民主法制建设、社会主义理想信念（意识形态）建设等方面职能的战略意义；社会主义现代化建设需要一个稳定的国际国内环境。邓小平还系统地看待国家的对外职能，他指出，我国的对外开放是全面的，既要与苏联改善关系，也要与美国等资本主义国家改善和发展关系，还要与第三世界国家巩固和发展已有联系；既要为社会主义建设创造和平的国际环境，又要通过对外交往，学习和吸收国外的先进科技和管理经验来提高国家的综合国力；对外开放既适用于社会主义物质文明建设，又适用于社会主义精神文明建设。这些观点在理论和实践上表明：党的第二代中央领导集体已经形成了中国特色社会主义的系统国家职能观。

但是，构成国家职能系统的各要素之间并不是机械地"综合"起来的，而是既具有相对独立的地位、职责和功能，又具有互相依赖、互相作用和互相渗透的内在联系，而各职能又各自构成不同层次的子系统。职能系统的这种内在联系决定了各种国家职能所要承担的职责、所能发挥的功能彼此交叉、协同作用。改革开放后，尤其是党的十三届四中全会以来，我们依据系统国家职能观，逐步实现各种国家职能的合理定位，调整了国家政权的专政职能，加强了国家推进社会主义民主与法治建设职能，突出了国家的社会稳定职能，强化了国家组织、领导并推动社会主义经济建设职能，开拓了国家的社会保障职能，拓展了国家的文化与意识形态职能，升级了国家安全职能。

同时，又充分认识到国家各种职能的互相依赖、互相渗透、协同作用的功能，在实践中注意发挥各种职能的系统效应。对此，邓小平有着深刻的认识。他指出："中国一定要坚持改革开放，这是解决中国问题的希望。

但是要改革，就一定要有稳定的政治环境。"①"民主是我们的目标，但国家必须保持稳定。"②1992 年，江泽民在党的十四大报告中指出："没有民主和法制就没有社会主义，就没有社会主义的现代化。我们应当在发展社会主义民主、健全社会主义法制方面取得明显进展，以巩固和发展稳定的社会政治环境，保证经济建设和改革开放的顺利进行。"③1998 年，江泽民在纪念十一届三中全会召开二十周年大会上的讲话中指出："必须把集中精力发展社会生产力摆在首要地位。……如果生产力不发展，社会主义制度的巩固和国家的长治久安就会遇到极大的困难，社会主义优越性就会丧失最根本的经济源泉。无论遇到什么情况，都不能动摇和影响经济建设这个中心。"④朱镕基在谈到社会主义国家的社会保障功能时强调："健全的社会保障体系是社会的'稳定器'、经济运行的'减震器'和实现社会公平的'调节器'。"⑤

国家职能系统是一个开放系统，整个职能系统始终与国家的生存环境之间进行着物质、能量和信息的交换。换句话说，社会发展水平、社会利益结构、社会矛盾状态、社会秩序状况、国家政权的巩固程度、国家的国际生存条件等，构成了国家的基本生存环境，它制约着国家职能系统的构成、运行、功能和变革。所以，系统国家职能观的核心问题是如何根据系统的性质和系统外部环境状况及其实际需要，用开放性的系统思维和方法，不断地优化国家职能系统，调整职能构成，完善职能运行机制，提高职能功效，更新职能理念。这些就是国家职能的系统性建设问题。当代中国国家职能的系统性建设，突出地体现在国家体制改革和制度创新上。如我们所知，体制和制度是国家职能得以发挥的载体和途径，是国家职能有效运行的保障，体现了国家职能运行和变革的根本的价值取向。因此，国家的各种体制改革包括政府机构改革和制度创新是国家职能系统性建设的关键环节。

改革开放以来，我国先后所进行的六次不同力度的政府机构改革极大地推动了国家职能的系统性建设。

首先，政府机构改革推动了政府职能的执行机构和执行队伍的系统

---

① 邓小平：《邓小平文选》（第 3 卷），人民出版社 1993 年版，第 284 页。
② 邓小平：《邓小平文选》（第 3 卷），人民出版社 1993 年版，第 285 页。
③ 《十四大以来重要文献选编》（上），人民出版社 1996 年版，第 28 页。
④ 《十五大以来重要文献选编》（上），人民出版社 2000 年版，第 628 页。
⑤ 《十五大以来重要文献选编》（中），人民出版社 2001 年版，第 1237—1238 页。

性建设。第一次改革是通过精简各级领导班子和废除领导职务终身制，加快了干部队伍的年轻化、知识化和专业化建设，这是新中国成立以来我国国家职能建设的一个巨大的突破；第二次是根据合理配置职能、科学划分职责分工的要求，调整机构设置；第三次是根据市场经济体制的要求，实现精兵简政；第四次是完善国家公务员制度，加强高素质的专业化行政管理队伍建设；第六次是整合分散的行政职能和机构，推行具有现代性质的"大部制"改革。

其次，政府机构改革推动了国家职能的内容和结构的现代性变革。转变政府职能是深化行政管理体制和政府机构改革的核心，可以说是历次机构改革的一个重要主题或任务。第二次改革强调，政府应该从直接管理为主转变为间接管理为主，从注重微观管理转变为强化宏观管理；第三次、第四次改革强调政企分开、政事分开和政社分开，建立起有中国特色的、适应社会主义市场经济体制的行政管理体制建立政府；第五次明确提出政府职能应集中于经济调节、市场监管、社会管理和公共服务等四个方面；第六次实行抓宏观、抓长远，减少微观事务，把政府不该管的事项交出去，把该由政府管理的事项定清楚，职能行业实行"监"与"管"分开，加强"监"的执行力度和执行能力，有针对性地实行国家职能的社会化改革。

最后，政府机构改革推动了国家职能运行方式的现代变革。国家职能系统性建设的一个重要方面是转变政府职能运行方式。如第二次改革强调改变政府的工作方式，提高行政效率，完善运行机制，加速行政立法；第三次改革特别突出政府职能运行的效率建设；第四次改革的目标是建立办事高效、运转协调、行为规范的政府行政管理体系；第五次改革按照"决策、执行、监督"三权相协调原则，建设"行为规范、运转协调、公正透明、廉洁高效"的行政管理体制；第六次改革强调放权与责任。

综上所述，我国国家职能的现代变革历程及其成就表明：当代中国的国家职能观是一种系统国家职能观，它超越了以往在国家职能问题上的片面、孤立的观念和思想倾向，极大地发展了马克思主义国家职能理论。

（二）新型政府职能观：服务型政府

在马克思主义看来，国家职能具有政治统治和社会管理两重属性。在前资本主义社会，国家职能的二重性，在国家职能事务上几乎是合一的,既不存在事实上的分化,也很少进行理论上的区别。一切从属于王权,一切服从于统治阶级的利益。随着近代生产社会化的发展,公共事务、公共利益和公共管理日益从国家职能事务中分化出来,并越来越具有或者给人以具有"中性的"或者"远离那种混乱和冲突"的属性。这种分化,一方面导致执行国家职能的国家机关的分化,分化出国家权力机关、国家行政机关、国家元首、国家审判和监督机关以及国家武装暴力机关;另一方面,导致国家职能理论的"政治与行政二分理念"的出现。

国家机关的分化和"政治与行政二分理念"使国家职能执行机关的广义上的政府具有了更为确定的、集中的指称对象——国家行政机关。因此,近代以来,一般是从狭义来理解政府的,即政府就是国家行政机关。但是,当政府被狭义地指称为行政机关时,并不意味着政府职能的社会管理属性与政治统治的属性就可以在事实上截然分开了。因为,近代以降,无论是西方资本主义国家还是之后的社会主义国家,政府职能的政治统治性与社会管理性从来没有截然分离过。历史发展到今天,政治统治职能依然到处都是以执行社会管理职能为基础,而社会管理职能依然到处都具有政治统治的意义。至此,我们可以对国家职能与政府职能的关系作一些初步的概括:其一,政府职能从属于国家职能;其二,国家职能包含政府职能,政府职能日益成为国家职能的主体和关键环节;其三,国家职能与政府职能都具有政治统治和社会管理的属性,因而国家和政府承担着共同的职责;其四,政府职能侧重国家意志的执行,是国家意志执行的重要方式之一,而国家职能在于对国家意志的整体把握。

1. 政府职能的现代变革

考察当代中国的政府职能观,我们认为,政府应该是狭义上的政府,即国家行政机关。所谓政府职能观,指的是人们认识和考察政府职能的构成、目标、运行、变革、价值取向等问题上的基本思想、观点和理论。如我们前文所概括的,当代中国国家职能现代变革一个重要特征就是"服务性"与"责任性"相统一的变革,这一特征突出地体现在政府职能的现代变革上。

第一,政府职能的变革实现了由"管制型政府"向"服务型政府"的转变。"管制型政府"向"服务型政府"的转变,是政府职能的根本性变革。由于深受封建专制传统、计划经济体制和阶级斗争意识的影响,改革开放前的中国政府在职能模式上,可以说是一种典型的"管制型政府":依靠行政命令、行政经验、行政人情，统一、集中、垂直地行使政府职能。其权力集中但又缺乏监督，职能无限扩张但又缺失责任，政府强大但又能力低下等方面的缺陷或危害十分突出。这种"管制型政府"随着社会主义市场经济体制的确立，尤其是国有经济布局的战略性调整和国有资产管理体制改革，随着非公有制经济的发展和现代产权制度的建立，随着我国加入世界贸易组织并逐渐兑现"入世"承诺，政府的职能模式发生了根本的变化。政府把经济决策权归还给市场主体，同时把职能重点转移到为社会公众、企业和社会组织提供优质的服务上来。

第二，政府职能的变革实现了由"无限责任"向"有限责任"的转变。社会主义市场经济的建立，市场配置资源的基础性作用逐渐显现出来，公民、企业、社会单位有了自主权，政府职能活动从"大包大揽"和"全能政府"模式中逐渐解脱出来，把一些由政府承担的部分社会管理职能交给社会组织承担，如将资格论证、行业规范、技术职称考核等交给行业协会承担。这样，政府、企业、市场、公民和社会组织各就各位，各司其职，既能够发挥市场配置资源的基础性作用，实现公民和社会组织的自我管理，又减少了政府的"无限责任"，减少了社会对政府的依赖。政府的职能定位在实践和理论上逐渐达成了共识："保护法制、维护公平、颁布规则和服务公民"。政府职能的合理定位的一个重要方面，就是政府系统与立法系统、司法系统职能关系也得到了调整，确保立法系统、司法系统和行政系统在公共权力的配置上各司其职，各行其道。这个方面的进展极大地推动了政府的依法行政和法治政府建设的进程。

第三，政府职能的变革实现了由"集权行政"向"分权行政"的转变。随着社会主义市场经济体制改革的深入，根据利益划分、信息多元、回应管理的需求，依据事项的分类和政策管理与执行管理分离的原则，政府的分类、分级管理的职能体系逐渐建立起来。所谓分类管理，就是对某一类事项，依据利益相关性、管理的便捷性、管理的参与效率要求，确定哪一级政府管理更合适。如住宅项目管理等涉及当地百姓利益的事项，应当由区县级政府管理，而涉及全城市公共利益的治安管理、交通管理等问题，可交由市级政府统一管理。所谓分级管理，是不同层级政府给予统一的公共政策的制定与执行的分工，逐渐改变"条块交叉"的行政管理格局，一项事情只由一个层级的政府负责，责任明确清楚。

政府职能模式的根本性变革，表明一种"透明政府、责任政府、法治政府、诚信政府"的新的政府职能观，即"以人为本"的现代服务型的政府职能观逐渐形成。2002 年,朱镕基总理在第九届全国人民代表大会第五次会议的政府工作报告中,深刻阐发了政府职能转变的新认识:"彻底摆脱传统计划经济的羁绊,切实把政府职能转变到经济调节、市场监管、社会管理和公共服务上来。"把政府职能归结为经济调节、市场监管、社会管理和公共服务四个方面,可以说是当代中国在社会主义市场经济和全球化大背景下的一种新型的政府职能观。

2. 当代中国服务型政府的特征

所谓服务型政府,就是为人民服务的政府,为社会服务、为公众服务的政府。它是在公民本位、社会本位理念的指导下,在整个社会民主秩序的框架中,把政府定位于服务者的角色,并通过法定程序,按照公民意志组建起来的以"为人民服务"为宗旨,以公正执法为标志,并承担着相应责任的政府,是"三个代表"重要思想在政府职能领域的具体体现。当代中国服务型政府日益呈现以下几个方面的主要特征:

第一,服务型政府是一个人本的、有能力的政府。中国的服务型政府的价值取向是社会主义性质的取向,是社会的取向、劳动大众的取向、人民的取向。社会主义的服务型政府,首要的特征就是张扬社会主义的基本价值,实现社会平等、政治民主和以人为本的"制度化形态"。离开社会主义的基本价值、宪法原则和党的执政理念来谈服务型政府,这个服务型政府就可能是无本之木、无源之水。但是,有服务的意愿还得有服务的能力,较强的政府能力是现代服务型政府建设的重要目标和基本标志。前些年里,世界政治的主流是抨击"大政府"或"全能政府",力图把国家部门的事务交给自由市场或公民社会。但研究者们基于世界各国的发展经验,越来越注意到:"小政府"是一种脱离实际的政治神话,而所谓的"大政府"或"全能政府"也总是导致国家的失败,其中的根源也许并不在于政府职能范围的大小,而在于政府的软弱无能。对此,日裔美籍学者弗朗西斯·福山就明确地指出:"……特别在发展中国家,政府的软弱、无能或者无政府状态,却是严重问题的祸根。"[①]因此,社会主义国家的服务型政府不仅要科学合理地定位政府的职能,而且更重要的是要加强政府能力的建设。

---

① 弗朗西斯·福山:《国家的构建——21 世纪的国家治理与世界秩序》,中国社会科学出版社 2007 年版,第 1 页。

第二，服务型政府是一个民主的、负责任的政府。社会主义国家的政府是一个人民民主和对人民负责的政府。"人民民主"是共和国宪法所赋予人民的基本权利，体现为"民主选举、民主决策、民主管理、民主监督"的权利。它不仅界定了政府的职能范围和职能运行方式，而且还反映了社会主义民主政治的本质。公民通过正常程序和渠道参与国家治理，表达自己的愿望，是服务型政府的本质特征。惟其如此，才能体现社会主义制度的优越性，也才能真正建立一个服务型政府。"对人民负责"意味着政府的各项职能活动、政府职能的各项政策和制度必须对人民负责，以人民的根本利益为准则，反映社情民意，接受人民群众的监督，以此更好地依法行政，服务群众、服务企业、服务基层。

第三，服务型政府是一个法治的、求效率的政府。依法行政是现代政府的一个基本特征，是建立合理的政府与社会、政府与市场、政府与公民关系的前提。我国社会主义政府就其本质来说，是依据宪法原则建立并按照宪法原则运作，宪法是我国的根本大法，只有尊重宪法并按照宪法原则办事，才能在全社会树立政府的权威，确立政府的社会公信力。一个依法行政的政府必然是一个有效政府，政府职能高效率运行，公共政策才能得到切实的落实。市场经济是一种十分重视效率的经济运行方式，因而，市场经济体制下的政府行政的突出特征就是高效服务。为此，服务型政府必须建立以公共需求为导向的服务机制，制定系统化的政府服务标准，构建政府高效的内部运作与协作机制，加强政府行政服务质量管理，合理运用和有效发挥政府行政资源；必须以现代办公技术条件为支撑，通过推行电子政务，运用现代信息技术手段提高政府服务效能；必须不断创新公共管理方式，合理地、有针对性地放权、分权，创新政府职能的实现途径和方式。服务型政府必须加强行政效能监察，建立起以公共服务为取向的政府业绩、机关公务人员工作效能评估和奖惩体系，切实加大对政府机关和公务人员行政效能的监督检查，强化每个行政机关及其公务人员的责任意识、服务意识、时效意识和成本意识，使每个公务人员时刻保持昂扬的精神状态和雷厉风行、务实高效的工作作风，从而促进政府职能效率建设。

第四，服务型政府是一个透明的、重诚信的政府。传统的专制型政府或管制型政府的一个典型特征就是政府信息不公开，政府权力运作不透明，暗箱操作，欺瞒哄骗，这是滋生政府腐败的重要根源。市场经济条件下，由于服务型政府首先是法治政府，而完善和落实依法行政的一个重要方面就是坚持政府信息公开,建立透明政府。为了保障公民、法人和其他组织依法获取政府信息,提高政府工作的透明度,促进依法行政,充分发挥政府信息对人民群众生产、生活和经济社会活动的服务作用,2007 年 1 月我国颁布了《中华人民共和国政府信息公开条例》,极大推进了"透明政府"的建设。"透明政府"必然是诚信的政府。社会主义市场经济是信用经济,政府作为国家行政事务的管理者,公共政策和制度的制定者,以及义务教育等公共产品服务的提供者,讲求诚信是一种珍贵的政治道德。政府诚信不仅是政府内部的诚信,更重要的是政府对社会的诚信,政府对广大人民群众的诚信。诚信要求政府职能活动要有善良的动机,忠诚于社会和人民,取得社会和人民的信任。为此,政府机关及其公务人员的言行必须对社会对人民起示范和表率的作用,这是诚信政府建设的关键。

第五,服务型政府是一个廉洁的、讲党性的政府。政府廉洁奉公是现代服务型政府建设的重点。廉洁政府建设的主要方式是强化对权力的监督和制约,具体包括健全政府科学民主决策制度、规范重要领域权力运行制度、完善行政执法管理制度、健全政务公开制度、推行行政问责和绩效管理制度等。此外,在预防腐败方面,要逐渐形成拒腐防变教育长效机制、反腐倡廉制度体系,用阳光防治腐败,推行政府权力的依据公开、行政权运作的过程公开和行政权运作的结果公开。不论是廉政政府建设,还是服务政府建设,都必须旗帜鲜明、坚定不移地坚持自身的党性原则。因为,政府与国家承担着共同的职责:维护与发展政治秩序和社会秩序。政府职能的政治统治属性要求政府职能活动必须坚持鲜明的党性原则。在社会主义初级阶段,政府的党性原则就社会主义的党性原则,就是无产阶级的党性原则,"是无产阶级利益最高而集中的表现"。[①] 它集中表现为:一是以马列主义、毛泽东思想和邓小平理论为指导,以"三个代表"重要思想和科学发展观的要求作为政府行动的指南;二是政府的职能运行和职能活动必须坚持社会主义道路和社会主义国家基本政治制度;三是政府职能活动必须全心全意为人民服务;四是政府及其职能活动必须坚持正确的政治方向,在思想和组织上与党的要求保持高度一致;五是政府必须密切联系群众,坚持群众路线;六是政府及其公务人员应该勇敢、及时和诚恳地承认和改正自己的缺点和错误,认真开展批评与自我批评。

---

① 刘少奇:《论共产党员的修养》,人民出版社 1949 年版,第 94—95 页。

当代中国服务型政府的基本特征揭示了社会主义国家新型政府职能观的深刻内涵,发展了马克思主义国家职能理论。

(三)初见端倪的新型国家安全观

如果从国家主权和利益不受来自外部和内部的破坏、威胁以及任何其他危害性影响这个角度上看,国家职能的一个重要内容就是国家安全职能。所谓国家安全,一般来说,就是指"一个国家处于没有危险的客观状态,是维持主权国家存在和保障其根本利益的各种要素的总和,也是国家生存和发展的基本前提"。[①] 可见,国家安全职能既有政治统治的属性,又有社会管理的属性;既有对外方面的因素,又有对内方面的因素。由于社会的发展、国际关系的风云变幻和影响国家安全因素的复杂多变,人们对国家安全基本要素和基本问题的总体认识和把握就各不相同,因而也就形成了各种各样的国家安全观。

全球化发展到今天的新的历史阶段,人们对国家安全的认识和把握发生了重大的变化。20 世纪七八十年代以来,国际政治学界开始从战略研究转向安全研究,把军事威胁称为传统安全威胁,把军事以外的安全威胁称为非传统安全威胁。这种对国家安全的新的认识,就是所谓的"新国家安全观"。冷战的结束以及全球化在 20 世纪末的加速进展,大大强化和深化了人们包括各国学者、政治家和国家对这种"新国家安全观"的认识。但是,尽管世界各国已越来越多地把眼光投向非传统安全威胁,但实际上传统安全威胁并没有削弱,反而在某种程度上有了新的发展,局部战争、地区冲突、军事干涉、武力威胁依然存在,这些威胁已经对国家安全、世界和平与稳定构成了严峻的挑战。另一方面,由于旧的国际秩序并没有打破,经济全球化从一定程度上加剧了南北矛盾,霸权主义、恐怖主义、分裂主义此起彼伏,生态破坏、疾病流行愈演愈烈,一些传统安全威胁变换了形式,并且与一些新兴的威胁结合在一起,传统的政治—军事安全不仅从领土、主权拓展到更广泛的海洋权益、太空权益和战略通道安全上来,而且新兴的经济安全、社会安全、科技安全、文化安全和信息安全等威胁还从社会生活中和经济活动中渗透进来。

对于我国这样一个融入全球化进程、谋求跨越发展的大国来说,无论

---

① 子杉:《国家的选择与安全——全球化进程中国家安全观的演变与重构》,三联书店 2006 年版,第 9 页。

是传统安全威胁还是非传统安全威胁,都构成了当代中国国家安全的严峻挑战。虽然当今的传统安全威胁有所下降,或者可以说任何国家都不敢贸然以战争方式来阻止我国的发展和崛起,而且外部威胁很可能不能直接或者独立地发挥作用,但这并不意味着需要弱化国家的传统安全职能,反而恰恰需要在更高的水平上,以更新的方式和手段重视和加强国家传统安全职能建设。另一方面,非传统安全威胁对我国的挑战已经越来越严峻。这种严峻形势不光表现为:我国正面临着各种新的不安全问题和因素,如民族分裂、恐怖主义、极端宗教主义等威胁和生态安全、能源安全、经济安全、文化安全、信息安全等问题;而且还表现为:外来的安全威胁总是不断以潜在的、渗透性的方式寄生在内部威胁上面。先从内部制造经济危机、社会危机、文化危机以及执政危机,再施加政治—军事压力,内外综合起来达到破坏国家主权、损害国家根本利益,甚至达到颠覆政权的目的。

正是基于对我国国家安全的这种全面而深刻的认识和把握,20 世纪80 年代中期开始,我国积极倡导和践行新安全观,并对国家安全职能逐渐进行了战略性调整,我国的国家安全观也发生了根本的转变,逐渐形成了一套有中国特色的新型国家安全观。新型国家安全观继承和发展了原有的国家安全思想,同时又有鲜明的时代性和创造性。其主要内容有:

第一,以综合国力为后盾,强调维护国家安全的综合手段。从维护国家安全所依赖的实力上来看,现代国家安全无论是维护国家疆土不受外敌侵犯,还是保证国家的政治、经济、科技、文化、信息等不受威胁,都需要强大的国家物质力量和军事力量作后盾。在全球化条件下,一个国家只有在经济、科技、文化、信息等各方面都能发展壮大并拥有强大的综合国力,才能谈得上真正的国家安全。显然这种国家安全状况是多种因素相互交织、共同作用的结果。从维护国家安全的手段上看,此时,国家安全利益的威胁来自多方面,因而国家的安全保障手段就不可能仅局限于依赖单纯的军事行为了,而应该依据具体的国际国内情况,灵活运用政治、经济、文化和外交斗争等多种手段,建立多种手段相互配合的有效的国家安全保障机制。因此,发展国家的综合国力,成了当代中国国家安全战略的重要内容和重要目标。改革开放以来,国家的安全战略也及时地进行了调整,从"以阶级斗争为纲"开始向"以经济建设为中心"转变。

第二，采取积极防御的国防战略，推进军队现代化建设。尽管非传统安全威胁越来越受到世界各国的重视，国家安全的内涵和外延也从单纯军事、战争方面不断扩展，传统的国家安全观发生了根本性的变化，但这并不意味着传统的军事手段、军事斗争失去了以往的战略地位。时至今日，国家的安全在很大程度上依然是以强大的国防力量为后盾，而国际社会的无政府特征也仍然在强化着军事实力在实现国家安全利益过程中的无可替代的作用。世界各国仍然在军事斗争领域进行着各种竞争和较量，一方面是为了直接捍卫主权和确保安全，另一方面是为了彰显国家的军事实力，间接服务国家安全。

对中国而言，建设强大的现代化的国防更是维护国家安全必不可少的重要保证。在邓小平的倡导下，我国加快了军事现代化建设的步伐，1985年我军建设指导思想实现战略性转变，从数量建军、规模建军转向技术建军和质量建军，在军事斗争战略上，确立积极防御的国家安全战略。党的第三代中央领导集体以来，我国进一步推进了国防现代化建设进程。实施"军队建设的两个根本性转变"：在军事斗争准备上，由应付一般条件下的局部战争向打赢现代技术特别是高技术条件下局部战争转变；在军队建设上，由数量规模型向质量效能型、人力密集型向科技密集型转变。加强军队的思想政治工作，严格组织纪律，保证部队的高的纯洁，强化党对军队的绝对领导，目的是保证军队不变色，使军队真正做到"政治合格、军事过硬、作风优良、保障有力"[1]的基本要求，为改革开放、经济建设以及国家与人民安全提供强有力的保障。

第三，以"互信、互利、平等、协作"为基础，构建国家安全的国际机制。国家安全不仅要强化国家内部的安全建设，更必须重视国家安全的外部建设，即旨在维护国家安全而进行的国际安全合作及其机制建设。国家安全的外部建设主要是地区安全合作、国际反恐怖主义合作、联合国维持和平行动、国际军事交流与合作。

新中国成立以来，我国一向在遵守和平共处五项原则的基础上，与世界各国建立起互相信任和友好合作的关系，维护国家安全。1994年4月，旨在维护地区安全、促进社会经济发展的上海合作组织成立。中国国家主席江泽民在成立大会上，首次阐述了"新型安全观"，强调上海合作组

---

[1] 江泽民：《在中央军委扩大会议上的讲话》（1991年1月），《江泽民论中国特色社会主义》（专题摘编），中央文献出版社2002年版，第446页。

织是一个倡导以相互信任、裁军与合作安全为内涵的新型安全观的新型地区合作组织。自美国遭受令世人震惊的"9·11"恐怖袭击之后,中美关系回到正常轨道上,两国领导人达成共识,将致力于建设两国建设性的合作关系。2002 年 6 月在俄罗斯圣彼得堡召开的上海合作组织第二次领导人峰会上,江泽民全面阐述了新型安全观的思想和内涵,会议通过的集体宣言明确表示,国际社会需要建立以"互信、互利、平等协作"为基础的新型安全观。新型国家安全观是基于以下观点而提出的:在发展国家间关系中,应当抛弃不合时宜的冷战思维;相互信任是国家安全的基础;各国在经贸领域的合作应当可以增强国家安全,而国家安全的巩固也应当能够增进各国在经贸领域的合作;面对国际恐怖主义和跨国犯罪的威胁,应当建立有效的区域集体安全体制加以防范和制约;应当建立公平和合理的国际新秩序。

上海合作组织是中国倡导并实践新型国家安全观的典范。新型国家安全观不仅强调国家安全的外部因素的重要性,而且把国家安全的外部建设扩展到国际政治、经济、文化和社会等方面的全面合作上来,代表着中国在国家安全问题上的认识和实践达到了一个全新的高度。

第四,以国家利益为核心,认真履行国际安全义务,积极参与和倡导国际安全规则。国家利益是一个主权国家在总的国际关系中生存和发展需求的综合,它是国家一切行为的出发点和归宿。邓小平在考察、分析国际形势的基础上明确指出,在维护国家安全的斗争中,不论哪一国,"都是以自己的国家利益为最高准则来谈问题和处理问题的"。他认为在国际斗争中,是非是涉及国家根本利益的是非,利害是关系我国社会主义发展能不能达到本世纪和下世纪目标的利害,任何国家都不要指望中国会吞下损害我国利益的苦果。[①] 在全球化条件下,任何国家都不能把自己的安全建立在损害他国安全利益的基础上,维护国家利益仍然是国际交往和合作的基本准则,维护和增进本国的国家利益仍然是构成国家维护主权独立和国家安全的利益基础。

当然,另一方面,国家的安全尤其是外部安全也不是完全建立在某个国家的一己私利的基础上的,实际上自私自利或损人利己是不可能获得国家安全的。在国际安全的交往与合作中,参加一个国际组织,就会有一定的权利,也要承担相应的国际义务。享受权利与履行义务一样,对国家

---

① 邓小平:《邓小平文选》(第 3 卷),人民出版社 1993 年版,第 3 页。

安全都会起到一定的促进和保障作用。长期以来,中国新型国家安全观的理论和实践,坚持国家利益的核心原则,主张国际安全交往权利和义务平衡,注意履行好自己的责任和义务。因为,中国的国家安全越来越依赖于全球的繁荣和稳定,越来越取决于中国与外部世界的互动。为此,中国必须积极地参与国际事务,参与国际规则的倡导和制定,争取在国际事务中掌握主动权。

第七章　跨越发展、创新发展与国家的科学发展

——马克思主义国家发展理论的新战略

在谋求国家"跨越"式发展的今天,创建中国特色社会主义的国家发展理论是马克思主义国家理论中国化的一个重要主题。虽然马克思、恩格斯并未明确谈到国家发展的问题,但他们始终是以历史的眼光来看待"无产阶级专政"这个作为阶级斗争的必然结果和通向共产主义社会而提出来的过渡时期的国家。因此,无产阶级专政学说在现代发展研究视界中,无疑具有十分重要的意义,仍然是我们今天探讨国家发展问题的重要思想资源。所以,从国家发展论的视角来阐释、归纳和总结马克思主义的国家发展思想以及中国特色社会主义国家发展历程中的各种思想、理论和策略无疑是推进马克思主义国家理论中国化,创建中国特色社会主义国家的理论一个重要的历史课题。

一　马克思主义国家发展理论:规律、原则与方法

在马克思主义国家理论体系中,"过渡时期的国家"是作为阶级斗争的必然结果和通向共产主义社会的国家形态而提出来的。(关于过渡时期,直至目前仍然有很大争论)从资本主义社会到共产主义社会的过渡是一个非常复杂而又十分需要与具体的国家实践结合起来考察的问题,如过渡的社会历史条件问题、过渡的道路和方式问题、国家政权的过渡及其掌握和运用问题等,而其中无产阶级专政学说,毫无疑问是马克思主义国

家理论的特色和主要内容。从"国家过渡"这个角度上来看,马克思主义关于资本主义过渡到共产主义的理论,尤其是关于落后国家"跨越"式地发展并过渡到社会主义高级阶段的理论具有十分重要的发展论意义。这无疑是我们研究中国特色社会主义的国家发展理论的重要思想资源。

马克思、恩格斯曾设想在资本主义结束后,要经过一个过渡时期,然后进入共产主义第一阶段(列宁明确称之为社会主义社会),最后进入共产主义第二阶段即共产主义的高级阶段,而这个过渡时期的国家形态只能是无产阶级专政。马克思是以历史发展的眼光来看待"无产阶级专政"这个过渡形态的国家的。他把对人的政治解放之超越的"人类解放"和"自由人联合体"的形成当作这个过渡时期国家的历史归宿和终极目标,并与人类社会历史发展的实际进程联系起来,与世界普遍交往过程联系起来,与现实国家的具体国情和具体的历史任务联系起来。而实现这个"过渡"的基本历史条件就是无产阶级通过革命的方式,使自己成为统治阶级,争得民主,并利用自己的政治统治,发展社会生产,增加生产力的总量。

由于人类揭掉关于自身的"神秘纱幕"所需要的社会物质基础或一系列物质生存条件是长期的、痛苦的历史发展的自然产物,因而马克思才把他的注意力集中在资本主义得到典型发展的区域——西欧。但马克思、恩格斯并没有因此而忽视落后国家,尤其是缺乏资本主义因素的落后的东方国家向社会主义过渡的问题。在这个问题上,马克思、恩格斯在详细考察了巴黎公社失败后西欧资本主义国家和俄国等落后国家的社会经济发展状况后指出,只有发达资本主义国家的无产阶级首先夺取胜利,从而能够得到他们的示范作用和积极支持,不发达的(资本主义)国家才有可能取得社会主义革命的胜利。只要有这个前提条件,那么,相对落后的国家就可以不通过资本主义制度的"卡夫丁峡谷"这个漫长的痛苦的道路而过渡到社会主义。

综观马克思主义关于"无产阶级专政"的过渡形态国家建立和发展的理论探索,我们认为,马克思主义的国家发展理论并不是关于"无产阶级专政"国家的具体的发展道路、发展模式、发展战略,甚至发展的具体历史任务的设想和规划,而是关于"无产阶级专政"国家发展并过渡到共产主义社会的一般科学规律、方法和原则的国家理论。马克思、恩格斯在谈到无产阶级国家发展并过渡到社会主义的具体问题时一再声明,他们没有提出任何一劳永逸的现成方案,"在将来某个特定的时刻应该做些什么,应该马上做些什么,这当然完全取决于人们将不得不在其中活动的那个特定的历史环境"。①

第一,马克思主义的国家发展理论揭示出了从资本主义到共产主义过渡的一般规律。马克思主义在全面系统地考察了资本主义社会的生产力与生产关系、经济基础与上层建筑后指出,人类从资本主义社会到共产主义社会的过渡将是一个自然历史过程。推动和掌握这个过渡进程的将只能是无产阶级及其专政的国家。而实现从资本主义的财产私有向共产主义的财产公有过渡的"第一个基本条件是通过民主的国家制度达到无产阶级的政治解放",②即以无产阶级革命的形式打破资本主义国家机器,使自己成为统治阶级,争得民主,建立国家政治过渡的无产阶级专政。然后,无产阶级利用自己的政治统治,消灭资产阶级生产关系,掌握国家政治和社会经济变革过程,并且尽可能快地发展生产,增加生产力的总量,为实现无产阶级专政国家过渡到无阶级社会即共产主义社会创造物质条件。

第二,马克思主义的国家发展理论揭示了落后国家(资本主义)实现"跨越"式发展,过渡到共产主义的特殊规律。马克思认为,俄国"跨越"资本主义是一种特定条件下的特殊历史现象,不是任何一个东方落后国家都可以实现的。他在 1881 年写给查苏里奇的信中就明确指出,俄国"情况非常特殊,在历史上没有先例。在整个欧洲,只有它是一个巨大的帝国内农村生活中占统治地位的组织形式。土地公有制赋予它以集体占有的自然基础,而它的历史环境(资本主义生产和它同时存在)又给予它以实现大规模组织起来的合作劳动的现成物质条件"。③ 这就是说,只有在俄国农村公社土地占有制的特殊条件下,才有可能"跨越"资本主义"卡夫丁峡谷",这一"跨越"并未指明包括其他东方落后国家在内。恩格斯晚年则把马克思这一观点由俄国扩展到一切非资本主义的落后国家,由一种特定的特殊发展道路引申为对东方落后国家具有普遍意义的共同发展道路。他在 1894 年《〈论俄国的社会问题〉跋》中,认为"当西欧人民的无产阶级取得胜利和生产资料转归公有之后,那些刚刚踏上资本主义生产道

---

① 马克思、恩格斯:《马克思恩格斯选集》(第 4 卷),人民出版社 1972 年版,第 421 页。

② 恩格斯:《共产主义信条草案》,《马克思恩格斯全集》(第 42 卷),人民出版社 1979 年版,第 379 页。

③ 马克思、恩格斯:《马克思恩格斯全集》(第 19 卷),人民出版社 1965 年版,第 451 页。

路而仍然保全了氏族制度或氏族制度残余的国家,可以利用这些公社所有制的残余和与之相适应的人民风尚作为强大的手段,来大大缩短自己向社会主义社会发展的过程"。这一过程"不仅适用于俄国,而且适用于处在资本主义以前的发展阶段的一切国家"。[①] 在这里,恩格斯进一步揭示了东方落后国家走向社会主义的共同规律,它可以缩短自己向社会主义社会发展的过程,不必再重复西方资本主义发展所走过的道路,而走自己独特的发展道路。列宁创立的"一国胜利论"以及他对"直接过渡"和"迂回过渡"的设想,进一步丰富和发展了这种特殊规律。

第三,马克思主义的国家发展理论阐明了"无产阶级专政"国家过渡到共产主义是一个世界历史的普遍交往的过程的规律。在国家过渡这个问题上,马克思始终强调无产阶级的世界视野,把人类世界历史的普遍交往看成是国家过渡的背景和必不可少的条件。"无产阶级只有在世界历史意义上才能存在,就像共产主义——它的事业只有作为'世界历史性的'存在才有可能实现一样。"[②]马克思站在"世界历史"整体高度,认为世界历史是资产阶级开创的,历史中的资产阶级有为未来共产主义新社会创造物质基础的使命:一方面,开创世界历史和造成全人类互相依赖为基础的世界交往以及进行这种交往的工具;另一方面,要发展生产力,把物质生产变成在科学的帮助下对自然力的统治。但是,"只有在伟大的社会革命支配了资产阶级时代的成果,支配了世界市场和现代生产力,并且使这一切都服从于最先进的民族共同监督的时候,人类的进步才会不再像可怕的异教神怪那样,只有用被杀害的头颅做酒杯才能喝下甜美的酒浆"。[③] 所以,马克思一再强调发达资本主义国家的无产阶级的榜样和示范作用,给予不发达国家无产阶级应有的支持,强调落后国家无产阶级革命与西方无产阶级革命互相补充。恩格斯指出,要是俄国发生革命,它就会拯救欧洲免遭全面战争的灾难,并成为全世界社会革命的开端。

第四,马克思主义的国家发展理论提出了一系列关于国家"跨越"式发展的原则和方法。一是"跨越"式发展的目的是使人民不经受资本主义制度的一切苦难,不通过资本主义生产的一切可怕的波折。二是"跨越"式发展应以一定生产力的发展为基础。一方面指的是落后国家存在或取

---

① 马克思、恩格斯:《马克思恩格斯全集》(第 22 卷),人民出版社 1965 年版,第 502—503 页。

② 马克思、恩格斯:《马克思恩格斯选集》(第 1 卷),人民出版社 1995 年版,第 87 页。

③ 马克思、恩格斯:《马克思恩格斯选集》(第 1 卷),人民出版社 1995 年版,第 773 页。

得了"跨越"式发展的生产力和生产方式上的因素,如俄国公社土地公有制度和中国的"三大改造";另一方面是指西方生产力发展的榜样和积极支持以及落后国家吸收资本主义的一切肯定成果来发展生产力。三是"跨越"式发展应以解决自己经济形态本身的任务为前提。恩格斯在谈到俄国实现"跨越"设想的可能性时指出:"每一种特定的经济形态都应当解决它自己的、从它本身产生的任务;如果要去解决另一种完全不同的经济形态所面临的问题,那是十分荒谬的。"①这里所说"经济形态"或"经济发展阶段",主要是就社会生产力发展阶段而言的,不注重解决经济发展阶段所面临的任务,又力图超越生产力发展阶段的主观努力是不可能实现国家的跨越式发展的。四是创造并组织好社会主义民主是"跨越"式发展的主要任务。无产阶级民主制原则是一种就其是最大多数人的民主而言比资产阶级民主要高出"一百万倍"的新型民主,无产阶级国家在尽量增加生产力总量的同时应该创造并组织好社会主义民主,以社会的形式达到消除阶级分化的程度,最终消灭以其为基础的国家暴力。五是重视无产阶级政党在国家过渡中的地位和历史作用。列宁在《我们的纲领》、《我们的当前任务》、《怎么办?》等著作中强调:无产阶级政党是无产阶级的先锋队,是无产阶级运动的教育者、组织者和领导者。

可见,马克思主义的国家发展理论,尤其是关于落后国家实现"跨越"式发展的设想,其价值意义在于它为经济文化较落后国家开创社会主义道路指明了方向,提供了科学的方法论原则。这些理论原则的具体运用,则要从各国所处的历史事实出发,在国家发展的具体实践过程中进行艰难的探索,而绝不能把这种理论设想变成僵硬的教条以束缚实践的发展。

二 中国特色社会主义的国家发展理论: 道路、理念与战略

社会主义国家的实践是在马克思主义理论指导下的自觉的社会运动。实践中的社会主义,都起源于资本主义不发达的、甚至极其落后的半殖民地半封建的社会历史条件。在这样的国家完成了社会主义革命以

---

① 恩格斯:《〈论俄国的社会问题〉跋》,《马克思恩格斯全集》(第22卷),人民出版社1965年版,第502页。

后,到底应该怎样一步一步向共产主义过渡和发展,这是马克思主义国家理论的一个全新的理论问题和历史课题。在马克思主义的国家发展理论中没有现成的答案,更没有经验可供借鉴,必须从经济文化较落后的实际出发,按照马克思主义所揭示的"跨越"式发展的基本规律、原则和方法,去探索适合本国特点的国家发展理论。中国特色社会主义理论正是这种艰难探索的理论成果。如果说马克思主义的国家发展理论是一种关于"无产阶级专政"国家过渡到无阶级社会的科学规律和原则的理论的话,那么,中国特色社会主义的国家发展理论,就是在遵循这些基本规律,坚持这些基本原则的前提下,创建出来的关于中国这样落后的国家"跨越"式发展到共产主义社会的实践的模式、战略与策略的理论。

中国特色社会主义理论就是在经济文化较落后的中国如何建立社会主义、实现国家现代化并向发达的社会主义过渡的理论。因此,在发展论的视界里,中国特色社会主义就是一种国家发展理论。中国特色社会主义的国家发展理论对马克思主义国家发展理论的重大贡献在于它突破了马克思、恩格斯"跨越"设想的时代局限,创立了适合中国国情的、经济文化较落后国家建立和建设社会主义的国家发展理论。如果说列宁创立的"一国胜利论"以及他领导的俄国十月革命的胜利,突破了马克思主义关于国家过渡理论设想的话,那么,中国特色社会主义的国家发展理论则是在解决和回答像中国这样的经济文化较落后的东方国家如何建立社会主义、怎样建设社会主义、怎样实现国家现代化等问题的基础上,对马克思主义的国家发展理论又一次突破和创新,在理论原理和策略思想上的内容大大超出了马克思、恩格斯的设想。例如,关于国家发展道路的新民主主义革命道路、社会主义改造道路和中国特色社会主义建设道路;关于国家发展模式的"四个现代化"模式、"文明发展"模式和"四位一体"的全面发展模式;关于社会主义国家发展的历史阶段问题的社会主义初级阶段理论;关于国家发展动力问题的改革开放动力论、科技动力论;关于国家发展战略目标的温饱型、小康社会和和谐社会;关于国家发展思想观念的经济增长发展观、社会经济发展观和科学发展观等思想理论,无不是坚持马克思主义国家发展理论的世界观和方法论,特别是坚持了马克思、恩格斯关于东方不同于西方社会发展的求实探索精神,继承了列宁、毛泽东等社会主义建设者的探索成果,从时代发展的需要和社会主义国家面临的挑战出发,对马克思社会主义国家发展理论的新发展,对东方较落后国家社会主义发展道路的创造性探索。

　　第一，在探索国家"跨越"式发展的实践中，确立国家发展道路和发展模式。

　　20世纪是民族历史向世界历史转变的一个重要时期。俄国十月社会主义革命的胜利宣告社会主义在东方的崛起，开始打破资本主义一统天下的历史局面。在战争与革命的时代主题下，中国革命走的是农村包围城市，继而夺取城市，直至夺取全国政权的道路，成功地解决了落后国家怎样建立社会主义的问题。在和平与发展的新的历史时代，中国社会主义国家面对国际日趋激烈的国家综合国力的竞争、世界性的历史变动、纷繁复杂的社会思潮，以及西方敌对势力"没有硝烟"的战争威胁，围绕落后国家怎样建设社会主义等问题，经过几代人艰辛而曲折的探索，坚持四项基本原则，坚持改革开放政策，开创了一条具有中国特色的社会主义国家发展道路。尽管社会主义的国家建设过去遭遇严重挫折，但这个事实没有也不可能否认落后国家成功地走上社会主义道路的历史规律性，而只能证明即便在世界社会主义运动遭受重大挫折的历史时期，在中国社会主义国家建设和发展取得了巨大成就的今天，社会主义国家的发展和"过渡"问题仍然是一个十分需要在实践中不断探索的重大问题。

　　经过几十年的实践探索，我们逐渐形成了有中国特色的国家发展模式。新中国成立后，实现国家现代化成了国家发展的根本目标，也成为体现和发挥新中国和新生社会主义制度优越性的唯一途径。周恩来在第三届全国人民代表大会第一次会议的政府工作报告中，首次提出了在20世纪内把中国建设成为一个具有现代农业、现代工业、现代国防和现代科学技术的社会主义强国的设想。周恩来曾多次强调，中国的现代化是社会主义的现代化而不是资本主义的现代化，是实现国家全面发展、全国各民族人民共同发展的现代化，它是中国建设社会主义强国的根本标志。所以，四个现代化建设实际上成了当时中国社会主义国家谋求发展和富强的总体布局。20年的现代化建设取得了巨大的成就，为中国社会主义国家的发展和富强奠定了坚实的基础。然而，在实践过程中，由于违反经济发展规律，过分强调"一大二公"，加上受"苏联模式"的影响，尤其是受各种"左"倾思想的影响，现代化发展的运行机制失去了生机和活力，导致现代化发展停滞不前。改革开放以来，我国社会主义经济建设取得了突飞猛进的发展，人民生活水平也得到了较大改善，然而，精神文明建设在许多方面同社会主义现代化建设、同改革和开放的形势不相适应，对精神文明建设的重要性还缺乏足够的认识，党内和社会上出现了一些严重的消极现象。在这个问题上全党如果没有一个清醒的认识，一些严重的问题得不到有效的解决，将会严重影响到社会主义国家的建设和发展的大局。为此，党的十二大作出了加强社会主义物质文明的同时努力建设社会主义精神文明的战略决策，并把我国社会主义现代化建设的总体布局确立为：以经济建设为中心，坚定不移地进行经济体制改革，坚定不移地进行政治体制改革，坚定不移地加强精神文明建设，并且使这几个方面互相配合，互相促进。这个国家发展布局不仅大大拓展了"四个现代化"的发展视野，而且深化了党和人民对我国社会主义现代化建设的认识，充分体现了社会主义国家的特色和优势。党的十六大报告和十六大通过的新党章对我国的"文明发展"模式又有了更全面更深入的理解，作出了建设社会主义政治文明的规定，它与建设社会主义物质文明和建设社会主义精神文明一起，构成了中国国家发展和建设的三个互相协调、互相促进的有机组成部分。这进一步深化了党对人类社会发展，对我国社会主义建设基本规律的认识。2007年胡锦涛总书记在中央党校的重要讲话，进一步深刻地阐述了中国特色社会主义国家发展事业的总体布局：经济建设、政治建设、文化建设、社会建设，构成了中国特色社会主义国家建设和发展的总纲。至此，"四位一体"构成了中国特色的社会主义国家发展的完整模式。

第二，在落实中国特色社会主义建设的实践中，形成科学的国家发展观。

为了顺应通过工业化奠定发展初步基础的要求，国家在发展计划的指导下，重视工业化，强调重工业，逐步形成了以追求经济增长为基本导向的发展理念。在这种发展观念指导下，中国社会主义很快建立了自己的现代工业体系，并对国家建设和国防事业起到了重大的作用。但是，总起来看，这一发展观是建立在对马克思主义经济理论一系列误解的基础上的，在实践中经济发展与经济增长严重脱节，"有增长而无发展"的局面，如经济结构畸形、基础产业发展滞后、第三产业薄弱、区域经济配置效率低下、经济效率和经济增长的质量低下、居民生活水平没有相应提高，等等。改革开放后，在社会经济发展的实践过程中，在全面总结过去国家发展的经验基础上，国家逐步调整发展思路和发展理念。强调以实现国家现代化为目标，超越单纯的工业化；将经济发展与经济增长统一起来，超越增长优先的理念；积极推进经济增长方式向内涵式和集约式的转变，超越片面的外延式与粗放式经济增长方式；兼顾社会的发展，改善人民群众的物质文化生活,超越单一层面的经济发展。但在实践过程中,上述国家发展理念执行效果并不理想,有些社会经济问题明显地凸现出来了。如城乡发展差别、经济与社会发展的差距、地区发展差距继续拉大;发展的资源约束与生态环境约束双重压力增大;发展没有从根本上做到以人为本,社会公平、正义与秩序的问题突出。要从根本上解决这些问题,就必须使人们对国家发展目标、发展方式、发展条件等问题有科学的认识,从根本上调整国家发展思想理念,用以指导党和政府以及广大人民群众的实践活动。中共十六届三中全会提出,要"坚持以人为本,树立全面、协调、可持续的发展观,促进经济社会和人的全面发展"。《中共中央关于完善社会主义市场经济体制若干问题的决定》中提出了"五个统筹",即统筹城发展、统筹区域发展、统筹社会经济发展、统筹人与自然和谐发展、统筹国内外发展和对外开放。"五个统筹"的提出标志着科学的国家发展观的正式形成。

第三,在实践国家"跨越"式发展中,形成一整套国家发展的战略策略。

20世纪以来,无论是先期工业化国家还是新时期发展中国家,都十分重视制定自己的总体发展战略。这种国家发展的总体战略是由政府特别是国家层面上的政府主导并推动,根据本国发展水平和状况以及国际发展态势,以本国利益为中轴选择并确立的。很显然,由于世界市场一形成,就为先期工业化国家所控制,它们实行的国家发展战略自然是如何保持自己的领先地位,利用自己在科技、资金和管理上的优势,尽力遏制后发国家的发展,以保持自己在世界市场上不断获得超过平均利润率的垄断利润和高投资回报。按照马克思的一般设想,社会主义国家应该是在工业最发达的资本主义国家"同时取得胜利"的,这有利于社会主义国家"支配资产阶级时代的成果,支配世界市场和现代生产力"。然而,中国作为一个以"跨越"式发展方式进入社会主义的国家,其发展水平和综合国力决定国家发展的总体战略必然是一种与"跨越"式发展方式相适应的战略,即"追赶战略"。"追赶"当然不是超越国家发展的必然环节,也不是超越自身经济形态所要解决的历史任务,而是在充分认清自己落后生产力发展水平以及国际发展态势的基础上,千方百计加快发展速度,在各方面缩短同工业先进国之间的差距,力求摆脱在国际政治经济交往中的不利地位。

新中国成立后,怎么样落实和实践国家"跨越"式发展,实现社会主现代化,这是党的第一代中央领导人思考的一个重要的战略问题。所以,迅速建立社会主义制度,赶超发达国家,展现社会主义制度优越性,自然就成了国家发展的一个重要的战略指导思想。毛泽东在 1953 年谈到党的过渡时期的总任务时,预计用三个五年计划基本完成社会主义改造。但是到了 1956 年初,急于求快的思想在党中央占了上风,于是作出了 1956 年底在农村基本建成高级农业生产合作社,在城市实现资本主义工商业全行业公私合营的布置,使原定十五年"基本上完成"的社会主义改造任务,只用了四年就全部完成了。1957 年 12 月 2 日,刘少奇《在中国工会第八次全国代表大会上代表中共中央致祝词》中说:"在 15 年后,苏联的工农业在最重要的产品的产量方面可能赶上或者超过美国,我们应当争取在同一期间,在钢铁和其他重要工业产品的产量方面赶上或者超过英国。那样,社会主义世界就将把帝国主义国家远远地抛在后面。"①1958 年 8 月末,中共中央政治局在北戴河召开扩大会议,作出钢产量比去年翻一番的决议,即由 1957 年的 535 万吨提高到 1958 年要完成 1070 万吨。显然,当时国家发展的总体战略思想和战略部署,在很多方面都远离了马克思主义国家发展理论的一般原则,过分强调国家发展和"赶英超美"的政治意义,这就造成了党内急于求成的浮躁情绪,影响了党冷静客观地判断形势,没能正确地认识自己的实力,超越了国家现代化建设的许多环节,超越了生产力发展的历史阶段,给国家发展带来十分严重的后果。"中国社会从一九五八年到一九七八年二十年时间,实际上处于停滞和徘徊的状态,国家的经济和人民的生活没有得到多大的发展和提高。"②

党的十一届三中全会后,党冷静地思考,科学地总结,得出了符合实际的结论。党的十一届六中全会在《关于建国以来党的若干历史问题的决议》中,首次提出了"我国的社会主义制度还是处在初级的阶段"。中国的社会主义要有一个很长的落后于资本主义国家的初级阶段的思想,在 1987 年 10 月召开的党的十三大报告中得到了系统阐述。报告指出:"在中国这样落后的东方大国中建设社会主义,是马克思主义发展史上的新课题。我们的情况,既不是马克思主义创始人设想的在资本主义高度发展的基础上建设社会主义,也不完全相同于其他社会主义国家。照搬书

---

① 《人民日报》,1957 年 12 月 3 日。
② 邓小平:《邓小平文选》(第 3 卷),人民出版社 1993 年版,第 237 页。

本不行,照搬外国也不行,必须从国情出发,把马克思主义基本原理同中国实际结合起来,在实践中开辟有中国特色的社会主义道路。"而且,"从五十年代生产资料私有制的社会主义改造基本完成,到社会主义现代化的基本实现,至少需要上百年时间,都属于社会主义初级阶段"。所以,社会主义初级阶段理论的提出及其在社会主义国家建设和发展的各个环节扎实实践,不但表明了党已经全面客观地认清了我国的基本国情,而且也承认了自己在很多方面落后于发达资本主义国家,我们将长期处于追赶的地位,这自然也就说明了我们选择的总体战略是与"跨越"式发展相适应的"追赶战略"。

国家总体战略的具体化体现在国家建设和发展的各个环节上。一是体现为国家发展战略目标和战略步骤,即邓小平设计的"三步走"发展战略上。到 20 世纪末为止,我国已经完成了前两步战略设想,为了更科学更有效地实践国家发展的第三步战略设想,1997 年党的十五大勾画了"新三步走"的战略蓝图,2002 年党的十六大阐述了全面建设小康的奋斗目标。二是国家的可持续发展战略。党在总结发达国家工业化经验和教训的基础上,根据国际发展趋势,以及我国人口、资源和环境的现状,我国确立了可持续发展战略,并在中国可持续发展重点领域及时采取了有效的对策策略。三是科教兴国战略。为适应 21 世纪国家发展的需要,以及当今世界各国科技创新、科技立国和科技人才竞争的发展态势,1995 年全国科技大会上就明确提出实施科教兴国战略,并明确写入党的十五大报告。四是新型工业化战略。党的十六大报告明确指出:"坚持以信息化带动工业化,以工业化促进信息化,走出一条科技含量高、经济效益好、资源消耗低、环境污染少、人力资源优势得到充分发挥的新型工业化路子。"这是党中央在我国进入全面建设小康社会、加快推进社会主义现代化的新的阶段作出的重大战略决策。五是区域协调发展战略。根据我国社会主义建设和发展的需要和实际进程,党中央适时地作出了加快国家区域发展的战略决策,如从改革开放之初的沿海发展战略到西部大开发战略,再到振兴东北老工业基地战略,以及推进城镇化战略,并取得了巨大的成功。

三 中国特色社会主义国家发展理论：最新成果

(一)"四位一体"的国家发展理论

经济建设、政治建设、文化建设、社会建设，构成了中国特色社会主义事业的总体布局，也构成了国家发展的战略模式。"四位一体"的发展模式的确立进一步深化了党对人类社会发展规律的认识。社会形态从低级向高级发展是人类社会发展的基本规律，社会形态的发展和进步的核心和主题就是不断实现人的解放，即人类摆脱对物、对人的关系的依赖和奴役，实现自由的联合，实现物能够为自己占有、劳动是自己的活动、社会关系成为人们自己的关系。而人类的经济解放、政治解放、思想文化解放和社会解放是人类解放的基本内容和前提。只有当人的经济、政治、文化和社会解放同时落实到人的个体经验生活和人的类生活两个层面上来，人类才能真正实现自身的解放，社会形态才真正有了进步，国家才真正成为人民的"代理人"。所以，"四位一体"的国家发展布局和模式更全面地反映了人类社会发展规律的要求，这是我们认识我国社会主义建设基本规律的理论基石。社会主义国家是全面发展、全面进步的国家。在中国特色社会主义建设中，经济建设、政治建设、文化建设应该向个人和社会落实。"四位一体"的国家发展总体布局的基本要求体现在以下几个方面：实现国民经济又好又快发展，关键要在转变经济发展方式、完善社会主义市场经济体制方面取得重大新进展；发展社会主义民主政治是党始终不渝的奋斗目标和政治方向；加强社会主义文化建设是不断满足人民群众日益增长的精神文化需求的需要，是全面实施党和国家发展战略的需要；社会建设与广大人民群众的切身利益紧密相连，必须摆在更加突出的位置，以解决人民最关心、最直接、最现实的利益问题为重点，使经济发展成果更多体现到改善民生上。

(二)科学的国家发展观

科学发展观的基本内涵可以概括为：坚持以人为本，树立全面、协调、可持续的发展观，促进经济社会和人的全面发展；坚持统筹城乡发展、统筹区域发展、统筹经济社会发展、统筹人与自然和谐发展、统筹国内发展和对外开放的要求。"人与自然之间关系的协调"和"人与人之间关系的和谐"是科学发展的理论核心,是国家建设和发展两条基线。前者要求努力把握人与自然之间关系的平衡,寻求人与自然的和谐发展及其关系的合理性存在,把人的发展同资源的消耗、环境的退化、生态的失衡等联系在一起;后者要求通过舆论引导、伦理规范、道德感召等人类意识的觉醒,更要通过法制约束、政策引导、社会有序、文化导向等人类活动的有效组织,去逐步达到人与人之间关系的调适与公正。

科学发展观是国家发展的科学理论。"它明确回答了怎样发展,发展的内涵、要求等问题;特别是明确回答了为什么发展,发展的方向、目的等更为根本的问题。"①科学发展观的提出具有重要的政治意义:一是科学发展观是党执政理国的政治理念在发展问题上的体现。二是科学发展观体现了中国特色社会主义国家的政治优势,体现了社会主义制度优越性。三是科学发展观统一了广大干部群众的发展思想,为解决国家建设和发展中出现的各种突出问题奠定了思想理论基础。四是科学发展观还回答了国家的持续、健康、稳定的发展还能不能继续下去,以及在新世纪里党究竟要领导建设一个什么样的中国的问题。

(三)和谐社会理论

党的十六届中央委员会第六次全会作出了《中央关于构建和谐社会若干重大问题决定》。2007年初,胡锦涛在中央党校正式向外界阐述"构建社会主义和谐社会"的系统理论,并统一了全党的认识。"国家发展的黄金期"和"社会矛盾的凸显期"是构建社会主义和谐社会的基本背景。社会主义和谐社会的目标和主要任务涵盖民主法制与依法治国、区域发展与收入分配、社会保障与就业、政府管理与服务、社会秩序与民族风貌、国家创新与人才;生态环境与资源节约、以人为本与人民利益等国家发展的各个环节。而科学发展、改革开放、民主法治、正确处理改革发展稳定的关系、党的领导与社会共建是构建社会主义和谐社会的基本原则。

我国构建的和谐社会是社会主义的和谐社会,是在中国特色社会主义道路上,中国共产党领导全体人民共同建设、共同享有的和谐社会。必须坚持以马克思列宁主义、毛泽东思想、邓小平理论和"三个代表"重要思

---

① 冷溶:《科学发展观的政治意义》,《政治学研究》2005年第3期。

想为指导,坚持党的基本路线、基本纲领、基本经验,坚持以科学发展观统领经济社会发展全局,按照民主法治、公平正义、诚信友爱、充满活力、安定有序、人与自然和谐相处的总要求,以解决人民群众最关心、最直接、最现实的利益问题为重点,着力发展社会事业,促进社会公平正义,建设和谐文化,完善社会管理,增强社会创造活力,走共同富裕道路,推动社会建设与经济建设、政治建设、文化建设协调发展。因此,构建社会主义和谐社会是党继"三步走"、"新三步走"和"小康社会"之后,在新的历史条件下对国家发展目标所作出的又一次战略规划,使国家发展的战略目标更全面、更系统、更具体,具有极大的社会凝聚力作用。社会和谐是中国特色社会主义的本质属性,是党在实践发展的基础上对社会主义本质认识的深化,丰富、发展和完善了中国特色社会主义理论。和谐社会理论是马克思主义社会决定国家的基本原理在当代中国特色社会主义建设实践中的理论创新,是国家回归社会的实现形式。

(四)国家创新理论

20 世纪 80 年代初以来,创新理论在全世界范围内迅速兴起,受到世界各国的重视。许多国家在政府的主导下,制定各种积极政策法规,建立国家创新体系。党中央高度重视国家创新理论和创新体系的建设,十六届五中全会提出了"建设创新型国家"战略设想,之后还制定了《国家中长期科学和技术发展规划纲要(2006—2020 年)》,要求把提高自主创新能力作为调整经济结构、转变增长方式、实施循环经济、构建和谐社会、保障可持续发展、提高国家竞争力的中心环节。"建设创新型国家",首先,要走中国特色自主创新道路,坚持自主创新、重点跨越、支撑发展、引领未来的指导方针,把提高自主创新能力摆在突出位置,大幅度提高国家竞争力。其次,要深化体制改革,加快推进国家创新体系建设,建立中国特色的知识创新体系、技术创新体系、创新的制度体系。再次,要创造良好环境,培养造就富有创新精神的人才队伍。最后,要发展创新文化,努力培育全社会的创新精神。要把我国建设成为一个"创新型国家",基本原则是要坚持瞄准国际科学前沿和我国第三步战略目标,有所为,有所不为;知识创新与体制创新和管理创新相结合,坚持高目标、高起点、高要求;统一规划,分步实施,重点突破,全面推进。这些构成了新时期我国的国家创新理论。

国家创新理论是马克思主义与中国实际相结合的重要理论创新成

果。创新型国家战略深刻反映了当代社会生产力发展的规律,标志着党对生产力发展的规律有了更加深刻的认识。国家创新发展是我国在当今世界科技迅猛发展和我国生产力现有水平的背景下,实现"跨越"式发展的必然选择。

(五)国家新型工业化理论

实现社会主义生产力的"跨越"式发展之论初见于党的十五届五中全会文件,而后,江泽民同志进一步提出:"这是我们党代表中国先进生产力发展要求必须履行的重要职责。"①党的十六大又在此基础上对生产力跨越发展的具体道路作出了科学的规定:立足中国现实国情,放眼世界经济发展大势,遵循工业化的一般规律,反思人类已有的对工业化道路的探索,走新型工业化道路。

新型工业化道路就是"坚持以信息化带动工业化,以工业化促进信息化,走出一条科技含量高、经济效益好、资源消耗低、环境污染少、人力资源优势得到充分发挥的新型工业化路子"。新型工业化道路要解决的问题:一是要形成新的快速增长方式,从而提高我国的综合国力和国际竞争力。二是要解决经济增长与资源、环境的矛盾,从而有效地应对资源、环境的硬约束,实现可持续发展,降低经济增长的代价。三是要解决劳动力就业问题,从而有力地吸纳因经济结构的优化升级而产生的大量的相对剩余劳动力,确保社会的稳定。

新型工业化是实现国家现代化必然要完成的历史任务,是马克思主义国家发展理论的实践创新,贯彻落实了国家发展的基本战略,体现了科学的国家发展观。

---

① 江泽民:《江泽民文选》(第 3 卷),人民出版社 2006 年版,第 275 页。

第八章　利益、主权与认同

——马克思主义民族国家理论的新进展

民族国家理论是马克思主义国家理论的又一个重要内容。马克思主义的民族国家理论是以马克思的唯物史观为方法论依据,在深入考察近代资本主义(西欧)生产方式的发生、发展与市民社会的成长、壮大以及资本主义彻底战胜封建主义等一系列事件的基础上所形成的系统的思想和理论。在当代,民族国家遇到了全球化的严峻挑战。随着全球化在经济、政治、社会和文化等层面的进一步展开,全球化的逻辑与民族国家自身的内在逻辑发生着越来越激烈的矛盾,挑战着现代民族国家的利益、主权和认同的基础。民族国家是因此被侵蚀而迅速走向衰弱,还是积极应对,强化自身的国家建构,这对当代社会主义国家来说不仅是一个创造性的实践问题,更是一个马克思主义国家理论的创新问题。

一　马克思主义民族国家理论:国家的民族化建构

(一) 政治化的民族与民族化的国家

什么叫民族国家? 民族国家有那些基本特征? 现代主权国家都属于民族国家吗? 社会主义国家是不是民族国家? 这些似乎显而易见的问题直到现在依然总是纷争不已。这种纷争的原因既与人们理解的历史经验、理论视角、方法原则上的不同有关,也与"民族"和"国家"这个本身就弄得纷争不断的历史范畴有关。

"民族"这一概念，《现代汉语词典》是这样定义的："①指历史上形成的、处于不同社会发展阶段的各种人的共同体。②特指具有共同语言、共同地域、共同经济生活以及表现于共同文化上的共同心理素质的人的共同体。"近年来有研究者对此提出了质疑，认为这种定义虽然强调了民族是一群有共同特征的人，强调了民族的民众的、社会的和非政治化的性质，但却不能充分说明本来就有多种层面且不断改头换面的人、人群和人群共同体，它忽视了民族的政治学意义或本来就含有的政治含义。①

在民族研究界，西方学术普遍强调民族的政治内涵。英文世界里 nation 一词既具有民族的意义，又具有国家的含义。从各学科人们对民族问题的研究的资料进行归纳总结和理论梳理，我们不难发现人们对民族的界定，大致有"现代主义"和"族群—象征主义"两种基本理论。② 它们构成了人们理解民族概念的两种基本向度：政治向度和社会向度。

现代主义的民族理论大致可以归于政治向度，其主要代表人物有欧内斯特·盖尔纳、艾瑞克·霍布斯鲍姆、安东尼·吉登斯等。他们认为，民族是一个现代概念，是"将自己的集体主权组成能表达政治意愿的国家公民所构成的团体"，③"是一种国际政治的行动者"。④ 吉登斯强调民族应该隶属于行政机构，霍布斯鲍姆主张应当把政治性作为民族的基本含义，班尼迪特·安德森认为民族是现代化过程中由人们想象而产生的政治共同体。与现代主义过分强调政治向度的民族观相反，族群—象征主义在批判现代主义的基础上，更强调的是一种社会向度的民族观，即主要从社会历史、文化的角度来界定民族的内涵。族群—象征主义最主要的代表人物是安东尼·史密斯。史密斯将民族定义为：具有名称的人类群体，共享历史领土，有共同的神话和历史记忆，拥有大众公共文化，所有成员参与共同的经济和享有共同的法律权利和义务。⑤ 在这里，史密斯区分了族群和民族两个概念。他认为，族群由于与历史文化因素有关，因而

---

① 李世博主编：《知识分子的立场——民族主义与转型期中国的命运》，时代文艺出版社 2000 年版，第 2 页。

② 有关"现代主义"与"族群—象征主义"两种基本理论的主要观点，请参见叶江：《当代西方的两种民族理论》，载《中国社会科学》2002 年第 1 期。

③ 转引自叶江：《当代西方的两种民族理论》，《中国社会科学》2002 年第 1 期。

④ 贾英健：《全球化与民族国家》，湖南人民出版社 2003 年版，第 26 页。

⑤ 参见叶江：《当代西方的两种民族理论》，《中国社会科学》2002 年第 1 期。

它是历史上即存在的,具有久远的历史性和持久性。民族则是一个在新的历史时期出现的新范畴,它与疆域的联系不同于族群的那种象征性关系,而是真实存的占有性的关系;而且民族成员具有明显的"市民"或"公民"的性质,因而也表现出强烈的政治性。

可见,现代主义强调"民族"的现代性和政治性,注重"民族"的市民或公民性质以及它与国家之间的紧密关系,族群象征主义则强调"民族"的历史性和社会性。现代主义强调民族与国家在边界和国内人民共享单一的族群文化上的一致性,族群—象征主义则强调民族与国家在概念上的区别。但二者都承认民族与族群不同;承认民族是有名称和身份的人群体;承认在现实的国际体系中,并不是所有的主权国家都是单一民族的国家,一个民族有多个国家,一个国家有多个民族,以及有的民族没有国家等现象。①

无论是现代主义还是族群—象征主义,它们对民族问题的考察都是从西方(西欧)自身的历史经验和现实实践出发的。由于这些材料并不具有理论概括的普世性,因而在理论上存在着比较浓厚的西方中心主义倾向。尽管如此,西方民族理论对民族的历史性分析和政治性分析更进一步揭示了民族的本质,这对我们深刻理解马克思主义民族国家理论具有重要的意义。

界定民族这一概念,必然涉及民族的产生问题。马克思主义对民族的理解并没有囿于抽象的理论概括,而是从历史唯物主义的基本世界观和方法论出发,深入到人类社会生产方式变革的历史进程中,站在一切社会上层建筑所赖以产生的物质资料生产的基础上来考察民族问题。马克思指出:"城乡之间的对立是随着野蛮向文明的过渡、部落制度向国家的过渡、地方局限性向民族的过渡而开始的,它贯穿着文明的全部历史直至现在。"②恩格斯还指出:"同商业和手工业一起,最后出现了艺术和科学;从部落发展成了民族和国家。"③根据马克思、恩格斯的认识,民族是随着社会生产的发展,在人类结束荒蛮状态后出现的,它与文明社会的组织结构联系在一起。对于民族的产生问题,列宁更为明确地认为:"民族是社会发展到资产阶级时代的必然产物和必然形式。工人阶级如果不'把自

---

① 贾英健:《全球化与民族国家》,湖南人民出版社 2003 年版,第 29 页。

② 马克思、恩格斯:《马克思恩格斯选集》(第 1 卷),人民出版社 1995 年版,第 104 页。

③ 恩格斯:《自然辩证法》(单行本),人民出版社 1971 年版,第 156 页。

身组织成为民族',如果不成为'民族的',就不能巩固、成熟和最终形成。但是资本主义的发展,日益打破民族壁垒,消除民族隔绝状态,用阶级的对抗代替民族的对抗。"①斯大林进一步发挥了列宁的思想:"民族不是普遍的历史范畴,而是一定时代即资本主义上升时代的历史范畴。"②

马克思等人对民族产生的理解,是从人类社会生产方式演进的历史进程来理解的。在马克思看来,民族出现的标志是农业、手工业和商业的出现、野蛮婚姻制度的被废止和符合新的生产力的社会伦理的萌生。它是古代意义上的而又必然演进到现代意义上的民族概念。而列宁和斯大林的民族概念,则是古代民族发展到现代意义上的民族,它始于西欧资产阶级革命。正因为民族这种历史的连续性和发展的阶段性,今天人们更多的是从现代意义上来理解民族问题。在马克思主义看来,民族首先是一种古老的历史的概念,它以民族历史文化认同为前提。摩尔根在详尽考察人类早期氏族、部落的组织形态基础上,指出,部落民族最先由氏族开始,出于社会目的和宗教目的而形成胞族,由于活动范围的扩大,经过部落的整合下形成民族。③ 他们有共同的语言、宗教、文化、历史和民俗,这是民族认同的基本因素。恩格斯正是基于摩尔根的历史考察,指出民族的特性首先是民族的社会历史性。

当社会生产方式进入资本主义时期,民族也进入了资本主义的发展阶段,这时,民族就具有了现代的意义。因为,资本主义政治的统一性还需要以社会的方式组织起来,需要从社会中获取合法性依据,需要以民族利益作为国家利益的新的抽象形式。而最能为资产阶级国家提供这种需要的,既不是单独的个人,也不是某个阶级或集团,而只能是民族。于是,资产阶级的统治权力也就成了"以民族统一的体现者自居同时却脱离民族、凌驾于民族之上的国家政权"。④ 因此,民族似乎是因社会生产的发展而被迫纳入现代政治的轨道,其历史文化特征和社会组织、整合功能就被国家赋予了政治的性质而与国家建构结合在一起了。从这个意义上看,现代民族是在国家催化之下形成的,正如黑格尔所指出的,"民族不是为了产生国家而存在,民族是由国家来创造的"。⑤ 可见,民族是在其历

---

① 列宁:《列宁选集》(第 2 卷),人民出版社 1995 年版,第 441 页。
② 斯大林:《斯大林全集》(第 2 卷),人民出版社 1953 年版,第 300 页。
③ 路易斯·亨利·摩尔根:《古代社会》,杨东莼译,商务印书馆 1977 年版,第 61—67 页。
④ 马克思:《法兰西内战》,《马克思恩格斯选集》(第 2 卷),人民出版社 1972 年版,第 376 页。
⑤ 转引自姜鹏:《民族主义与民族、民族国家》,《欧洲》2000 年第 3 期。

史建构中逐渐获得了社会与政治的双重属性的。

当现代民族走向国际舞台后,其政治属性就在某种程度上以"国际政治行动者"的方式表现出来。西欧主权国家国际体系的形成就可以说明这一点。资产阶级在打破封建割据局面的同时,也把种族、民族集合为一体并使它凝固起来了。于是民族主义的强大作用就被资本主义国家所利用,成为不断向世界扩张的合法性动力;同样,在国际舞台上,国家又常常以维护民族利益的名义,通过将国家和国际事务不断地向每个公民的日常生活中进行渗透,以充分发挥民族在调整国际关系中的决定性作用。如今,民族已经成为各国处理国际关系时,经常利用而又慎重对待的一种重要因素。

综上所述,民族的政治性质只是发展到了资本主义的历史时期才逐渐凸现出来,并具有了与国家相结合的基础。与此同时,国家发展到了资本主义的历史时期,其社会性即社会基础也因日益受到统治阶级的重视而被强化,于是国家就不能不给自己添上"民族"的色彩。国家也逐渐获得了民族的属性。[①] 如我们前面所阐述过的,在马克思主义看来,国家表面上是凌驾于社会之上的力量,国家存在的前提和目的就是通过一个阶级对另一个阶级的专政,维护统治阶级的统治和利益,使社会秩序的发展有利于统治阶级的统治。然而,如果仅仅停留在这个意义上来理解国家的实质,那么,国家似乎是独立于社会之外或之上的一种机器,而军队、警察、监狱似乎是国家的唯一实体,政治统治也似乎是国家的唯一职能。实际上,这是对马克思主义国家理论的一种机械的理解。因为,"国家是阶级统治的暴力工具"只是从国家起源意义上来看的。但如果从国家的存在意义上看,国家不可能脱离社会,反而必须以社会为基础,时时处处要以社会普遍利益的代表的身份活动,这就表明国家与社会始终存在紧密的相互依赖、相互适应的关系,而且国家与社会这种相互关系到了现代社会才真正表现出来。所以,国家绝非是一个纯政治概念,而是一个综合性的社会政治概念。国家是通过公共权力连接起来的,以维护公共利益和处理公共事务为目的,并由一定人口、领土组成的有机组织体。[②] 而且,国家的这种社会性将随着社会物质生产的发展而不断被强化。

资本主义生产方式的发生和发展,大大推动了资本主义的市民阶级、

---

① 参见王希恩:《民族过程与国家》,甘肃人民出版社 1998 年版,第 293 页。

② 参见王振海:《关于国家的起源、本质与特征的思考》,《文史哲》1999 年第 3 期。

市民社会的出现和成长壮大。市民社会的发展壮大，尤其是市民社会的公共利益和公共事务的增长，表明"私有制摆脱了共同体，国家获得了和市民社会并列并且在市民社会之外的独立存在"，[①]于是，国家随着市民社会的抽象而抽象化了，相应的国家与社会的一体化结构就被国家与社会的二元结构所代替，国家决定社会的政治逻辑也就被社会决定国家的政治逻辑所代替。社会决定国家的政治逻辑使统治阶级越来越认识到，必须充分正视国家的社会基础，于是近代资本主义国家的社会公共职能随着资本主义社会的发展和成熟而逐渐呈现出来了。资本主义国家的社会性和社会职能的凸显并不断得到强化，在理论上是具有很强的逻辑建构力的。也就是说，人们对国家的本质的理解，不仅是基于历史的逻辑，而且还是基于现实政治经验的逻辑。在某种程度上，西方论者所抓住的"公共"一词，是现代西方国家现实实践的经验化的成果，它最能代表和体现国家的社会性本质：国家权力是指向全体公民的一种普遍性权力；国家具有自主处理自己内外事务的权力；国家权力及其组织和运行必须具有社会公意基础。

一旦国家的社会性被重视和强化起来，那么，民族在利益诉求、社会组织、文化认同等方面的普遍性功能就最能满足现代国家的集中、统一和"公共性"建构的需要了。这样，国家在现代建构的过程中，从民族那里获得了更加丰富的内容，更加坚实的合法性基础，更加强大的社会功能。因此，从这个意义上来说，现代国家的建构过程就是国家的民族化建构过程。

(二)民族国家及其基本特征

民族与国家的历史上的关联性、逻辑上的同一性和实践上的互补性，使两者必然走在一起，形成了现代意义上的新型国家。基于这样的历史事实，西方学界对民族国家进行了经典的理论构思和实践发挥。西方民族主义的古典理论[②]认为，民族国家就是由一个民族或者基本上由一个民族组成一个国家的政治组织形式。在这种理论看来，人类最为理想的共同体形式就是民族国家，它将自然的民族和人为的国家结合起来，实现

---

① 马克思、恩格斯：《马克思恩格斯选集》(第1卷)，人民出版社1972年版，第69页。
② 关于民族主义古典理论，参见贾英健：《全球化与民族国家》，湖南人民出版社2003年版，第48页。

了两者的完美结合以及主体边界与国家领土疆域的大致一致,这不仅有效地避免了国际战争和争端,而且还成为现代国家合法性的重要根源。①正是在这个意义上,人们一般将欧洲中世纪晚期出现并在资产阶级革命时代普遍形成的"典型的正常的国家形式"②界定为民族国家。在19世纪一些西方资产阶级思想家看来,民族国家是最好的国家形式;欧洲每一个文明民族都有自决权,都应当通过独立、合并、统一等途径实现民族的自立与完整,都应当建立本民族的主权国家,即民族国家。所以,英国学者埃里·凯杜里就干脆把国家与民族相符一致确立为民族国家的基本原则,宣称民族与国家政治单位必须严格对应起来,不符合这种原则的必须要加以革除。③

有人认为,这种与资本主义政治理念相契合的民族国家思想,只是从国家的民族构成意义上来对民族国家进行界定的。④ 然而,不可否认的事实是,这种理论对后来的政治实践却产生了极为深远的影响。极端民族主义、地区分立主义和各种恐怖主义在当前世界各地的猖狂盛行,在一定程度上是与这种理论思潮密切相关的。如今,有不少的研究者指出,西方民族主义的古典理论具有明显的历史化约论的思维特征。它更多的是强调包容个人自由和身份的民族的政治化,而忽视了世界其他地区的主权国家在实现国家现代化过程中的民族建构的多样性。像东欧国家和美国、中国、印度等多民族的主权国家在现代化进程中始终伴随着国家的民族化建构过程,并且可以说,至今都是一个"未完成的方案"。而且,即便是像英国、法国和德国这些"典型"意义上的民族国家,如今也同样面临着国家的民族化建构问题。

在马克思主义看来,现代国家的民族化建构是国家社会性发展的一个重要内容,也是国家回归社会的一种重要方式。这是一个必然的历史趋势。所以,如果从这个意义上来理解民族国家,那么民族国家就不再是一个欧洲概念了,而是一个具有普遍意义的概念了,或者说,国家的民族化不再是一个地区现象,而是一种全球化过程。因此,民族国家也并不是一种政治的乌托邦,而是一种现实的社会政治过程。美国历史学家C·

① 唐昆雄:《民族国家:本质、现实性和普遍性》,载赵家祥等编:《理论视野》,贵州人民出版社2002年版,第100—101页。

② 列宁:《列宁全集》(第25卷),人民出版社1988年版,第225页。

③ 埃里·凯杜里:《民族主义》,张明明译,中央编译出版社2002年版,第四版导言,第12页。

④ 贾英健:《全球化与民族国家》,湖南人民出版社2003年版,第48页。

E·布莱克似乎突破了民族主义的古典理论的局限,他指出,现代民族高度依赖于它的公民的各种形式的认同与合作,而共同的历史经验和共同的语言这些民族要素则又是国家获得支持的基础,民族主义已经被证明是巩固公民对国家的忠诚的"最有效的工具"。① 也正是在这个普遍性意义上,毛泽东在谈到社会主义国家政权的性质时就曾指出过:"文明的政府不但是代表工农的,而且是代表民族的","总括工农及其他人民的全部利益,就构成了中华民族的利益。……所以人民有权利称我们自己是代表全民族的。"他还明确表示,中国"是一个由多民族结合而成的拥有广大人口的国家……是一个伟大的民族国家"。② 在这里,毛泽东是从中国的民族化建构的意义上来谈国家政权性质的。

这里必须指出的是,西方学者所认定的普世性民族国家概念,首先是建立在资本主义生产方式基础上的,"拥有统一的政府、统一的法律、统一的民族阶级利益和统一的关税的统一的民族国家",③是借助于民族保证资本主义真正自由广泛发展的民族化国家。然而,正是出于满足资本本性的需要,这种与资本主义政治理念相契一致的民族国家概念就被理想化、普世化了,并从一开始就被化约为现代国家的标准模式。因此,这种被资本主义普世化了的民族国家概念与马克思主义民族国家的普遍概念是有本质区别的。

在马克思主义看来,民族国家是与现代生产方式相适应的国家发展的新形式,它以民族化建构为特色,通过民族的疆域与人口的划界来确立主权,通过民族性的普遍利益要求来强化作为社会公共代表者的身份,通过民族共同体的历史文化认同来获得广泛的国民忠诚。可见,"民族国家,就是建立统一的中央集权制政府的、具有统一的民族阶级利益以及同质的国民文化的、由本国的统治阶级治理并在法律上代表全体国民的主权国家"。④ 因此,民族国家作为国家发展的新阶段和新形式,它既有一般国家的重要特征,如一整套官僚制度、合法垄断暴力、阶级统治的本质

① C·E·布莱克:《现代化的动力——一个比较史的研究》,景跃进等译,浙江人民出版社1989年版,第11—15页。
② 转引自宁骚:《民族和国家——民族关系与民族政策的国际比较》,北京大学出版社1995年版,第268—269页。
③ 马克思、恩格斯:《马克思恩格斯选集》(第1卷),人民出版社1995年版,第277页。
④ 转引自慕良泽、高秉雄:《现代国家构建:多维视角的述评》,《南京社会科学》2007年第1期,第60—67页。

等,又有其特殊性。这里我们主要在与传统国家的比较意义上,对马克思主义民族国家的基本特征作一个尝试性概括。

第一,民族国家之"社会公共利益"代表者的角色更具有实质性的意义。在马克思主义看来,国家是利益分化、斗争与整合的结果。利益上的不同不断引起人们在交往活动中的利益冲突。人们为了实现自身的利益,也为了协调各种利益冲突,必然结成各种各样的利益共同体形式,如氏族、部落、民族、国家等。但这种社会现象和过程的另一面是,人们所形成的各种利益共同体形式,反过来又形成了与个人特殊利益相对立的矛盾现象。也就是说,每一个利益共同体都是社会一部分人借以实现其共同利益的形式,这势必造成共同体的"特殊利益"与社会其他成员的普遍利益的矛盾冲突。当国家在实现资产者的财产和利益的同时,也造成了资产者国家与无产者之间的矛盾和冲突。为了缓和冲突,国家又不得不以超越阶级特殊利益者的角色出场,去满足不同阶级、阶层和团体的利益需求,从而使国家利益在"统治阶级利益"这个本质的基础上,获得更为广泛的"社会公共利益"的形式。由于民族具有天然的社会基础,民族普遍性的利益需求对于国家来说,是一种天然的建构资源,它在使国家超越"阶级利益"而代表社会公共利益方面,起着无可替代的作用。而另一方面,对生活在世界上的各个民族来说,国家能够提供一种在其内外的交往中确保自身普遍利益需要的满足形式。正是在这个意义上,恩格斯在谈到近代欧洲国家兴起时曾指出:"日益明显、日益自觉地建立民族国家的趋向是中世纪世界的重要形式之一。"[①]民族国家实现了"统治阶级利益"、"社会公共利益"和"民族利益"三者的统一,使民族国家利益具有了实质性的社会公共基础。

第二,民族国家主权的统一性、权威性和独立性得到最终确立。国家主权的确立是近代民族国家诞生的标志,也是民族国家的尊严和象征的标志。国家借助于民族确立了疆域、人口的界限。传统意义上的国家,由于宗室姻亲关系的变化和诸侯争夺频繁等因素的影响,其领土和人口变得十分不稳定。而且,民族作为一个较之族群更具有疆域、人口确定性的社会共同体形式,它满足了现代国家的权力行使对市场集中、疆域明确和人口确定等方面的要求。可见,国家疆域的确定和民族的"公民化"对国家权力的统一性具有重要的作用。另一方面,主权作为一种统治权威,在

---

① 马克思、恩格斯:《马克思恩格斯全集》(第 21 卷),人民出版社 1979 年版,第 452 页。

民族国家形成之前,受到宗教教权和分封贵族权力的挑战。在民族国家的形成过程中,由于人民为了免受权力争夺之苦,迫切需要有完善的政府和更好的司法管理,也由于统治者为了更好地维护自己的统治,迫切希望加强自己的权力。于是民族国家的统治权威就在人民和民族的支持之下被树立起来了。这种统治权威就是现代民族国家主权,它在确定的疆域内是至高无上的,是国家政治统治确立和民族自治的象征。同时,民族国家主权的权威性,即它的"特殊地位和组织使它能够代表这个国家的人民参与国家间的往来,决定相互间的重大事务"。可见,民族国家主权是"完全自治的,因而是独立的"。①

第三,民族国家的认同基础和公民忠诚得到了进一步的强化。现代国家的存在是以广泛的公民忠诚和民族认同为根据的。在传统的政治秩序中,国家统治的认同基础和效忠机制建立在封建特权利益、君主绝对权威、神权政治(宗教)观念和封建正统(道统)理念的基础上,完全是出于政治强制和精神强迫,并不存在广大民众的自觉和自愿。然而,在民族国家形成过程中,国家所包含的如主权、宪政、个人自由、集体权利、公民资格、公民社会等概念,就不再仅仅通过冷冰冰的政治方式化成国民忠诚,还以广泛的政治文化或民族文化的认同形式表现出来。这种民族认同随着岁月的不断积淀,逐渐融于一个民族的传统文化之中,构成现代民族国家赖以生存的重要资源。这就大大拓展了现代民族国家的认同基础。民族认同的拓展进一步强化了人们对国家的忠诚。民族身份作为一种集体归属的象征,它与人民的利益、地位和感受密切相关,能为人们提供一种心理上的忠诚。因为,任何人都希望归属于一个强有力的群体,并通过这个群体找到自身的位置,确证自己存在的意义。在现代民族那里,由于民族认同具有强烈的政治意义,因此,人们确定自己身份和价值的时候,总是通过对国家的忠诚表现出来。当这种忠诚逐渐具有了政治的文化价值意义时,人们的民族情感及其活动就能超越人的感性心理层面而升华为一种理性化的民族精神、意识形态、社会运动和政治诉求。这时,民族主义就成了民族国家最典型的政治文化。它把民族与国家两种信念密切结合在一起,"为民族国家的构建提供一种政治理想、价值、观念和符号"。②

---

① 王逸舟:《当代国际政治分析》,上海人民出版社 1995 年版,第 48—49 页。
② 参见李元书主编:《政治发展导论》,商务印书馆 2001 年版,第 76 页。

(三)民族国家的建构

当社会生产方式的进步促使国家与民族结合在一起时,民族国家也就面临着建构的历史重任。由于国家是历史性的,因而国家必然是建构性的。所谓国家建构,意味着对社会对国家进行构想、设计和建设。那么什么叫民族国家的建构呢? 就民族国家的建构途径而言,有人认为,一般有两种基本的方式:一是否定性建构,即对原来存在的国家形式和合法性进行否定的基础上建构;二是肯定性建构,即对肯定原来存在的国家形式和合法性的基础上,通过对旧有的国家制度进行改造而建构。① 而就国家的建构内容而言,学界由于对"现代国家"、"民族国家"、"国家主权"、"民主主权"等相关范畴的理解的差异,而各有不同的观点。但强调的重点基本上主要集中在民族国家的"共同体建构"、"制度建构"、"主权建构"、"利益建构"、"认同建构"、"能力建构"、"民主建构"等方面。

那么民族国家的建构在马克思主义看来,究竟指的是什么呢? 在马克思主义看来,"民族国家"只不过是国家借以实现自己的一种现代形式,这种"崭新"形式是国家历史演绎过程中的暂时形态。从这个意义上说,"民族"只是现代国家建构的一种视角或一个方面。近年来,以徐勇为代表的国内研究者认为现代国家是"民族—国家"和"民主—国家"的统一体,因而,现代国家建构可分为"民族"和"民主"二元视角或两条主线上的建构。② 前者以国家主权为中轴,围绕着国家主权对内的"一体化"和对外的"自主化"进行国家组织的构想;后者以国家权力合法性为中轴,围绕着主权在民的原则进行国家制度的构造。应该说,这种区分是马克思主义意义上的。因为,虽然民族建构突出的是"以民族共同体为组织基础的政治共同体"的建构,民主建构强调的是"基于国家权力民主属性的制度体系"的建构,但是无论是民族建构还是民主建构,归根到底都涉及国家与社会的关系、国家权力的阶级性和公共性、阶级利益以及阶级借以实现自己利益的社会公共利益(包括民族利益)、国家的民族认同与国民忠诚等问题。可见,国家建构的这两种视角或主线反映的是国家的社会取向的建构要求,这是符合社会决定国家这样一个基本的马克思主义原理的。

---

① 参见周丕启:《民族主义与国家建构》,《国际政治研究》1999 年第 1 期,第 77—83 页;贾英健:《全球化与民族国家》,湖南人民出版社 2003 年版,第 48 页。

② 徐勇:《"回归国家"与现代国家的建构》,《东南学术》2006 年第 4 期,第 18—27 页。

所以,在马克思主义意义上的民族国家的建构,实质上是国家的民族化建构,主要包括国家的主权建构、利益建构和认同建构。

当资产阶级完成了启蒙运动和工业革命后,欧洲就产生了君主专制的政治统一的国家形态(对于这种国家形态,吉登斯、安德森和赫尔德等人都称之为"绝对主义国家")。它标志着欧洲主要国家开始进入了近代民族化的建构阶段。绝对主义国家的民族化建构有其自身的历史特征。

第一,在国家的主权建构方面,绝对主义国家的主权的对外自主性得到确立,对内一体化统治达到了前所未有的高度。在绝对主义国家里,作为民族国家的首要条件之一的主权的空间即领土范围得到基本确立。吉登斯在分析这一问题时指出:"17世纪的欧洲国家已经不再仅仅是七拼八凑的诸侯国。每一个单一的国家,或者更准确地说,那些在经过几个世纪的战争和领土再分配过程后依然能幸存的国家,其独立主权的巩固过程也是国家间全面整合的过程的一部分。"①吉登斯在这里既强调了国家主权的空间范围与国家统治领土的相一致性,也强调了国家主权是因国家统治的领土疆域而得到承认和确立的。1648年签订的《威斯特伐里亚和约》确认了基于疆域边界的国家主权原则。由于国家领土疆域得到相互承认,因而在绝对主义国家体系中,各国处理内部事务与国家之间关系的独立性和自主性更加凸显出来。同时,国家主权对内的一体化建构进一步强化了。赫尔德指出,绝对主义国家里,权力的集中启动了一系列对政治共同体的历史具有巨大重要性的发展,包括领土边界与一个统一的政治系统日益吻合;财政管理的集中与延伸;行政管理权向中央集中;公共管理机构和专业官僚向全国各地扩展;军事权力逐渐由国家垄断,等等。这就形成了一个类似于"金字塔"的覆盖全国的中央集权官僚机构。所有这一切大大提高了国家对社会的统治和整合能力。

第二,在国家的利益建构方面,绝对主义国家在经济上代表封建特权的利益,民族的利益屈从阶级统治利益。绝对主义国家出于巩固自己特权地位的需要,建立了庞大的官僚统治机构,为了使这些官僚机构正常运转,就必须有充足的税源。为此,绝对主义国家重视民族资本主义工商业的发展,并采取了一系列的鼓励和保护措施,发展国内商品经济。但这些促进民族工商业发展的措施,也是有限的。一旦这种发展危及自身的政治统治和阶级利益时,绝对主义国家统治者就会利用手中的权力

---

① 吉登斯:《民族—国家与暴力》,胡宗泽、赵力涛译,三联书店1998年版,第113—114页。

来制止和消除这种现象的发展。所以,阿尔都塞说:"绝对君主制的政治统治是在商品经济发展阶段为保持封建统治及剥削方式而产生的新的政治形式。"①可见,在绝对主义国家里,民族已经成为国家主权建构和获取税利的一种有效形式,但是,由于绝对主义国家毕竟是封建特权阶级的国家,其阶级利益与民族资本主义工商业阶级的利益是根本对立的,因此,绝对主义国家不可能形成具有实质意义上的"民主化"建构。况且,民族工商业阶级所能享受法定权利和所应获得的经济利益,往往由于君主(国王)的专断和集权常常不是流于形式就是化为乌有。因而,民族也就不能真正构成绝对主义国家建构的积极因素,国家的民族化建构当然也就不会成为绝对主义国家的自觉选择。

第三,绝对主义国家缺乏对于国家的广泛的民族认同和国民忠诚。如我们所知,国家是基于社会利益基础上而形成的阶级统治的机器。因此,民族利益、社会公共利益是国家获得广泛民族认同和国民忠诚的基础。一般说来,只有民众认同的国家,才能使各种权力具有权威性,而民众认同和忠诚这样的国家,不是出于一种强制,而是自觉自愿。但在绝对主义国家里,市民社会成了特权阶级的国家获取源源不断税收的对立物,市民社会尤其是力量还比较弱小的资产阶级所享有的各种权利始终要服从于封建个人专权和独断,这样,民族认同和国民忠诚赖以形成的社会利益基础就被特权阶级严重削弱。尽管那时的西班牙、英国、法国等君主国家,通过疆域的确立和语言的统一与净化运动,使国家积累了较为丰富的民族认同基础,人们也具有相当的民族意识,但是这种存在于社会中的民族因素和民族意识却没有转化成对绝对主义国家的国家忠诚,人们之间即使存在国家意识也只能是一种抽象的、对未来理想中的国家的意识。因此,这种靠王权专断和利益掠夺来维系的国家,最终必然会丧失对民众的动员和组织作用,因而也就根本不可能形成基于民族主义政治文化上的国民忠诚。

毫无疑问,绝对主义国家通过国家主权的建构和民族疆域、语言的统一,在很大程度上使自己获得了民族的外观,为资本主义民族国家的形成奠定了坚实的基础。但绝对主义国家的建构运动激化了封建特权阶级与新兴民族资产阶级之间的利益矛盾。当资产阶级革命斗争取得了对封建

---

① 转引自佩里·安德森:《绝对主义国家的谱系》,刘北成等译,上海人民出版社2001年版,第19页。

专制主义胜利,建立了资产阶级自己的国家政权后,国家的民族化建构就真正走上了实质性轨道。如果说前资本主义的国家建构是一种纯粹的政治建构,尽管它也包含了一些民族(或宗族)的因素,那么,资本主义的国家建构则主要表现为民族建构,而且是一种自觉的建构。一方面,资产阶级上升为国家的统治阶级,国家的民族化建构就成为资本主义国家的必然选择,民族国家也就成了资本主义国家的"正常的国家形式";另一方面,资本主义国家在资本的生命驱动之下,在政治、市场、社会的相互作用和相互界定的过程中,全方位地展开了国家利益、国家主权和国家认同的现代性建构。

在马克思主义看来,利益是国家建构的社会动因和现实基础。真正推动资本主义国家的民族构建的基本动力是以资产阶级为主体的经济利益——以市场为领地的资本利益。当资产阶级力量还较弱小的时候,他们主要借助于国王的力量建立统一的国家以开拓市场。而随着其力量的强大,特别是地理大发现大大拓展了人类交往的空间,使他们成为推动现代国家民族化建构的主角。追逐利润既是资本的逻辑,也是以现代经济组织为支撑的资本主义国家的政治逻辑。这种政治逻辑必然要求建立统一的现代民族国家,使资本利益能够在特定的领域边界内成功地垄断公共权力,并不断通过制度化统治,以维持长期稳定的资产阶级的"共同利益"。这是资本主义国家的民族化建构的实质和根本目标。与此同时,为了使这种"共同利益"具有广泛的社会合法性基础,资本主义国家又在特定疆域边界内致力于所谓的"国家共同体"建构。这种"国家共同体"到处以保护民族利益、国民利益为原则,一方面把原来自给自足、闭关自守的各民族组织在统一的地域内,使之"国族化",并致力于民族的独立与自主;另一方面通过变换国家的行为,调整和改进利益的表达机制以满足国内不断变化着的民族需要。这样,资本主义国家就成了经由利益整合而成的民族的国家,维护全民族的利益就成了资本主义国家的根本利益。可见,资本主义国家的通过民族化建构其所要代表的社会公共利益就与民族利益融合在一起了,而使资本主义的国家利益民族化了。

《威斯特伐里亚和约》所确认的国家主权,指的是一个国家可以以最高权威和独立自主的方式处理其一切内部和外部事务而不受任何其他国家或实体的干涉和影响的权力。资产阶级建立自己的国家后,进一步强化了国家主权的民族化建构。一方面,加强了主权在疆域内部的一体化,即通过立法、行政、司法、军事、经济、文化等手段来实现国家内部一体性。

当然,这种主权的一体化,外在地表现为资本主义国家的民族属性,但内在地表现为资本主义国家的阶级属性,归根到底是加强资本主义国家的政治统治权力。另一方面,加强了国家主权自主性的自觉建构。现代国家主权的独立性和自主性的观念与资本主义国家的民族化自觉建构紧密相连,也与资产阶级民族主义的形成和发展一脉相承。在资产阶级民族主义视界里,主权的实质是区分"我者"(我国)与"他者"(他国)的基准线。① 由此就有了一系列体现主权国家的象征和符号体系:国旗、国徽、国界、国歌、国籍、国语、国民等等。这一系列的国家象征都是对"我者"的确认与"他者"的区别,对民族国家主权来说无疑具有民族文化意义。

随着资本主义生产方式的全面胜利和巩固,与之相契而生的资本主义政治思潮经由启蒙运动的进一步推动,逐渐深入到资本主义国家的建构中来,并占据了主导地位,成为资本主义国家的民族化建构的意识形态,它是资本主义国家的民族主义政治文化。在资产阶级民族政治文化看来,人应当是"自决"的(康德),因而,"个人的完全自决最终要求民族的自决"(费希特),"非民族的政府不受欢迎"(马志尼)。② 这是西方民族主义者对近代民族国家所得出的一般结论。这种民族主义政治文化为资本主义的国家建构确立了广泛的官学认同。同时,由于以"民族"的聚合力形成的国内统一市场以及资本全球扩张和殖民侵略,满足了国内"市民社会"和整个"国族"的利益需求,这种民族主义政治文化为资本主义的国家建构确立了广泛的社会认同。

值得注意的是,近代以来,一方面,西方国家不遗余力地向世界各国兜售资本主义民族主义政治文化,把西方民族国家化约为具有普世意义的国家模式;另一方面,西方殖民主义和帝国主义的压迫掠夺又激发起被压迫民族的民族意识,把原本荡涤他们宗主国的民族主义理论接受过来,激扬开来,为赢得自身的独立和解放而高举起民族的旗帜。那么,亚非拉人民建立民族国家这种历史事实到底是资本主义民族国家理论的普世化呢,还是马克思主义意义上国家的民族化建构? 对于这个问题,我们还可把国家的现代民族化建构放在全球化背景中加以考察。

---

① 参见徐勇:《"回归国家"与现代国家的建构》,《东南学术》2006 年第 4 期,第 18—27 页。
② 参见埃里·凯杜里:《民族主义》,张明明译,中央编译出版社 2002 年版,第 135 页。

二　全球化中的民族国家：利益、主权与认同

如今，随着全球化在经济、政治、文化和社会生活等层面的展开，民族国家的利益、主权和认同遭遇到了前所未有的挑战。显然，这种挑战的根源在于全球化的逻辑与民族国家的逻辑之间的差别、矛盾和冲突。在全球化的理想主义者看来，全球市场化、全球民主化和全球公共性要求打破国家的集装箱，消解民族国家在疆域、主权、利益、价值认同等方面的狭隘性和绝对性，建构一种基于人类普遍利益、全球民主制度和普世伦理精神基础上的人类共同体。那么，在马克思主义看来这种挑战意味着什么呢？

（一）民族国家利益的实质及其倡导

在马克思主义看来，利益是理解国家的根本途径和现实基础。为了如实揭示全球化背景下民族国家利益的实质，以及民族国家利益与日益凸现的人类利益之间的辩证关系，我们首先需要在马克思主义意义上理解并廓清国家利益这个概念。

虽然，国家利益更多的是作为一种国际政治的概念来理解的，并且被认为是随着民族国家的兴起而产生，直到在 20 世纪才进入人们的研究视界，但在马克思主义看来，利益却是国家批判的哲学前提，是政治哲学的范畴，也就是说，国家利益首先是以国内政治的概念出现的。按照马克思主义的观点，国家利益是伴随着国家的出现而产生的，是个人利益与社会公共利益相冲突的结果。因此，国家利益首先表现为在经济上和政治上占统治地位的哪个阶级的"共同利益"，然后才表现为社会各阶级共享的社会公共利益，随着近代国家民族化建构的兴起，国家利益又表现为国家疆域范围内的各民族的共同利益。所以，国家利益是一个综合性概念，不仅具有鲜明的阶级性，而且还具有明显的全民性和民族性。在任何国家中，统治阶级的利益是国家利益的最主要组成部分，政府是国家利益的代表者，是统治阶级意志的实现工具。统治阶级是通过由其控制的政府来维护其阶级利益的。

另一方面，国家又是一个国际社会的基本单位，国家这种身份是以其国家主权为基础的，因而国家利益与国家主权利益是一致的。各民族国家以其主权主体的身份参与其他国家之间的交往之中，并在这种交往中

确认彼此的利益要求,建立各民族国家之间的利益关系。所以,一方面国家利益总是表现为不同民族国家之间交往中的一个民族的整体利益,这种利益在通常为统治阶级和被统治阶级所共享;另一方面,国家利益属于主权范围内的利益,以主权资格为准则不由权力来界定,也不以实力相对称,国家不分大小、强弱、贫富,在享有主权利益上一律平等。①

但是,西方现实主义的国家利益观却主张以权力来规定国家,用国家权力来界定国家利益,具有明显的"权力利益论"倾向。现实主义的代表人物汉斯·摩根索(Hans Morgenthau)在《政治学的困境》一书中,把国家利益分成"逻辑上是必不可少的"和"由环境决定而是可变的"两种。前者是相对永恒的国家利益,后者是暂时的依环境变化和改变的国家利益。在永恒的国家利益中主要是国家生存的问题,包括"国家领土、政治制度和文化的完整性"。②他认为,在一个许多主权国家为了争夺权力而竞争和对抗的世界里,任何一国的对外政策都必须把自己的生存当作最低限度的要求。基于这种认识,摩根索反对用道德观念来评估国家利益,主张用权力来规定国家及其利益。他说,除生存以外的利益都要靠权力去决定。他强调:"政治家是按照权力来规定利益的概念并进行思考和行动的。"其他现实主义者进一步阐述了摩根索的权力利益论。罗伯特·奥斯古德指出了国家利益应包括的四个具体要素,即国家的生存和自我保护、国家经济上的自给自足、国家在国内外的威望、国家的对外扩张能力。另一位西方学者尼古拉·斯巴克曼还曾以地缘政治和实力均衡论为依据,论述了他的国家利益观。他认为,一个国家的利益是由他所处的地理位置和所能发动战争的能力所决定的。在国际关系中,疆界关系是重要的国家利益,疆界关系既是权力关系又是利益关系。哪里的力量最弱,扩张便在哪里出现,哪里的利益便最容易受到侵犯。

与现实主义相对的是国家利益上的道德利益论。这种观点强调各民族国家之间的国家利益的相互依存和相互补充,主张各个国家应在国际交往中"以普遍道德原则"为基础,在国际法和国际组织的框架中,确立各国合理的国家利益,并以谈判、妥协、条约的手段和途径实现国家利益。在他们看来,国家利益和伦理道德都可以作为分析和影响一个国家各种政策的价值标准,他们主张要从二者的统一中理解国家利益。美国著名

---

① 参见杨玲玲:《国家利益的基本内涵和本质特征》,《国际关系学院学报》1997年第4期。
② 转引自来新宁、陈岳:《国际政治学概论》,中国人民大学出版社2000年版,第115页。

历史学家小施莱辛格认为,从国际关系伦理学角度看,国家利益这一概念中含有"自制"的意思。为此,他要求在国际关系中应该承认其他国家享有合法国家利益的权力,并不断根据变化了的国际关系调整自己的国家利益。

建构主义国家利益观注意到了国家利益的变动性和主观性。20世纪90年代以来,以温特为代表的建构主义主张用身份来界定国家利益。温特认为,国家利益是以国家身份为先决条件的,在国际政治现实中,各国都力图根据自身在国际体系中的地位与身份确定自己的国家利益。温特指出,身份从根本上说是一种主体和国内层次的特征,植根于行为体的自我领悟之中,但是,这种自我领悟的内容常常依赖于其他行为体对这个行为体的再现与这个行为体自我领悟之间的一致,所以,身份也具有主体间或体系特征。① 温特指出,国家身份变化,国家利益也跟着变化,在这里温特着重强调了国家利益形成和变化的主观因素。

应该说,西方学者对国家利益的深入研究,在许多方面也有其合理性,都从不同的侧面给我们以启发,这更有利于我们揭示当代西方国家利益的理论与实践的实质,从而在马克思主义意义上正确理解全球化中的民族国家利益,正确把握民族国家利益与日益凸现的人类利益的辩证关系及其发展。

首先,我们可以从国家利益的阶级属性上透视全球化背景下西方国家利益的本质。无论是国家利益上的"权力利益论"还是"道德利益论",都是从他们本国的立场出发的,都是直接为其政府当局制定外交政策服务的。尤其他们对国家利益的内涵所作的阐述,更是带有明显的价值偏向和严重的民族偏见。他们把本国统治阶级的要求上升为国家利益,并把这种带有严重价值偏向的国家利益进而当作世界各国的一般国家利益。所以,从价值规范的角度看,他们所宣传的国家利益,只不过是指资本主义国家的利益,本质上是资产阶级共同利益的国际化。从全球化的历史和现实上看,资本主义国家在推动阶级利益的国家化和"国家利益"的普世化的过程中,始终直接或间接地包含着深厚的扩张主义情愫,甚至是将一国所能发动战争的能力作为国家利益的一个决定性因素。这种国家利益的阶级一己私利性在如今的全球化的各领域中屡见不鲜。

其次,我们可以从国家利益的民族性上正确把握全球化中的民族国

---

① 亚历山大·温特:《国际政治的社会理论》,上海世纪出版集团2000年版,第282页。

家利益与人类利益的辩证关系。全球化已经把民族国家利益的诉求与人类利益的考量推到世人面前,简单地理解和对待两者之间的关系,甚至把两者推向"全球主义"与"国家主义"的两极对立之中,都是有害于当下国际交往的健康发展的。这就要求人们首先应该如实地看到,民族国家至今仍然是国际交往的主体,并且在国际交往体系中是唯一享有充分的国家群体利益的行为主体,它仍然是维护和实现民族整体利益的最具实力的代表。而且,世界各民族、各国家的生存论条件——包括政治、经济、文化、地理空间等——仍然存在巨大差别甚至矛盾冲突的现实,从根本上决定了全球化交往关系的主要内容和基本状态,也规定着民族国家利益之于国家交往的主导地位。所以,如果因由全球化中所凸显的人类利益就断然宣布"民族国家的末日",那未免有些理想化或率性。诚然,任何一个国家在处理国际交往关系时,无论采取何种行为方式和政策策略都需要为自身的合理性进行辩护,但这种辩护并不是毫无道德原则的,都要遵循国际社会所认同的制度规则和道义法则,以此才能取信于国际社会,才能得到其他国家的支持。即便是一向批评"道德利益论"的现实主义者爱德华·卡尔、汉斯·摩根索等,也并未完全否认道德因素在国际交往中的应有地位。人类利益的凸显恰恰是人类伦理共识的产物,而这种类利益意识只有在确保各民族国家人民的群体利益的前提下才具有实质性意义。

最后,我们还可以从国家利益的公共性上探寻并倡导新型的民族国家利益观。在马克思主义看来,国家利益在形式上总是表现为一定的社会公共性。在国家内部,国家利益是以各阶级共享的名义获取合法性的。随着这种社会公共利益的民族化建构的深入,社会公共利益就以全民族整体利益的形式出现;它与民族社会的国界地域、社会制度、经济生活、意识形态、历史文化、民族认同、宗教信仰等融合成一个有机整体,成为民族共同体的全部生命。在国家交往上,国家利益的合法性不再仅仅以民族社会为基础,它还逐渐具有了全球社会的基础,即民族国家的利益还以人类共同利益的形式表现出来;它与全球社会的和平安全、国际规制、国际贸易、全球生态、人的类意识、世界历史、国际合作等融合在一起,构成一个"世界共同体"。由于各民族国家的利益差别巨大,任何国家参与全球交往,总是从自身的利益这一视角出发,而其交往活动在何种范围、何种程度上表现为全球公共利益,主要还是取决于国内社会利益。

于是,全球化对人类利益的呼求中,都或多或少地带有民族国家利益的痕迹。换言之,民族国家一方面可以从全球化中找到自己利益的希望所在,另一方面又可以借此向世界推广自己的国家价值,使自己的国家利益直接获得全球普遍的社会公共性。对此,马克思有过许多论述。马克思关于全球化思想的一个基本要义就是:西方国家将他们认定的国家价值作为带有普遍意义的东西向全世界推广。亨廷顿一语道破了西方某些学者推崇普遍伦理的实质,他指出:"20世纪末,普世文明的概念有助于西方对其他社会的文化统治和那些社会模仿西方的实践和体制的需要做辩护。普世主义是西方对付非西方社会的意识形态。"①可见,在全球化过程中,很多看似普遍的东西,都明显带有西方利益的特征。正因为如此,广大发展中国家甚至是发达国家的担心失业的工会活动分子、农产品保护主义者、抵制新经济自由主义的左翼力量以及那些担心全球化将导致资本统治的民主派普遍持反全球化的态度。他们反全球化,一方面,表明西方国家的民族国家利益的实质是资产者利益的全球化,其民族性和社会公共性只是一种虚幻的形式;另一方面,表明了广大发展中国家,尤其是债务缠身而又没有能力参与全球化的第三世界国家试图摆脱全球化的严重后果、倡导一种新型民族国家利益观的愿望和期许。这种新型民族国家利益观应该是:从民族国家利益与人类利益的辩证关系出发,通过各个民族国家之间的冲突、合作、对话,达成各国都能普遍接受的共识——既尊重不同民族国家的利益又切实承担各自世界角色责任,以此来确保全球化交往的健康有序进行。

(二)民族国家主权的实质及其演进

在马克思主义看来,国家主权首先是一种阶级统治权力。国家是从控制阶级对立的需要中产生的,同时又是在这些阶级的冲突中产生的,但它"照例是最强大的、在经济上占统治地位的阶级的国家"。② 国家存在的前提和目的就是通过一个阶级对另一个阶级的专政,维护统治阶级的统治和利益,使社会秩序的发展有利于统治阶级的统治。而"从某一阶级的共同利益中产生的要求,只有通过下述办法才能实现,即由这一阶级夺取政权,并且用法律的形式赋予这些要求以普遍的效力",③这就是表现

---

① 塞缪尔·亨廷顿:《文明的冲突与世界秩序的重建》,周琪、刘绯等译,新华出版社1998年版,第55—56页。
② 马克思、恩格斯:《马克思恩格斯选集》(第4卷),人民出版社1995年版,第172页。
③ 马克思、恩格斯:《马克思恩格斯全集》(第21卷),人民出版社1965年版,第567—568页。

为国家属性的阶级统治权力。

马克思在分析现代资本主义国家权力的形成史时,不仅揭示了它的资产阶级统治权力的本质,而且还揭示了它的形式普遍性和区别于以往国家的社会性。他指出,现代资本主义国家通过与封建统治权力的斗争,借助普遍法律化的手段,把封建特权阶级的统治权力转化成了资本家阶级的政治统治。在《资本论》"所谓原始积累"一章中,马克思以英国为典型,分析了资本主义的社会国家形成的普遍形式。由于工厂手工业的发展,王权和新型的封建贵族在追求货币的过程中,通过普遍性立法,发展了对土地的私有权,摆脱了封建生产对土地的分割和对劳动力的人身束缚,使封建财产变成了现代私有财产,劳动力变成了现代商人,租地农场主、行会师傅、小手工业者变成了最初的资本家阶级。资本主义私有制和商品生产摆脱了封建特权的直接统治,具有了形式上的经济自主性,使资产阶级的统治权力开始以间接的方式发挥资本主义生产的作用。恩格斯指出:"以往的国家的特征是什么呢? 社会起初用简单的分工的办法为自己建立了一些特殊的机关来保护自己的公共利益。但是,后来,这些机关,其中主要的是国家政权,为了追求自己的特殊利益,从社会的公仆变成了社会的主人。"①国家和国家机关的公仆变成了社会的主人实行虚假的民主,表面上替国民服务,以社会公共利益的代表者身份自居,实际上却是统治阶级统治和掠夺国民,维护自身阶级利益的工具。资本主义国家的这种普遍的纯粹的国家形式,具有强大的、外表上似乎独立于社会之上而又无所偏袒的社会国家形式。

当资本主义国家权力需要用以服务于海外的商业战争时,资产阶级统治权力——集中的有组织的社会暴力,也逐渐发展出一整套的普遍化的殖民制度、海外贸易制度、国际金融体制以及现代税收制度、保护关税制度等。这些制度和体制已经将各个民族国家整合到了一种世界经济秩序之中。这种经济秩序超出了任何民族国家的影响,一方面表现为世界资本主义经济体系,另一方面表现为民族国家体系。它遵循着资本的无限扩张和利益最大化的逻辑,服务于资产者的资本权力。这就意味着资产者的统治权力已由国内走向国际,意味着资本主义国家的对外独立自主处理内外事务而排除任何外来干涉的权力具有了浓厚的资产阶级统治的性质了。而且,在存在阶级以及阶级差别、矛盾和冲突的现时代,在人

---

① 马克思、恩格斯:《马克思恩格斯选集》(第2卷),人民出版社1972年版,第334页。

类生存论条件存在巨大差别的当下,这种表现为阶级统治权力的国家主权无疑是具有其历史和逻辑上的普遍性和正当性的。因为,国家主权的阶级统治权力的实质总是要以国内社会利益或民族社会利益的形式表现出来,总是披上民族化的外衣。在这方面,民族化了的资本主义国家的对外主权活动,无论是活动范围、活动能力,还是活动所取得的成就以及所构成的全球活动格局,都表现得最为出色,最为资产阶级官学所津津乐道。然而,当这种遵循资本的无限扩张和利益最大化逻辑的国家主权遭遇到其他民族国家(也包括西方民族国家自身),尤其是发展中国家捍卫自身主权的反抗时,资本主义国家主权内在的资本无限扩张的阶级属性与主权的独立和排他性之间的矛盾就日益凸显出来了。这是一个根本性矛盾,这个矛盾意味着表现为阶级统治权力的国家主权最终是要走向消解的。

按照马克思的阶级国家理论,消除资本主义国家那种极富阶级扩张性和"民族"侵略性的对外主权,需要以打碎资产阶级国家机器为前提,代之以无产阶级专政的国家主权,逐渐消除资产阶级统治权力赖以建立的资本与劳动根本对立的生产基础,这样才能确保各民族国家真正的民主发展、经济发展以及无产阶级国家间的平等、互利、合作的民族交往,从而在尊重世界各地人民所表现出来的历史独创精神的条件下,通过彻底改造整个社会而实现消除了阶级的社会,这将是一个极其复杂而漫长的发展过程。"在(这个)发展进程中,当阶级差别已经消灭而全部生产集中在联合起来的个人手里的时候,公众的权力就失去了政治的性质"①,国家主权也就消亡了。但由于资产阶级政治统治依然强大,世界各民族国家建立的无产阶级专政性质的国家主权就不能不赋予自身一种革命的暂时的阶级性,以应对资本主义国家主权的阶级性。可是,如今全球化中,"民族共同体"与"世界共同体"、"民族社会"与"全球社会"、"民族国家利益"与"人类公共利益"、"国家主权"与"普遍人权"、"国内法"与"国际法"等本来比较直白的关系,被资产阶级官学有意无意弄得这样混乱不堪——之所以被弄得这样混乱,这样复杂,是因为在全球化中这些问题比其他问题更牵涉到垄断资产阶级的阶级统治及其全球利益。为了还原这些问题的本来面目,揭示国家主权之争的马克思主义真相,我们又不能不对国家主权的历史演进作一个简要的考察。

如前文所阐述的,资本主义国家的民族化建构和民族国家主权的理论和实践,对资产阶级统治权力的建立和巩固起到了根本性的作用。它一方面从绝对主义国家那里获得了固定的权力疆域、人口和利益空间,另一方面又按照资本的本性,通过对绝对主义国家的被集中了的权力进行普遍立法,使行政在经济和国家上发挥了前所未有的新作用。由此,资本主义国家就以民族的形式从绝对主义的土壤里诞生了。民族国家和与之相适应的国家主权的产生既是资产阶级统治的制度模式和组织形式,它对业已划定了国界的领土实施行政垄断,靠法律和暴力工具的直接控制或间接监控而得到保护,同时它的产生又是其他民族国家产生以及彼此紧密联系、相互竞争或残酷斗争的结果。

　　然而,由于资本主义世界体系内部发展的不平衡性,一种要求重新整合资本主义世界体系的呼声日益高涨。在这种情况之下,19世纪末20世纪初,西方世界就掀起了一股否定国家主权的潮流。正如阿库斯特在《现代国际法概论》中所说的:“自1914年以后便出现了相反的潮流。西方世界的国际法学家抛弃了有关主权和国家固有权力的旧教条。”①率先向国家主权理论提出挑战的是曾任法国波尔多大学法律系教授的狄骥,他从否定马克思主义国家观开始,认为国家就是一种服务性机构,而不是一种权力,国家主权等都是人们凭空臆造的权力,是不存在的,是违背客观法的。由此,他把第一次世界大战爆发的根本原因归咎于主权国家观念。更有甚者,他还认为国家和人民都不应握有主权,只有上帝才握有主权,因而人们应该放弃国家主权去实现所谓的“世界社会”。② 很明显,这种限制和否定国家主权的主张,是发达资本主义国家的学者从本国的国家利益出发提出来的,它针对的不仅是资本主义国家自身的主权,而且是日益摆脱西方殖民统治取得民族独立的国家的主权。因为,那时帝国主义国家之间在全球范围的争夺已经构成了对自身生存的现实威胁,而且当自由资本主义发展到垄断资本主义时,垄断资本要求不断地向外扩张,要求打破一切民族与国家的界限,而国家主权的存在实际上构成了资本向世界扩张的障碍。对此,英国工党理论家拉斯基明确宣称:“许多小国在经济领域内行使主权,就像旧制度下法国实行的内部关税一样,不利于

---

① 阿库斯特:《现代国际法概论》,中国社会科学出版社1981年版,第19页。

② 参见金应忠、倪世雄:《国际关系理论比较研究》,中国社会科学出版社1992年版,第111—113页。

生产力的发展。"①

二战后,随着国际经济交往的日益密切,各国之间产生的主权利益问题也越来越多,西方理论界否定国家主权理论的思潮再次掀起。一些学者依据国际交往中国际组织的发展和作用增强的现实,提出了建立"世界政府",以"联合主权"取代单一的国家主权等观点和主张;②国际法学界不少人提出,独立民族国家的维持是以各国交出一部分主权为条件的,这样国际法的进步必然要在无限范围内实现具有强制管辖权的国际法庭所确定的法治,并以"国际警察部队"来强制各国执行国际组织的决议。③冷战结束以后,世界朝多极化的方向发展,西方学者以经济全球化和相互依存为依据,进一步宣扬限制和否定国家主权的主张。他们一方面借口全球市场化,大肆宣扬在相互依存的国际环境中对地球资源的合理配置有利于全球经济的健康发展;另一方面,就环境污染、国际禁毒、恐怖主义等全球公共性问题,极力推崇"全球治理"、"全球民主"以及"新帝国主义论"、"失败国家论"等主张。英国首相布莱尔的外交政策顾问罗伯特·库帕在他的《世界秩序重组》中指出,为了对付恐怖威胁,美英两国应该确立能以军事手段介入世界任何角落的"新帝国主义"。他强调,如果恐怖主义和犯罪以非民主国家为基地开展活动的话,西方国家有必要率先发动武力和军事干涉。他提出"要使落后国家的文明和统治获得新生需要新的殖民政策","帝国主义的机会和必要性同 19 世纪相比没有任何改变"。④ 显然,西方国家不是不要主权,而是自身国家利益和阶级利益决定了他们在不断地强化本国的主权,去限制和否定"失败国家"的主权。

可见,全球化中的国家主权斗争变得比以往更加激烈了。一方面,表现为民族主义政治文化又重新在冷战的废墟上激情燃烧,从北欧、西欧种族主义泛滥到南欧、中亚的民族主义独立,从一些多民族国家被激活了的民族主义运动到非洲如卢旺达登峰造极的种族仇杀,无不是围绕着民族国家主权及其所护卫下的族群利益展开的;另一方面,表现为边界冲突的加剧,在非洲、亚洲和拉丁美洲历史上存在边界争端的地区战火重燃,而

① 拉斯基:《政治典范》(第 6 册),商务印书馆 1930 年版,第 1 页。
② 参见金应忠、倪世雄:《国际关系理论比较研究》,中国社会科学出版社 1992 年版,第 115 页。
③ 劳特派特修订:《奥本海国际法》(上卷第 1 分册),商务印书馆 1989 年版,第 101 页。
④ 田中靖宏:《新帝国主义在美英抬头》,日本《赤旗报》2002 年 4 月 8 日。

这些矛盾冲突无不与殖民主义的主权侵略和主权切割联系在一起。看来,国家主权并没有在泛滥成灾的限制、否定声中有所削弱,反而都在悄悄地强化着、变更着。

客观地说,全球化中各民族国家的主权,无论是理论还是实践,都发生了值得人们思考的变化。一是急剧增长、蔓延和渗透的非国家行为体的活动扩大和增强了国际社会的活动空间和功能,迫使各民族国家以超国家主权的眼光,在全球范围内进行合作和协调,这在一定程度上分化了民族国家主权。二是不断凸现的全球公共事务,迫使各民族国家以负责任的态度参与到国家行为体性质的国际组织、国际协作中来,这要求民族国家让渡一部分国家主权。三是一些地区性的民族国家,他们的民族利益和国家主权的实现和维护在一定程度上还依赖地区一体化建构,需要以此提供统一市场、利益保障,提高自身的政策能力、安全水平,这就意味着需要各民族国家转移一定的主权,在更高的层面和更强的行为体上形成一种共同主权或相互主权的状况。

综上所述,我们可以就国家主权及其演进得出几点结论:其一,国家主权首先体现为一种阶级统治权力,然后才以社会的或民族的方式呈现出来。其二,作为社会生产力高度发展的必然逻辑与社会化大生产基础上紧密联系的历史过程的全球化,它是国家权力回归社会的物质基础和必要途径,在民族国家意义上则是国家主权的社会化过程。其三,如今这种社会生产力高度和社会化交往水平还远不足以消弭国家主权赖以存在的社会历史条件:人们个体性和群体性的生存论条件的巨大差异和矛盾,以及建立在这种差异基础上的群体认同。其四,国家主权的消亡与国家和民族的消亡是同一个历史过程,但却是漫长而复杂的。

(三)民族国家认同及其类主体认同因素的增长

认同,首先是一个从心理学引入文化研究的概念,原意是一个个体所具有的关于他自己是其所是的情感和意识;然后又被吉登斯、哈贝马斯、泰勒等人引入社会哲学和政治哲学的视野,指的是与他者相互联系过程中所产生的一种社会身份的自我认定,[①]是认知、情感、意志、信念、行为等因素既相互联系、相互制约的完整的政治心理过程。从主体角度来看,

---

① 转引自王昱:《当代欧洲一体化进程中的文化认同问题》,《国际观察》(文化与社会)2000年第 6 期。

认同可分为个体、群体和类三种，即个体、群体和类三者基于彼此之间的差异而产生的一种自我确认，这种自我身份确认带有浓厚的历史文化价值特征和精神归属感特性。如我们所知，个体、群体以及之后才被发现的类（人类），是人的三种基本存在方式。这三种存在方式与人的生命的个体性、人的生活的社会群分性以及由普遍交往而意识到的同一性是密切相关。在现实生活中，由于个体、群体的生存论条件的差异，他们与类之间所构成的两两认同格局是不平衡的。因此，我们不能对认同问题作抽象意义上的理解，而要根据具体的言说对象和论说情景来考虑，也就是说要根据人的具体的生存方式和生存状态来考察人们的认同问题。

人的生存方式是人的认同形成的前提。无论是个人对民族国家的认同，还是民族国家对自身的认同，或者是作为交往主体的民族国家对他者、对整个类的认同，都是由人的生存方式所决定的。人的生存方式是由人所具有的基本生存论条件构成的，这些生存论条件怎样，人的生存状态也就怎样，人也就怎样，因而人们也就以什么样的思维方式和价值标准来反思和建构自己的生活。这种反思和建构是以差异的存在为前提的，是在对差异的比较、反思中确立的。我们知道，任何人同时都是以个体主体、群体主体和类主体的方式存在的，但人的这三种存在方式并不是彼此孤立的，而是存在多方面的相互联系。对个体来说，他虽然首先以个体的方式存在，但同时又不能离开群体而存在，而群体又从属于更大意义上的群体。个体以及他所能归属的群体——氏族、家庭、民族、政党、企业、国家——始终存在着差异。这种差异在阶级社会里集中体现为阶级或阶层的差异，即阶级、阶层的利益差别以及以此为基础的社会地位、文化价值等其他生存论条件的差别。所以，个体的人也好，群体的人也好，都要为自身的生存和现实利益寻找可靠的来源和保障，并在这种生存境遇中确立对自身、对他者的身份认同。在现代社会中，由于国家的民族化（社会化）建构进一步遮蔽了人们之间的阶级差别，在这种情况下，无论是人的个体存在，还人的类存在，都集中体现在与民族国家之间的关系上，他们之间的矛盾集中体现在与民族国家之间的矛盾对立上。这种矛盾对立既表现为个体与群体之间的矛盾，又表现为群体与类之间的矛盾，还表现为个体与类之间的矛盾。人正是通过对他们之间的矛盾关系的反思性理解来确立自己的认同的。

全球化作为社会生产力发展的历史阶段与建立在社会化大生产基础上的全球联系日趋紧密的历史过程，它深刻影响着人们的生存状态，为人的生存方式的转换和跃迁提供了强大的物质力量和现实基础。马克思主义以世界历史的眼光全面审视全球化,指出由于资本一方面要力求摧毁一切地方限制——当它在民族国家的疆域内建立了自己的统一的市场和阶级权力后,又把各个民族国家纳入自己的世界体系,进而把全球作为自己的市场;另一方面,它又力图以时间来消灭空间。资产阶级在建立全球化市场的冲动和努力中攫取剩余价值,但它又同时充当了推动民族历史向世界历史转换和人的自由个性的全面发展的不自觉的工具。可见,在马克思那里,人类向世界历史转换包含两层含义:一是向资本主义的转变;二是通过人的生存方式和生存状态的改变,实现人的自由全面发展,向自由人的联合体的转变。① 就第一层含义而言,就是资本不断把整个世界整合成了一种资本主义世界秩序,即在经济生活领域里表现为资本主义经济体系,在社会政治生活领域里表现为民族国家体系,这就是资本条件下人的生存方式和生存状态。就第二层含义而言,世界历史的转换同时也意味着通过改善人的生存条件和生存状态,打破"个人生产力的全面的、普遍的发展"的空间规定性,② 从而实现人的全面发展和自由联合。换句话说,全球化使人与人之间的交往越来越超出民族和国家的限制,按照人类共同利益的价值取向行事,使个体的思想和行为获得直接的普遍的社会形式,而民族国家与民族国家之间的普遍交往也开始打破民族和国家的禁忌,逐渐意识到为人类共同利益承担历史责任的重要性和必要性,从而使民族国家在全球的层面上获得社会的合法形式。这样,随着全球化的演进,在个体交往层面上,"世界历史性的、经验上的普遍的个人"就能超出并代替"地域性的个人",③ 当个人真正成了世界意义上的个人时,人就成为一种"自由自觉的存在"。这时,作为人的群体生存方式的民族国家体系也就日益有了"所有相互交往的人们的共同体"的性质。

全球化所带来的人的生存方式和生存状态的变化,必然通过人的观念认同体现出来。当全球化迫使个体生活进入资本主义世界历史体系中时,人们对自身的身份、价值的认同和诉求就具有浓厚的资本主义性质和民族国家情节;当全球化日益使人成为世界意义上的个人时,人们的类认同意识就必然逐渐增长,这对民族国家认同来说无疑是一种挑战和否定。

① 参见贾英健:《全球化与民族国家》,湖南人民出版社 2003 年版,第 271 页。
② 马克思、恩格斯:《马克思恩格斯全集》(第 46 卷·上册),人民出版社 1979 年版,第 520 页。
③ 马克思、恩格斯:《马克思恩格斯选集》(第 1 卷),人民出版社 1995 年版,第 86 页。

首先,全球化造成了民族国家认同结构的变化。在传统社会里,人们的认同主要表现为一种族群的认同,具有浓厚的社会历史文化性质。随着近代具有政治意蕴的民族的形成以及国家的民族化建构的推进,人们对民族的认同就实现了与国家认同的统一,民族国家因而就成了人们认同的主要对象,并仍然具有很强的政治属性和阶级属性。这样现代民族国家的认同就把认同的社会性与政治性统一起来了,人们通过民族国家的认同既可以制度的方式获得自己生存和发展的基本权利和基本条件,又可以历史文化的方式获得一种心理上的安全感和归属感。随着全球化的发展,被民族国家所遮蔽和局限了的各种个体和群体逐渐被推到了国际交往的层面,他们同国家以及全球交往中新生的各种组织、团体和"类"一道成为彼此认知、接纳和认同的对象。这种多元化认同结构,对于需要不断从民族认同和国民忠诚中获取权威性和合法性的国家来说,无疑是一种严重的消解。

其次,全球化造成了民族国家认同中身份认同的消解。传统社会是建立在人的身份依赖基础上的社会,人们总是依据地位高低、权力大小、血缘姻亲、宗法伦理等来确定自己的身份,配置权力。身份与权力等同使人们形成了对权力和身份的崇拜。这样身份认同就构成了人与人之间交往的一道藩篱,把人们划分为各种特定的交往群体,个体总是要在自己的群体中确立自己的身份,凭借这种身份获得自己的利益和精神慰藉。从历史上看,在狭隘的交往世界里,人们对群体的认同往往具有一种至上性和唯一性,人们总是对自己的群体有一种自豪感和优越感,对他者往往抱有排斥、防范甚至是敌对的态度。这种认同倾向和价值信念是造成群体与群体、民族与民族之间对立和斗争的一个重要的文化因素。当然,冲突中的民族也可能因进一步的交往而产生融合,从而形成新的民族认同。但是,全球化进程中的全球市场、全球民主和全球公共性有力地打破了传统身份认同模式,它以市场规制、经济契约和社会制度的方式确立了人与人之间、民族国家与民族国家之间,在国际交往中的基本原则,规定交往主体相应的权利和义务。不管历史文化、宗教信仰、富贫强弱,交往主体之间的地位都是平等的,意志都是自由的。对民族国家来说,身份认同的消解意味着社会生活越来越崇尚平等、理性、对个体和公共利益的尊重,意味着政治生活越来越强烈地吁求自由、公正、民主,而这种发展趋势的直接意义就在于消解国家的"阶级暴力"和"特殊利益集团"的政治属性。

最后,全球化促进了民族国家中的类主体认同因素的增长。对民族国家的认同,实质上是一种群体主体的认同。在传统社会里,由于身份群体的狭隘性和自足性,生活于不同群体中的个人之间的交往活动十分有限,即使有交往,这种交往也只能从属于群体。个体的生存和发展依赖本群体的力量,尤其是依赖民族和国家的力量来实现,因而个体对民族国家的认同是以属于某一个民族国家的公民身份来区分不同意义上的个体交往的。如今,全球化的物质和技术条件为群体生活中的个体提供了超出群体的时空界限的可能,人们之间的交往不仅跨越了民族国家的疆域界限,而且跨越了民族国家认同的界限,在个体间的交往中直接积累和形成类主体认同。这正如马克思所指出的,各个单独的个人"摆脱种种民族局限和地域局限而同整个世界的生产(也即精神生产)发生实际联系,才能获得利用全球的这种全面的生产(人们的创造)的能力"。[1] 马克思在《1857—1858 年经济学手稿》中谈到类的交往历史时,认为期间经历了相互依赖的自发交往、各民族各地区内的物化的共同交往以及全面依存的普遍交往这几个发展阶段,而交往形式的这种历史性变换总是以生产不断发展和个人自主活动能力不断增强为前提的。个体认同在这种交往形式的变换中,也逐渐克服了起初的狭窄血缘家族性、之后的片面的民族性,达到全面的世界历史性。这就意味着人的"世界历史性的存在"及其普遍交往过程必定是一个不断增进生活于不同群体(民族国家)中的人们对世界、对人类的认同的过程。因此,对于民族国家来说,其成员的类主体认同的增长客观上构成了成员对民族国家认同的某种危机。

但是,所有这些也仅仅是构成了民族国家认同的一种危机而已,而不能成为否定民族国家认同的依据。因为,一方面,当下的全球化水平所提供的物质和精神力量无法动摇人的群体生存方式,也无法从根本上消除人们基于民族国家这种群体生存方式而存在的诸多差别、矛盾和冲突,民族国家在现今甚至在相当长的历史时期里仍将是人们的最主要的群体存在方式,仍将是国际交往的重要主体,因而对于民族国家的认同仍将是今后很一个时期的一种基本认同;另一方面,民族国家自身也具有相当的自主性,它可以通过变换角色和功能来容纳人们日益生长的类主体认同,在对特殊性、差异和普遍性、同质的张力的关注中来把握和处理民族国家认同与超国家认同、民族认同与类认同之间的关系。[2] 这对当下的各民族

---

① 马克思、恩格斯:《马克思恩格斯选集》(第 1 卷),人民出版社 1995 年版,第 42 页。

② 参见贾英健:《全球化背景下的民族国家研究》,中国社会科学出版社 2005 年版,第 206 页。

国家的建构来说,既是一种创造性的实践问题,又是一个创新性的理论问题。

三 当代中国的民族化建构: 创造性实践与创新性理论

全球化正推动着各民族国家走向世界历史的进程,从各个方面不断地塑造出全球化意义上的民族国家;民族国家也在这种生存境遇的催迫之下,通过创造性的实践探索和创新性的理论反思,强化自身的民族化建构,以应对当下充满差异、矛盾和冲突的民族国家之间的各种挑战。当代中国自觉地将自己的发展与民族化建构融入全球化进程之中,自党的第三代中央领导集体以来,党通过艰苦的实践探索,在中国的民族建构上取得了巨大成就,进一步推进了当代中国马克思主义民族国家理论的发展。

(一)当代中国民族国家利益建构及其理论成果

国家利益的社会化建构是当代民族国家生存和发展的基础。中国民族国家的创建过程始终是与中华民族和中国人民的根本利益的维护和实现紧密结合在一起的。始终是与国家的主权独立、广大劳苦大众的政治解放和生活富裕以及社会的稳定和发展联系在一起的。这种创建原则,中国民主革命历程已经得到证明,无论哪个阶级、哪个政党,如果脱离了这一原则,就必然被历史所抛弃。中国共产党在中国新民主主义革命时期,不仅代表了本阶级的利益,为谋求无产阶级的解放而斗争,而且还代表了整个中华民族和中国广大人民的利益,为谋求民族的独立和解放,为广大人民翻身解放和当家作主而奋斗;在革命过程中,中国共产党把武装斗争与土地革命结合起来,把动员人民群众与提高人民群众的物质生活水平结合起来,把革命队伍建设与维护和实现人民群众实际利益结合起来,为中国社会主义国家利益的社会化建构奠定了坚实的理论基础。

以邓小平为核心中共第二代领导集体坚持以经济建设为中心,坚持改革开放,在探索中国特色社会主义建设道路过程中,把国家利益的社会化建构更加切实有效地落实到为人民谋福祉这个根本点上来,开辟了中国特色的社会主义国家利益的社会化建构的新时代。其一,在建构内容上,尊重人民群众的劳动热情和致富愿望,将物质利益纳入人民利益的范畴,将物质利益与精神需求统一起来。其二,在建构思路上,把人民利益的实现建立在不断解放生产力发展生产力、不断促进社会全面进步的基础上,把追求共同富裕的目标与通过鼓励一部分人先富起来、先富带后富的具体过程统一起来。其三,在建构策略上,尊重社会经济发展规律,把人民群众的个人利益与社会主义集体利益和国家利益结合起来,把劳动分配与非劳动分配、效率优先与兼顾公平、政策性分配与市场性分配等结合起来。其四,在对外民族化建构上,明确提出以国家利益作为处理对外关系和国际事务的最高准则,把维护国家的主权利益与维护国家的经济利益统一起来。其五,在对内民族化建构上,突破了"民族问题的实质是阶级问题"的思想禁锢,把民族利益的实现与推进各民族地区的改革、发展和稳定紧密结合起来。其六,在建构评价标准上,把"人民利益标准"同"生产力标准"统一起来。由此可见,党的第二代中央领导集体关于国家利益的社会化建构思想体现的是一种"人民化"的社会性建构方式。

党的第三代中央领导集体以来,中国共产党继续推动并系统、全面地展开了国家利益的"社会化"建构实践,取得了重大的理论成果。

1. 国家利益的"人民化":从代表最广大人民的根本利益到科学地维护、实现和发展人民的根本利益

在市场利益多元化背景下,国家利益的"人民化"建构重在为最大多数人谋利益。社会主义市场经济体制的建立,社会利益的分化和矛盾日益严重,利益的调整势在必行。党的方针和政策首先是考虑并满足最大多数人的利益要求。江泽民同志强调:"最重要的是必须首先考虑并满足最大多数人的利益要求,这始终关系党的执政的全局,关系国家政治经济文化发展的全局,关系全国各族人民的团结和社会安定的全局。"①应该说,社会利益多样化与人民的根本利益是一致的,但在国家的政策导向上必须着眼于解决人民群众普遍关心的切身利益问题,不断改善工人、农民、知识分子的生活,使社会的绝大多数人都能从改革和现代化建设的发展中不断获得实际利益,在实际工作中,协调好人民内部不同利益群体之间的利益关系。江泽民同志在《在庆祝建党八十周年纪念大会上的讲话》中指出:"人民群众的整体利益总是由各方面的具体利益构成的。我们所有的政策措施和工作,都应该正确反映并有利于妥善处理各种利益关系,

① 江泽民:《江泽民文选》(第3卷),人民出版社2006年版,第279—280页。

第八章 利益、主权与认同

都应该认真考虑和兼顾不同阶层、不同方面群众的利益。"为最大多数人谋利就需要党和政府时刻从关心群众的切身利益入手,建立公平合理的利益分配机制,做人民利益的忠实代表者,时刻关心群众的切身利益,让人民群众不断获得看得见的利益。对此,江泽民指出:"在整个现代化建设的过程中,都必须努力使广大工人、农民、知识分子和其他群众共同享受到经济社会发展的成果,使他们不断得到看得见的物质文化利益,从而使他们愈来愈深刻地认识到实行改革开放和实现社会主义现代化是祖国的富强之道,也是自己的富裕之道,也从而使他们更加自觉地为之共同奋斗,这是我们的事业不断发展并取得最终成功的根本保证。"①

要为人民服好务、谋好利,不仅要牢固树立人民利益的思想情感,而且更要科学地维护、实现和发展人民利益,重视探索为民谋利的科学方法、途径和机制。以胡锦涛为总书记的新一届党中央提出的科学发展观,一个重要方面就是党在新的历史时期如何以科学的思想、科学的制度和科学的方法,实现好、维护好、发展好人民的根本利益。首先,是坚持"以人为本"的理念,以人的全面发展为目标,科学处理人与物、经济发展与人的发展、部分人发展与全体人发展、社会发展与人的全面发展的关系。胡锦涛指出:"坚持以人为本,就是要以实现人的全面发展为目标,从人民群众的根本利益出发谋发展、促发展,不断满足人民群众日益增长的物质文化需要,切实保障人民群众的经济、政治和文化权益,让发展的成果惠及全体人民。"②其次,是实现人民利益的全面、协调和可持续发展。全面发展就是全面推进经济、政治、文化建设,实现经济发展和社会全面进步,使广大人民群众的各方面的利益能够得到切实的发展和保障;协调发展就是"推动建立统筹城乡发展、统筹区域发展、统筹经济社会发展、统筹人与自然和谐发展、统筹国内发展和对外开放的有效体制机制",通过"统筹"进一步理顺社会利益关系,调整社会利益结构,协调社会利益矛盾;可持续发展就是促进人与自然的和谐,实现经济发展和人口、资源、环境相协调,坚持走生产发展、生活富裕、生态良好的文明发展道路,实现人民利益的永续发展。最后,社会的和谐是实现人民利益的科学发展的根本前提。社会的和谐首要的是要正确处理人民内部的矛盾,尤其是要科学认识和

① 江泽民:《江泽民论中国特色社会主义》(专题摘编),中央文献出版社 2002 年版,第 111—112 页。
② 胡锦涛:《在中央人口资源环境工作座谈会上的讲话》,《人民日报》2004 年 4 月 5 日。

处理人民群众之间的利益差别和利益矛盾,协调人民内部不同群体之间、各方面的利益关系,达到"利益和谐"。

2. 国家利益的"民族化":以社会经济的发展促进各民族人民的利益

国家利益的社会化建构另一种重要形式是"民族化"建构。加强民族团结、维护祖国统一、促进共同发展是国内各民族人民的根本利益,而我国的民族问题归根到底是民族利益问题。江泽民在思考我国民族问题的出路时,牢牢地把握住了改革、发展、稳定这个决定少数民族和民族地区能否实现现代化的大局,要实现各民族地区的稳定,就必须加快民族地区的经济和社会发展,要实现发展就必须不断推进民族地区的改革开放。这是实现各民族地区人民利益的根本出路,也是当代中国国家利益"民族化"建构的必然途径。江泽民指出,新时期的民族矛盾,主要表现为各民族人民根本利益一致前提下的生产的落后性与各族人民日益增长的物质文化需要的矛盾。因此,当今中国民族问题的主要表现为发展问题,解决这些问题的根本途径也在发展,离开发展来认识民族问题是空洞的。为此,党的第三代中央领导集体对如何加快少数民族发展问题,创造性地提出并实施了五大发展战略:沿边开放战略、科教兴国战略、可持续发展战略、西部大开发战略、跨越式发展战略;对如何维护民族地区的社会稳定问题,要求党的领导干部正确处理两类不同性质的矛盾,坚决纠正在对待民族宗教问题上的麻木不仁和官僚主义等现象,高度警惕敌对势力利用民族宗教问题对我进行分化、西化的图谋;对民族地区如何搞好改革开放工作,要求民族地区的改革应坚持从实际出发,分类指导,慎重稳进,注意听取当地意见,先试点后推行,利用好各种有利条件,兴利除弊,坚持发展促团结的方针。

3. 新时期中国民族国家的共同利益:在中国特色社会主义基础上实现中华民族的伟大复兴

马克思在 1847 年 11 月 29 日纪念波兰起义 17 周年大会上说过,"要使各民族真正团结起来,他们就必须有共同的利益"。[①] 恩格斯也曾说过,"没有共同的利益就不会有统一的目的,更谈不上统一的行动了"。[②] 因此,建构国内各民族共同的利益是实现民族团结和社会进步的基本条

[①] 马克思、恩格斯:《马克思恩格斯全集》(第 1 卷),人民出版社 1972 年版,第 501 页。

[②] 马克思、恩格斯:《马克思恩格斯全集》(第 1 卷),人民出版社 1972 年版,第 508 页。

件,也是现代国家的利益建构的重要内容。随着我国社会主义制度的建立、民族地区的民主改革的实施以及民族区域自治制度的切实推行,国内各民族的政治、经济、文化等各方面的利益,也是中国社会主义国家的根本利益,少数民族的利益与社会主义国家的利益紧密地联系在一起,成为当代中国民族国家建构的共同利益。1979 年邓小平谈到我国的民族工作时指出:"我国各兄弟民族经过民主改革和社会主义改造,早已陆续走上社会主义道路,结成了社会主义的团结友爱、互助合作的新型民族关系。各民族的不同宗教的爱国人士有了很大的进步。在实现四个现代化进程中,各民族的社会主义一致性将更加发展,各民族的大团结将更加巩固。"①

党的第三代中央领导集体以来,中国国家利益的"民族化"建构突出特点是,民族问题、民族利益等逐渐被纳入中国特色社会主义和中华民族伟大复兴的历史进程中,而在中国特色社会主义基础上实现中华民族的伟大复兴,成为新时期中国民族国家的共同利益。江泽民 1995 年视察陕甘宁地区时指出:"民族问题是社会总问题的一个部分,民族问题只有在解决整个社会问题的过程中才能逐步解决,我国现阶段的民族问题只有在建设社会主义共同事业中才能逐步解决。"②因此,中国特色社会主义事业和中华民族伟大复兴的历史进程是国内各民族实现自身利益的前提和保障。只有中国特色社会主义,才能保证国内各民族人民实现真正平等,消除各民族之间经济、文化发展上的差别;才能在各民族根本利益一致的基础上,解决和消除某些具体权益主要是经济权益方面的矛盾和纠纷;才能在相互尊重的基础上,保持和发展各民族独特的文化传统和宗教信仰,避免因工作不慎或不当而伤害各民族之间的关系和感情;才能从根本上抵制国际敌对势力的渗透、破坏、分裂和颠覆活动,维护各民族团结、稳定和发展的根本利益。另一方面,如果各民族地区长期落后于先进地区,那么中国的现代化就不可能最终成功。江泽民 1995 年视察陕西甘宁地区时指出:"没有西部地区的繁荣昌盛,就不可能实现我们整个国家的繁荣富强,没有西部地区的社会稳定和民族团结,就不可能保持我们整个国家的社会稳定和民族团结;没有西部地区的全面振兴,就不可能达到整个中华民族的振兴;没有我们西部地区的现代化,就不可能有我们整个社

---

① 邓小平:《邓小平文选》(第 2 卷),人民出版社 1994 年版,第 186 页。
② 江泽民:《江泽民论中国特色社会主义》(专题摘编),中央文献出版社 2002 年版,第 357 页。

会主义现代化的最终成功。"

4. 捍卫国家的根本利益，维护世界人民的根本利益

冷战结束以来，世界各国都十分重视民族国家利益的建构，在民族国家的全球交往中，积极融入全球共同体，努力成为全球共同体的一部分，在全球竞争和合作中获得经济的发展和国家竞争力的提升；同时，在全球投资贸易、国际规制、全球公共事务、文化价值等领域的全球博弈中维护和拓展本国的国家利益。中国在改革开放的过程中，一方面，在不断重构国内社会经济结构、培育和发展市场经济的同时，积极融入全球共同体中，坚持国家利益的核心原则，维护和扩展国家战略利益的范围和空间。其一，维护国家安全利益：防止外敌入侵，预防、制止和击退对本国领土的军事进攻；为中国的改革开放和现代化建设营造和平稳定的国际安全环境；推进军事现代化变革，实行积极防御的军事战略，坚持质量建军，打赢现代技术特别是高技术条件下的局部战争；推动多边安全合作，拓展中国的安全利益。其二，拓展国家政治利益：维护中国的独立和自主；保证社会稳定，避免和制止可能出现的社会动乱。其三，扩展国家的经济利益：确保国家经济安全；开拓国际市场资源，获得技术、管理经验、资本和资源，推动本国经济的发展；积极参与国际经济技术合作，倡导和推动建立新的国际经济秩序；实施走出去的战略，扩大国际份额，壮大国有经济势力，提高民族企业的国际竞争力。其四，维护国家文化利益：坚持和弘扬民族传统文化，推动中国传统文化和文化产业走向世界；开展文化外交，在国际交往中倡导并注入中国传统文化要素；维护中国文化安全，加强文化管理，构建中国特色政治文化。另一方面，在当代中国国家利益的全球化建构中，中国并没有固守自己的"狭隘"的民族国家利益，而是站在维护和发展世界人民根本利益的基点上，从以往的意识形态化的国际主义逐渐转向维护世界人民利益的世界主义，树立中国民族国家的全球意识，在民族国家的全球交往中，以国际事务的是非曲直为基础，以维护世界人民的根本利益为原则，来分析和解决国际问题。

(二)当代中国民族国家主权建构及其理论成果

国家利益是民族国家建构基础和最高原则，而国家主权利益则是民族国家利益极其重要的组成部分，但不是全部。由于国家主权归根结底是因利益斗争而建构起来的，因此，国家主权的建构服从国家利益的建

构。当主权原则与国家最高利益相抵触时,需要权衡利弊,不排除在国家主权的具体问题上作出暂时的让步,服从于国家最高利益。[①] 但国家主权又是民族国家利益的天然保护伞,成为一定社会群体包括阶级群体维护自身既定利益的有力的政治权杖。因此,民族国家主权的建构总是围绕着主权对内的至高性、对外的独立性、结构的完整性等方面展开的。换句话说,国家主权的建构包括国内政治层面的建构和国际政治层面的建构。尽管全球化给民族国家主权带来了严峻的挑战,但在全球性交往中的世界各个民族国家为自身的生存和发展而计,又无不在强化着国家主权的建构,无不是从国内治理实际出发,依据传统主权理念和当下全球主权交往中通行做法来加强国家主权建构,积极倡导一种相互尊重、平等互利型的主权正义。

当代中国的国家主权建构是从中国特色社会主义国家的实际出发,围绕着坚持和完善社会主义国家的基本制度、维护国家主权的独立和完整、在国家主权交往中转变国家角色和职能、提高国家主权能力等方面进行的。中共第三代领导集体以来,我们进一步开展了中国国家主权建构的创造性的实践探索,取得了丰硕的理论成果。

1. 进一步完善人民民主专政与人民代表大会制度

人民民主专政是中国革命和中国社会主义建设的基本经验、基本纲领和基本制度,它体现了中国国家主权的性质、宗旨和当代中国民族国家建构的基本价值旨趣。人民代表大会制度是指以人民代表大会为核心和主要内容的国家政权组织形式,是中国社会主义国家贯彻和落实人民当家作主、人民利益和人民监督以及依法治国、党的领导的制度保障。党的第三代领导集体以来,我国人民民主专政和人民代表大会制度得到了进一步的发展,取得了丰硕的理论成果。

第一,人民民主专政方面。一是"三个代表"重要思想在新的历史条件下重塑了人民民主专政的合法性基础。[②] 当前,在人民民主专政传统的历史合法性、阶级合法性和意识形态合法性的资源逐渐流失的情况下,"三个代表"重要思想以先进生产力、最广大人民的根本利益和先进文化

---

① 刘顺吉:《经济全球化条件下中国国家主权的挑战与对策》,《通化师范学院学报》2005年第1期,第19—20,60页。

② 参见王光森、吴永生:《从"三个有利于"到"三个代表":人民民主专政合法性的重塑》,《探索》2005年第6期,第108—111页。

为基点,重新塑造人民民主专政的社会利益基础、人民群众基础和社会主义先进文化基础。二是创造性地提出了加强社会主义政治文明建设思想。三是提出依法治国的基本方略,推动人民民主专政的法治化建设进程。

第二,人民代表大会制度方面。一是从理论上进一步确立了人民代表大会制度在中国政治生活和中国政治文明建设中的地位和作用。人大制度是中国政治的优势,是中国政治体制改革的核心和基点,是理顺各种权力主体关系的关键,是保障人民真正当家作主的最好组织形式和最高实现形式。二是进一步理顺了人民代表大会制度的一系列关系。党必须在宪法和法律范围内活动,党通过政策与人事建议、人大常委会党组、人大代表中的党员干部的自身努力、党员干部的党纪约束等实现党对人大的领导;以制度的方式明确规定了人大与政府的关系是权力机关与执行机关、决定与服从的关系;公民与人大的关系逐渐归位为"授权"与"代理"的关系,代表对人民负责,与选民建立固定的联系制度。三是完善了人大代表的选举制度,缩小了省(自治区、直辖市)、全国两级人代会中城乡代表人口比例,实行差额选举,严格依法进行。四是完善了人大监督机制,强化人大的监督职能及其监督程序化,强化公民在选举制度中监督机制。五是人民代表大会的内部结构得到进一步的优化,人大代表的代表性逐步提高。

2. 坚持和完善民族区域自治制度

民族区域自治制度是中国共产党把马克思主义基本原理与中国实际相结合解决我国民族问题、进行现代民族国家建构的一项制度创举,是国家的一项基本政治制度。邓小平曾经指出:"解决民族问题,中国采取的不是民族共和国联邦的制度,而是民族区域自治的制度。我们认为这个制度比较好,适合中国的情况。我们有很多优越的东西,这是我们社会制度的优势,不能放弃。"①以江泽民同志为核心的党的第三代中央领导集体和以胡锦涛同志为总书记的新一届中央领导集体都反复强调,必须坚定不移地坚持和完善民族区域自治制度。

党的十三届四中全会以来,我们在完善民族区域自治制度的理论和实践取得了显著的成果。

---

① 邓小平:《邓小平文选》(第3卷),人民出版社1993年版,第257页。

第一，开创了我国民族区域自治的新局面。党的第三代中央领导集体以来，党始终把坚持和完善民族区域自治制度当作处理我国民族问题的首要任务来抓，并根据形势的发展变化适时制定了一系列切实可行的方针政策，使民族区域自治进入了一个新的历史时期，为促进国家主权统一和各民族共同繁荣进步产生了深远的影响。如，为贯彻落实民族区域自治制度给予民族自治地方以财政经济和社会发展政策方面的支持；把国家的集中统一与少数民族聚居地区的区域自治有机结合起来，把政治因素与经济因素有机结合起来，是完全适应我国国情的解决民族问题的基本制度；坚持各民族平等、团结、互助的原则，坚持实行民族区域自治制度，在建设社会主义事业中促进各民族共同繁荣；把民族区域自治制度作为社会主义民主政治建设的一个重要组成部分来思考其重要价值。

第二，依法推进民族区域自治制度的完善。《民族区域自治法》的颁布实行，标志着国家以基本法的形式把民族区域自治政策和民族区域自治制度固定下来并进而进入更加稳定扎实的依法自治阶段。九届全国人大第二十次会议表决通过了修改后的《民族区域自治法》，增加了事关自治地方社会经济发展方面的规定，明确规定了上级国家机关对自治地方的职责，补充了经济发达地区对口支援民族自治地方的条文。《民族区域自治法》颁行后，同实施民族区域自治法配套的法规体系和监督机制也逐渐建立并健全，本世纪初基本形成了一整套比较完备的社会主义民族法规体系和监督机制。

第三，从中华民族和世界范围内来思考完善民族区域自治制度。中国的民族问题，一方面受到国际大环境的影响而出现了许多新的因素；另一方面国内各民族本身的发展也进入了一个新的历史阶段。中华民族的振兴有赖于各民族的共同发展和共同繁荣，也有赖于我们积极汲取世界各民族国家处理民族问题的有益经验。

第四，建立和谐的民族关系是促进民族区域自治的社会基础。在2005年中央民族工作会议上，胡锦涛同志提出了"我国各民族平等、团结、互助、和谐的社会主义民族关系不断巩固"的思想，这是新一代中央领导集体对社会主义民族关系的新概括和新总结，具有重大的理论意义和现实意义。民族地区社会和谐的标志就是民族团结，坚持和完善党的民族区域自治制度,发挥各族人民真正当家做主的积极性。[①]

第五,重视提高民族区域自治能力。民族区域自治制度的完善有赖于民族地区自治能力的不断提高,大力培养选拔使用少数民族干部,是坚持和完善民族区域自治制度的关键所在。为此,各级自治机关逐步扩大了少数民族干部的数量,增加了自治机关及其所属工作部门干部中少数民族干部的比例,采取多种有效措施,提高少数民族干部的政治素质和业务素质,充分信任,放手使用。

3. 推进和落实"一国两制",维护国家主权的独立和完整

"一国两制"是中国现代民族国家主权建构的创举,党的第三代中央领导集体以来,我国坚持推进和落实"一国两制"方针,维护国家主权的独立与完整,在理论上进行了一系列的创新。

第一,针对两岸关系的新情况、新特点,坚持原则的坚定性和策略的灵活性,提出改善和发展两岸关系的"八项主张"。"八项主张"既体现了邓小平"和平统一,一国两制"的思想精髓,又具有理论新意,即两岸尽早政治协商是结束敌对、解决分歧、实现和平统一的前提;可以吸收两岸党派、社会团体和民间有代表性的人士参加协商,以民间协商推动政治谈判;政治谈判可以分步骤分阶段进行;相互尊重、平等协商,决不允许外国势力插手、干涉。

第二,推进"一国两制"在香港、澳门的落实,积累了成功经验:在主权过渡时期坚持"以我为主"的方针;"港(澳)人治港(澳)"必须坚持面向港(澳)人、依靠港(澳)人的政策;不断加强与祖国大陆的社会经济联系是实现"港(澳)人治港(澳)"的重要基础;对解决台湾问题产生深远的影响。

第三,新一届中央领导集体从祖国统一的核心利益和中华民族的根本利益、从两岸同胞的福祉出发,在推进祖国统一上,提出了一系列意见和建议,概括为"四个四点",[②]制定《反分裂国家法》,为维护国家主权,反对分裂活动提供法理基础和法律震慑,开创了两岸关系发展的新局面。

---

① 赵新国:《和谐是我国社会主义民族关系的本质属性》,《黑龙江民族丛刊》2007 年第 4 期,第 27—31 页。

② 参见徐明善等:《论中国特色社会主义理论发展的新境界》,《青岛大学师范学院学报》2006 年第 4 期,第 5—9 页。

4. 形成了中国特色的国家主权对外建构方式

从现代意义上来看,民族国家主权的建构主要表现为国际政治层面上的建构,即我们前面所说的国家主权的对外建构。国家主权的对外建构,一方面,是指通过战争、武力或武力威胁、政治斗争、法律诉讼等斗争方式,反击国外侵略、颠覆、破坏和损害国家主权的活动;另一方面,是指通过谈判协商、参与国际组织、发展国际合作、建立友好关系、拓展文化交流、推动民间交往、发展政党关系等和平方式,取得国际社会对国家的主权利益主张和主权权力行为的尊重、认可、谅解和支持。中共第三代领导集体以来,中国民族国家主权的对外建构取得了极为丰硕的理论成果。

第一,基于国际形势和中国实际,确立主权外交新方略:"冷静观察,稳住阵脚,沉着应付,韬光养晦,善于守拙,决不当头,有所作为"的方针。

第二,扩大在国际舞台上的活动空间和回旋余地,更好地维护国家主权,积极地推动、改善和调整与世界上主要大国的关系,努力构筑面向21世纪的大国伙伴关系框架。

第三,进一步稳定和加强与周边国家的关系,为经济建设创造良好的周边环境,积极发展与周边国家的安全合作,维护国家主权。

第四,拓展与发展中国家的合作,巩固中国外交的立足点。

(三)当代中国民族国家认同建构及其理论成果

民族国家主权的建构既是一种客观的权力及其规范的建构,又是一种主观的价值及其认同的建构。如前文指出的,国家认同与人们的生存方式、生存状态密切相关。对民族国家来说,其存在的合法性取决于人们对它的认同,尤其是组成民族国家的各民族成员对它的认同;而人们在多大程度上认同国家,是以该民族国家为个体生存所能提供的生存论条件为前提的。正因为如此,如今任何一个民族国家都竭力改善自己的生存论条件,建构自己的独特的生存方式和生存状态,并试图将自己的价值观提高到意识形态的地位上加以阐释,通过价值观体系的建设,特别是通过自己的核心价值体系的建设,培养和建构自己独特的民族国家认同,为该民族国家的政治制度提供合法的保证。对于民族国家中的个体来说,他的生存论条件需要不断地得到改善,这些生存条件包括政治、经济、文化、地理环境等方面,即民族国家共同体为个体的生存和发展所提供的地理空间、物质利益、政治法律制度下的公民权利以及与之相适应的文化价值形态。所以,民族国家认同主要包括利益认同、政治认同和文化认同三个方面。下面,我们就这三个方面总结党的第三代中央领导集体以来,党对当代中国民族国家认同建构的理论成果。

1. 当代中国民族国家认同体的建构

民族国家认同体就是民族国家共同体,民族国家的存在与发展、利益与制度、文化与价值等因素构成了民族国家共同体,深刻影响着民族国家内的各民族成员或国民对国家的认同。因此,民族国家认同体建构的一个重要环节,就是建构民族国家内个体成员生存和观念的共同体,这种共同体既是一种利益的共同体,又是一种政治共同体,还是一种文化共同体。中国特色社会主义的理论和实践为当代中国民族国家确立了一个认同体,它使中国民族国家认同体建构进入了一个全新的历史阶段,沿着这样一种理论和实践路径,当代中国民族国家共同体建构取得了积极的理论成果。

第一,社会主义小康社会。1982年党的十二大首次提出"小康"的共同体建构目标,使人民"普遍丰衣足食,安居乐业";党的十三届七中全会对小康概括为:"生活资料更加丰富,消费结构更加合理,居住条件明显改善,文化生活进一步,丰富健康水平继续提高,社会服务设施不断完善";党的十六大把全面建设社会主义小康社会确定为国家发展的新的历史任务,这个小康是"经济更加发展,民主更加健全,科教更加进步,文化更加繁荣,社会更加和谐,人民生活更加殷实",并突出强调"发展社会主义民主政治,建设社会主义政治文明,是全面建设小康社会的重要目标"。由此可知,社会主义小康社会是一个涵盖全国各族人民在物质生活、精神生活、政治生活、环境生活和社会保障等各方面生存论条件都得到提高和优化的生存共同体。

第二,社会主义和谐社会。构建社会主义和谐社会是中国共产党继"社会主义小康社会"之后,为进一步建设中国特色社会主义,在新的历史条件下对国家发展目标所作出的又一次战略规划。党的十六届六中全会,对构建社会主义和谐社会问题作了专门的研究,指出社会主义和谐社会,应该是民主法治、公平正义、诚信友爱、充满活力、安定有序、人与自然和谐相处的社会。民主法治,就是社会主义民主得到充分发扬,依法治国基本方略得到切实落实,各方面积极因素得到广泛调动;公平正义,就是社会各方面的利益关系得到妥善协调,人民内部矛盾和其他社会矛盾得到正确处理,社会公平和正义得到切实维护和实现;诚信友爱,就是全社会互帮互助、诚实守信,全体人民平等友爱、融洽相处;充满活力,就是能够使一切有利于社会进步的创造愿望得到尊重,创造活动得到支持,创造才能得到发挥,创造成果得到肯定;安定有序,就是社会组织机制健全,社会管理完善,社会秩序良好,人民群众安居乐业,社会保持安定团结;人与自然和谐相处,就是生产发展,生活富裕,生态良好。这些基本内涵表明,社会主义和谐社会既是人的全面发展与社会和谐发展的统一,又是个体自由和创造与社会民主和法治的统一;既是国内各民族的历史文化传统与当今世界优秀文明的统一,又是当代中国主导价值观与社会多元价值观的统一,它把当代中国民族国家生存共同体建构提到了一个新的发展水平。

2. 以发展促进民族国家的利益认同

从现代民族国家共同体建构的历史和现实来看,民族国家在追求现代化过程中,越是加剧族际社会、经济、文化上的不平等和利益结构上的不平衡,非主体民族对民族国家的认同和忠诚程度就越低,爆发族际冲突的可能性就越大。[①] 因此,确保族际公平、均衡、并能不断得到改善的利益结构,是建构民族国家认同的根本前提,而这种利益结构本身也就构成了现代民族国家认同的一个重要内容。

改革开放 30 年来,我国逐渐形成了民族国家的利益认同模式。

第一,突破了传统的"民族利益矛盾是阶级利益矛盾"的局限,把民族利益矛盾界定为因社会、经济、文化等发展差异而所产生的利益差别上的矛盾,具有历史性、长期性、复杂性等特性。

第二,把对维护祖国统一、反对分裂、加快民族地区经济社会的发展确定为当代中国民族国家的利益主题;逐步缩小地区之间的发展差距,实现全国经济社会协调发展,最终达到全体人民共同富裕,是当代中国民族国家的根本利益认同;在新的历史时期,搞好民族工作,增强民族团结,积极创造条件,加快发展少数民族和民族地区的经济文化等各项事业,促进各民族共同繁荣,是建构当代中国民族国家利益认同的必然策略。

---

① 参见宁骚:《民族与国家——民族关系与民族政策的国际比较》,北京大学出版社 1995 年版;《论民族冲突的根源》,《中国社会科学季刊》,1995 年夏季卷。

3. 以民主促进民族国家的政治认同

政治认同是现代民族国家认同建构的一个重要内容,是指政治主体(个体或群体)对一定的法律和政治制度的价值认可、赞同和确信,进而自觉地按它的要求规范自己的政治行为,积极地参与、维护和促进这种政治制度的运行和发展这样的一种政治心理过程。政治认同确立了"我"在这个国家中的政治的身份、心理和行为。人们在多大程度上对这个民族国家产生政治认同,是以该民族国家为其个体成员所提供的政治权利和政治价值的大小为前提的,其中包括人的基本权利与自由、国家的民主与法治、政治的价值与合法性等方面。党的第三代中央领导集体以来,我国进一步推进社会主义民主政治建设,在建构当代中国民族国家政治认同上取得了新的理论成果。

第一,从"全面推进建设中国特色社会主义"的高度看待社会主义民主政治建设和政治体制改革,中国民族国家的政治认同是社会主义性质的,是以党的基本纲领为基础的政治认同。①

第二,尊重和保护人权是社会主义的基本政治特征,明确将尊重和保障人权作为政治体制改革和民主法制建设的一个基本目标纳入中国跨世纪发展战略之中,而"中国共产党的执政就是领导和支持人民掌握管理国家权力,实行民主选举、民主决策、民主管理和民主监督,保证人民依法享有广泛的权利和自由,尊重保障人权",②建设中国特色社会主义就是要从根本上解决人权问题,实现人的自由全面发展。

第三,"发展社会主义民主政治,最根本的是要把坚持党的领导结合起来,人民当家作主与依法治国有机统一起来",③维护人民的根本利益与政府依法行政结合起来。

第四,社会主义"社会民主"和"自主社会"的发展成为中国社会主义政治民主发展的一个重要形式:20 世纪 80 年代到 90 年代末,村民自治制度的萌发及其逐渐法律化,90 年代后期以来在城市基层"社区建设"运动基础上发展起来的社区民主制度,1992 年以来在企业民主管理基础上发展起来的企业民主制度创新,社会主义市场经济确立以来蓬勃发展的

---

① 参见程大鹏、李连仲编:《当代中国马克思主义的新发展》,中共中央党校出版社 2001 年版,第 201—205 页。

② 江泽民:《中国共产党第十五届全国代表大会的报告》。

③ 江泽民:《中国共产党第十五届全国代表大会的报告》。

民间组织或中介组织构成中国"自主社会"的雏形。这些"社会民主"的合法性的确立,极大地促进了当代中国民族国家的政治认同的建构。

4. 以先进文化促进民族国家的文化认同

如我们所知,现代的民族国家,与传统的法律帝国(如以统一的罗马法整合各民族的罗马帝国)和文明帝国(如以儒家文化认同为核心的中华帝国)不同的是,其本身就是一个文化与政治的结合,是在民族的基础上形成的国家共同体,它既要有对法律和政治制度的政治认同,又要有基于民族本身的历史宗教语言的文化认同。当代中国民族国家的文化认同是以社会主义先进文化为引领的文化认同,以先进的世界观、人生观、价值观为核心,适应生产力发展的客观要求,反映时代精神,引领社会发展方向的文化认同。

第一,先进的文化共同体认同。文化共同体是指具有共同的理想和相同的文化性状的社会个体所构成的有序群体。① 任何民族国家的文化认同都是基于一种文化共同体的认同,当代中国的文化共同体认同是以中国特色社会主义建设为共同理想,以面向现代化、面向世界、面向未来的,民族的、科学的、大众的社会主义文化为性状的认同。

第二,时代的创新文化认同。创新文化是指能激励人们不断创新的价值观、态度、信念等人文精神的创新观念文化和有助于创新的制度、规范等人文环境的创新制度文化。结合当代世界的发展,我国已经逐渐确立了创新的文化认同:创新是民族进步的灵魂,是国家兴旺发达的动力,是党永葆生机的源泉;② 结合中国特色社会主义实践,我国已经形成了一整套创新的制度文化:人才培养和使用制度、创新组织制度、创新发展的各项保障制度等;结合社会主义文明进步内在要求,我国确立了一系列文明共识:代表最广大人民的根本利益、人民当家作主、德法并治与政党民主等。

第三,社会主义核心价值认同。马克思主义指导思想、中国特色社会主义的共同理想、以爱国主义为核心的民族精神和以改革创新为核心的时代精神、社会主义荣辱观。

第四,和谐发展的文化认同。以和谐理念为核心,以人与人、人与社

---

① 奚洁人等编:《科学发展观百科辞典》,上海辞书出版社 2007 年版,第 528 页。
② 江泽民:《江泽民文选》(第 3 卷),人民出版社 2006 年版,第 64 页。

会、人与自然的和谐为价值目标,包括价值体系、思想道德、社会风尚、思想舆论、文化产品以及各种促进社会和谐的实践活动等形式的文化形态、文化现象和文化性状。[①]

(四)当代中国民族国家角色建构及其理论成果

新中国成立后,中共第一代领导就向世界人民宣告,中国人民不计前嫌,愿意在平等互利、尊重国家主权的基础上与世界各国发展友好关系,中国将走和平发展的道路。在中国政府和中国人民的积极倡导和切实践行下,和平共处五项原则逐渐为国际社会认同,成为当今国际交往中的一项基本准则。1955年,中国用"第三世界"向世界明确界定自己,使中国负责任的国家角色和民族形象得到世界各国政府、各国人民的认同和赞赏。当下,在充满差异、矛盾和冲突的民族国家的全球交往中,民族国家将扮演怎样的国际角色,将塑造出怎样的国际形象,对当代中国社会主义性质的民族国家来说,更具有十分重要的战略意义。为此党的第三代中央领导集体以来,中央领导曾多次强调,中国人民应继续为世界文明和世界人民作出更大的贡献,在国家交往中,积极进行公正的规范倡导,勇于承担自己的国际责任,真诚地对待各民族国家和世界各国人民,加强与国际社会的协调合作,这些努力极大地提升了中国民族国家的国际地位和国际形象。

1. 做负责任大国的思想

自20世纪90年代以来,中国这个有着13亿人口、广袤疆域的社会主义国家,其经济持续快速发展,综合国力显著提高,国际影响力不断扩大,而且近年来,中国积极发展对外友好交往,积极参与世界合作与对话,特别是在一些重大问题上,发挥着不可替代的国际作用。在这种背景下,中国政府如何遵守其承诺、做一个负责任的大国政府,长期以来一直是国际上备受关注的问题。1997年,美国总统克林顿在接待中国国家主席江泽民的宴会致辞中说,近20年中国实行的改革开放政策使得人民的生活、国家的教育水平以及中国在国际上的地位大大提高。……中国正作为一个对全球负责任的大国对国际社会的发展作出重大贡献。江泽民在北京举行的《维也纳公约》缔约方大会第五次会议的开幕式上,就环境

---

① 奚洁人等编:《科学发展观百科辞典》,上海辞书出版社2007年版,第148页。

保护、中国的环保政策等问题发表了重要讲话,并强调:对于保护全球环境,中国是负责任的。① 中国政府和中国领导人站在历史的高度,以世界的眼光来作出各项内政、外交重大决策。对此,时任外交部部长李肇星同志在谈到学习江泽民外交思想时,指出我们致力于人类和平与发展的崇高事业,努力在国际和地区事务中发挥建设性作用,展示了负责任的国际形象,赢得世界越来越多的尊重。②

至此,中国正在从一个对现有国际体系、国际秩序进行批判、抵制、斗争的革命者、批判者逐渐具有了参与性、建设性的角色性质,而做一个负责任的大国正是这一新定位的反映。从全体中国人民的根本利益出发,从维护全人类的共同利益出发,是中国做一个负责任大国的基本前提和基本原则;创造和平的国际环境,维护世界的和平、稳定和可持续发展是中国政府的国际责任,也是中国民族国家的责任。因此,中国主张世界上各种文明、不同的社会制度和发展道路应彼此尊重,在竞争比较中取长补短,在求同存异中共同发展。在处理国家关系时要追求互利共赢,从大处着眼,既要考虑自己利益,又要考虑对方利益。例如,在应对 1997 年亚洲金融风暴中,中国从国内人民和世界人民根本利益出发,坚持人民币不贬值。在处理中美之间的人民币汇率问题时,中国不以对抗和激化矛盾的方式对待问题,坚持现阶段人民币不能大幅升值、必须维持基本稳定政策的同时,也采取了一系列减轻人民币升值压力的措施,使中美两国在人民币汇率问题上的矛盾得到了化解。

2. 和平崛起的思想

中国经济的迅速发展,中国教育科技实力的进步,中国军事现代化进程的开启,中国在国际政治中的作用的发挥,中国悠久历史深厚的历史文化的重新重视,同样引起了国际社会对中国"崛起"的关注和担心。一些国家或地区,尤其是一些一向不喜欢、不认同、不了解中国的国家或国外政治力量提出了各种版本的"中国威胁论"论调,如"中国经济威胁论"、"中国军事威胁论"、"中国粮食威胁论"、"中国资源威胁论"、"中国不确定论"等等;而中国国内也有许多人在关注和谈论中国的崛起问题。对此,中国政府在各种外交场合强调,中国将继续坚持走和平发展的道路,

---

① 《人民日报》1999 年 12 月 3 日。

② 李肇星:《外长李肇星谈学习江泽民同志外交思想的体会》,《人民日报》2006 年 9 月 30 日。

中国的崛起是和平的崛起,中国决不称霸,中国的发展决不会对任何国家、对世界构成威胁,相反将有助于世界的和平、稳定和发展。

和平发展(崛起)理论是中国改革开放论坛理事长郑必坚在 2003 年 11 月召开的博鳌亚洲论坛上首次提出的,此后胡锦涛总书记以及温家宝总理在国内外不同场合具体阐述了中国和平发展的思想。2005 年 12 月国务院发表了《中国的和平发展道路》白皮书,全面阐释了和平发展理论,并将其提升到中国国家发展战略的高度。和平发展的基本要义在于:第一,中国的发展离不开世界。中国是在改革开放、融入世界后逐渐发展壮大起来的,中国的发展需要一个和平的国际环境,同时又以自身的发展促进世界的和平。第二,中国的发展主要依靠自身的力量,通过全体中国人民的艰苦奋斗和改革创新实现发展,同时坚持改革开放,参与全球经济竞争。中国的发展不是走历史上西方国家殖民化的道路,也不是重复历史上一些后发国家的武力征伐的道路,而是依靠自身的力量进行和平式的发展,参与经济全球化的和平竞争。第三,中国的发展不会对世界构成威胁。中国走一条和平、共赢式的发展道路,"中国坚持实行互利共赢的对外开放战略,把既符合本国利益又能促进共同发展作为处理与各国经贸关系的基本原则,坚持在平等、互利、互惠的基础上同世界各国发展经贸关系,不断为全球贸易持续增长作出贡献"。[①] 和平发展理论向世界表明,中国将不会走挑战世界秩序的道路,而是走一条合作、共赢式的发展道路,做体系的建设者而非挑战者或破坏者。

3. 和谐世界的思想

在西方文化语汇中,"崛起"(rise)天然地与"衰亡"(decline/fall)联系在一起,用以描述帝国(大国)命运。如爱德华·吉本的《罗马帝国衰亡史》、保罗·肯尼迪的《大国的兴衰》等历史著作对帝国命运的探讨,在一定程度上强化了西方语境对"崛起"的帝国意味,并含有"霸权交替"、"权力转移"的潜在逻辑,因而新兴大国的崛起往往引起传统霸权国的不安;而笃信"民主和平论"的西方人对中国能够走向民主的未来表示怀疑,因而他们更能认同"中国威胁论",而怀疑"中国和平崛起论"。中国的另一种表达是"中华民族的伟大复兴",但"复兴"一词同样会引起周边国家对

---

① 中华人民共和国国务院新闻办公室:《中国的和平发展道路》白皮书,2005 年 12 月 22 日。

中国试图恢复朝贡体系的疑虑。[①] 所以,对于中国的发展与和平意愿还真是要有一种很恰当的表达。进入 21 世纪,2005 年 9 月 15 日中国国家主席胡锦涛在联合国成立 60 周年首脑会议上发表题为《努力建设持久和平、共同繁荣的和谐世界》的重要讲话,首次向世界提出"共建和谐世界"的国际战略主张,强调继续坚持"维护世界和平,促进共同发展"的外交建设目标,又强调坚决走"和平的发展道路、开放的发展道路、合作的发展道路"。中国的"和谐世界"思想和理论逐渐为国际社会所认同,对中国的民族国家的世界角色和国际形象产生了积极的影响。

近年来,和谐世界论被逐渐发展为新时期中国对世界秩序的一种战略构想。它实际上是对"和平外交"、"新安全观"、"负责任大国"、"和平崛起"等国际战略思想的发展,表达了中国政府对于世界秩序的基本构想和展望。它主要包括四个方面的内容,即"民主、和睦、公正、包容"。[②] 和谐世界反对国际关系中的独断专行和单边主义,反对以强凌弱,主张多边主义和平等协商,促进国际关系的民主化。和谐世界坚持和睦互信,坚持以和平方式,通过平等协商和谈判解决国际争端或冲突,反对侵略或动辄使用武力或以武力相威胁,主张实行新安全观,通过公平、有效的集体安全机制,共同防止冲突和战争。和谐世界主张实现全球经济平衡有序发展,缩小而非扩大南北差距,实现共同发展和繁荣。和谐世界坚持文明的多样性,主张各国应尊重彼此自主选择社会制度和发展道路的权利,加强不同文明的对话和交流,反对文明冲突论和以我画线。

---

① 参见王义桅:《和平崛起的三重内涵》,《环球时报》2004 年 2 月 13 日。

② 中华人民共和国国务院新闻办公室:《中国的和平发展道路》白皮书,2005 年 12 月 22 日。

结束语　走向社会治理进程中的国家理论

全球化中，人们深切关注着国家的未来走向和历史命运。在马克思主义看来，国家是历史的产物，国家不会因其在应对社会各种矛盾和冲突中完善自己而永恒存在下去，也不会因其角色、形态和功能的自主变换而永远寄生在人类社会的肌体之中，它不可避免地要走向衰弱以至最终消亡；而这种消亡是以无产阶级专政为过渡国家形态的，通过无产阶级国家发展生产，增加社会生产力总量，逐渐消灭阶级差别和社会差别而实现的。在这个过程中，无产阶级仍然需要国家，仍然需要以国家权力干预社会关系，控制和消除以社会差别为基础的阶级统治和"根源于至今的生产无政府状态的生存斗争"，消除由此二者产生的冲突和极端行为，逐渐以社会的形式掌握社会自身的事务，把公共的权力还给社会。因此，这个过程对无产阶级国家来说，将是一个复杂和漫长的国家治理过程。"当国家终于真正成为整个社会的代表时，……国家真正作为整个社会的代表所采取的第一个行动，即以社会的名义占有生产资料，同时也是它作为国家所采取的最后一个独立的行动。那时，国家政权对社会关系的干预将先后在各个领域成为多余的事情而自行停止下来。那时，对人的统治将由对物的管理和对生产过程的领导所代替。"①这就意味着，国家的治理也就走向了社会的治理（管理）。

国家的治理走向社会的治理（管理），国家理论也就逐渐成为社会治

---

① 马克思、恩格斯：《马克思恩格斯选集》（第 3 卷），人民出版社 1972 年版，第 320 页。

理（管理）的理论。从这个意义上说，当代中国社会主义国家理论在实质意义上是一种走向社会治理进程中的国家理论，它仍然是一种在国家治理实践和治理机制中不断建构的国家理论。由于国家的治理总是围绕着制度、价值和有效性展开的，因而，制度的生成与创新、价值的确立与调整、有效性的保持与提高，对于国家理论的建构和发展起着至关重要的作用。

在马克思主义唯物史观中，制度是一种规则，与人类社会相伴而生；生产实践是制度起源的发生论根据，交往实践则是制度生成的现实基础。它是社会基本结构，是社会关系的存在方式，也是利益关系的对象化形式。① 因此，制度背后必然有一定的公共权力基础，在阶级社会，"一切共同的规章都是以国家权力为中介的，都带有政治形式"。② 制度以国家权力为中介得以确立和推行，反过来，国家则借助于制度的力量，实现其政治和社会功能，达到治理的目的。这表明，一方面，制度是实现国家治理的约束性和保障性的工具；另一方面，国家权力既然以自身的需要确立了相应的制度，那么制度就不仅构成了对国家权力的某种内在约束，也构成了对国家权力的外在约束，即制度在约束制度运行主体的同时也约束制度的客体，而且对制度客体的约束本身又会不断产生对制度主体约束的新要求，这是国家权力来自社会的约束。在古代国家中，由于一切领域都是政治领域，"人民的生活和国家的生活是统一的"，③国家权力缺乏制度的约束，也缺乏来自社会的约束。只是到了现代，"由于私有制摆脱了共同体，国家获得了和市民社会并列的并且在市民社会之外的独立存在"，于是，政治国家就被抽象化了，国家与社会的一体化结构被打破，被国家与社会二元结构所代替，与此相应，国家决定社会的政治逻辑也就被社会决定国家的政治逻辑所代替。

国家与社会的二元分离的出现，具有重要的制度意义。社会决定国家，改变了国家权力的性质，即国家权力来自于社会，并取决于社会，这使国家权力接受社会的约束成为一种现实必然。国家权力的运用从无限走向有限，社会也获得自主发展的条件和可能。在这种条件下，国家权力虽

---

① 参见崔希福：《制度的本质及其起源的唯物史观解析》，《天府新论》2006 年第 4 期，第 12—16 页。

② 马克思、恩格斯：《马克思恩格斯选集》（第 1 卷），人民出版社 1972 年版，第 69 页。

③ 马克思、恩格斯：《马克思恩格斯全集》（第 1 卷），人民出版社 1956 年版，第 284 页。

然还是国家治理的力量,但这种治理必须考虑社会的利益要求,必须以制度的方式形成对国家权力的约束和对社会利益的保障。这是现代国家治理制度的生成和创新的基本逻辑。然而,在资本主义制度下,从这种国家与社会二元化中获得经济上自由的并不是指社会这一整体,而仅仅是指社会中占有很少一部分数量的资产阶级获得了自由。资产阶级为了维护自己的政治统治和经济利益,他们在国家治理上必然利用自己在经济上的优势行使对国家权力的支配,从而造成社会与国家之间的对立,即政治形式上的平等与经济实际上的不平等之间的矛盾。另一方面,资产阶级内部各利益集团的利益竞争和政治博弈又促成了国家与社会之间的契约关系,国家权力的运行受到制度的约束,国家通过制度来合法有效地运行权力,社会通过制度来保障自己的合法权利。这样,制度就成为现代国家治理的有力工具和合法性基础。但是,由于资本主义社会始终不能摆脱经济上的不平等以及因资本逻辑所决定的政治不平等,因而资本主义社会还不能从整体上获得对政治生活的决定权,也不能实现从政治上对国家的有效制约。实际上,资本主义所确立的对国家权力的制约终究是资产阶级自身的框架内的制约,即这种制约终究是要服务于、服从于资产阶级的经济生活和利益交往的。

当代中国社会主义市场经济的发展从根本上改变了中国传统的国家与社会高度同一的一元化结构,社会在国家的集权控制下,逐渐获得了相对的独立性和自治,但与此同时,社会又与国家构成相互依赖、彼此渗透、互为推动的新型的国家与社会的结构。[①] 由于社会生产和市场交往的发展还不充分,也由于中国社会主义政治的政党推动国家治理的特征,中国的国家与社会的关系既不是也不可能发展成一种二元对立的关系,更不可能全赖社会对国家权力进行制约,国家权力的制约主要是通过无产阶级政党的制度自觉,即在政党的推动下,把国家、社会和政党自身纳入制度化治理的轨道,从而形成一种"政党、国家与社会"在制度化治理机制中的良性互动关系。

这种制度化治理的良性互动关系,从治理的性质上来看,是马克思主义意义上的政治逻辑,它既反映了"政治国家与非政治国家的相互适应",又反映了无产阶级及其政党在这种"相互适应"中的主导地位,即社会主义的国家与社会的良性互动终究是要服从于、服务于无产阶级和广大劳

① 参见邓正来:《国家与社会——中国市民社会研究》,四川人民出版社 1997 年版,第 12 页。

动群众的根本利益,无产阶级政党是这种良性互动的推动者和中介者。从治理的机制上看,这种良性互动是一种制度化的治理机制,即确立法治国家、法治社会和法治政党的治理结构,既保障国家在治理行动中的权威性,又确保国家在权力运作上的约束性;既依法确立社会独立、自治和依法运行,又依法设定社会的角色权利和义务;既要依法治党,又必须坚持和贯彻民主集中制。从治理的价值上看,这种良性互动以社会主义民主政治建设为目标,以政治权力的社会化为方向,以人的自由全面发展为内容。对社会主义国家来说,国家权力不应是一种阶级独享的垄断权力,而是社会共享的公共权力;国家利益不应是一种阶级利益,而是一种社会公共利益;政治权力的社会化不应是一种政治策略,而是一种建立在社会生产和社会普遍交往不断发展的基础上的严密的制度化过程;人的自由全面发展不应是一种虚幻的政治主观意愿或国家意识形态,而是一种现实实践。从治理的有效性上看,实现这种互动良性化的主要动因,在于政党的推动、中介和自觉,所以对于以社会治理为目标的社会主义国家来说,政党的制度自觉、价值自觉和能力自觉,就成为当代中国“政党、国家与社会”在国家治理机制中建立和发展良性互动的关键。

近代以来,受西方文明的冲击,中国开始了全面转型,通过中国人民的艰苦探索和不懈奋斗,走上了社会主义道路,建立了社会主义国家。1978 年开始的改革开放,开辟了建设中国特色社会主义国家的发展道路,中国的现代化发展由此走上了符合国情、顺应时代、持续进步的正确道路。在这个发展过程中,中国社会主义市场经济体系以及个体在经济与社会领域的进一步解放,孕育了以社会主义为发展取向的现代社会。与此同时,中国共产党在有效地促进中国社会现代化以及经济与社会转型的同时,也有效地把握和驾驭了这种社会变革,充分发挥了政党推动国家和社会发展进步的作用。进入 90 年代,中国共产党这种推动作用进一步得到加强,把社会主义民主法制建设继续推向深入,确立了以实行依法治国方略,建设社会主义政治文明,提高党的执政能力,建设和谐社会为主要内容的国家发展的战略目标,确立了制度在中国政治、经济和社会发展中的主导地位,使制度逐渐成为中国国家治理的独立力量。90 年代以来,中国共产党在自身建设方面有了巨大进展,通过加强党的“三讲”教育、“三个代表”重要思想教育、“保持共产党员先进性”教育、党的执政能力建设,极大提高了政党在治国理政上的制度、价值和有效性方面的自觉性,使“依法办事”、“入党为公”、“执政为民”、“群众利益”、“服务国家”、

"忠于职守"、"以人为本"、"科学发展"、"公平公正"等社会主义政治道德深入到广大党政人员的思想深处,成为中国社会主义国家治理的价值观念和行动指南。可见,中国共产党第三代领导集体以来,中国社会主义的"政党、国家与社会"在国家治理中的互动机制逐渐走向良性互动的发展轨道。这种良性互动的治理机制既是当代中国马克思主义国家理论建构和发展的实践基础,也是确保当代中国马克思主义国家理论建构和发展的性质、价值目标和历史归属的关键所在。

主要参考文献

［1］马克思,恩格斯.马克思恩格斯选集(第1～4卷).北京:人民出版社,1972.

［2］马克思,恩格斯.马克思恩格斯选集(第1～4卷).北京:人民出版社,1995.

［3］马克思,恩格斯.马克思恩格斯全集(第1～30卷).北京:人民出版社,1995.

［4］恩格斯.自然辩证法(单行本).北京:人民出版社,1971.

［5］斯大林.斯大林全集(第2卷).北京:人民出版社,1953.

［6］列宁.列宁选集(第1～4卷).北京:人民出版社,1972.

［7］列宁.列宁选集(第1～4卷).北京:人民出版社,1995.

［8］列宁.列宁全集(第1～40卷).北京:人民出版社,1986.

［9］列宁.列宁全集(第1～40卷).北京:人民出版社,1995.

［10］国际共运史研究资料(第1～6期).北京:人民出版社,1982.

［11］苏联共产党决议汇编(第1～12册).北京:人民出版社,1957.

［12］苏联共产党决议汇编(第1～8分册).北京:人民出版社,1964.

［13］列宁和全俄肃反委员会文件汇编(1917—1922).莫斯科:莫斯科政治书籍出版社,1975.

［14］中央档案馆.中共中央文件选集(第1～12册).北京:中共中央党校出版社,1989.

［15］毛泽东.毛泽东选集(第1～3卷).北京:人民出版社,1991.

［16］毛泽东.毛泽东文集(第1～6卷).北京:人民出版社,1999.

［17］周恩来.中国革命高潮与中国共产党.红旗日报,1930-09-07.

[18] 刘少奇.论共产党员的修养.北京:人民出版社,1949.

[19] 邓小平.邓小平文选(第1～3卷).北京:人民出版社,1994.

[20] 十三大以来重要文献选编(第1～3册).北京:人民出版社,1994.

[21] 十四大以来重要文献选编(上、下册).北京:人民出版社,1996.

[22] 十五大以来重要文献选编(上、下册).北京:人民出版社,2000.

[23] 中国社会科学院现代史研究室,中国革命博物馆党史研究室."一大"前后(1～5册).北京:人民出版社,1981.

[24] 江泽民.江泽民论有中国特色社会主义(专题摘编).北京:中央文献出版社,2002.

[25] 胡锦涛.在庆祝中国共产党成立85周年暨总结保持共产党员先进性教育活动大会上的讲话.人民日报,2006-07-01.

[26] 胡锦涛.在"三个代表"重要思想理论研讨会上的讲话.新华网,2003-07-01.

[27] 胡锦涛.在中央人口资源环境工作座谈会上的讲话.人民日报,2004-04-05.

[28] 中央档案馆.中共中央文件选集(第1～4册).北京:中央党校出版社,1982.

[29] 中共中央党史研究室第一研究部.共产国际、联共(布)与中国革命档案资料丛书(第1～5卷).北京:北京图书馆出版社,1997.

[30] 马荣华.马克思主义的理论创新.北京:中央文献出版社,2002.

[31] 许志功.伟大的理论创新——江泽民"三个代表"思想研究.北京:解放军出版社,2002.

[32] 李锦.马克思主义的新发现.济南:山东友谊出版社,2001.

[33] 王仕民.中国化马克思主义——"三个代表"重要思想概论.北京:人民出版社,2005.

[34] 谢岳,程竹汝.法治与德治——现代国家的治理逻辑.南昌:江西人民出版社,2003.

[35] 列菲弗尔.论国家——从黑格尔到斯大林和毛泽东.重庆:重庆出版社,1993.

[36] 金太军,等.政府职能的梳理和重构.广州:广东人民出版社,2002.

[37] 杨雪东.全球化西方理论前沿.社会科学文献出版社,2002.

[38] 贾铤.社会新群体探秘——中国私营企业主阶层.北京:中国发展出版社,1993.

主要参考文献

[39] 侯孝国.所有制革命——推向 21 世纪的所有制改革.武汉:湖北人民出版社,1999.

[40] 张卓元.20 年经济改革回顾与展望.北京:中国计划出版社,1998.

[41] 张静.国家与社会.杭州:浙江人民出版社,1998.

[42] 詹姆斯·N·罗西瑙.没有政府统治的治理.南昌:江西人民出版社,2001.

[43] 密里本德.马克思主义与政治学.北京:商务印书馆,1984.

[44] 王逸舟.全球化背景下的第三世界——萨米尔·阿明访谈录.世界经济与政治,2001(2).

[45] 保罗·史密斯.一个世界:全球性与总体性.载:王逢振主编:全球化症候.天津:天津社会科学院出版社,2001.

[46] 雅克·阿达.经济全球化.北京:中央编译出版社,2000.

[47] 阿里夫·德里.全球性的形成与激进政见.载:王宁、薛晓源主编.全球化与后殖民主义批评.北京:中央编译出版社,1998.

[48] 乔姆斯基.新自由主义和全球秩序.南京:江苏人民出版社,2000.

[49] 苏珊·乔治.新自由主义简史.国外理论动态,2002(11).

[50] 安东尼·吉登斯.民族—国家与暴力.北京:生活·读书·新知三联书店,1998.

[51] 庞中英.全球化、反全球化与中国.上海:上海人民出版社,2002.

[52] 蔡拓.全球治理与中国公共事务管理的变革.天津:天津人民出版社,2005.

[53] 英瓦尔·卡尔松,等.天涯成比邻——全球治理委员会的报告.北京:中国对外翻译出版公司,1995.

[54] 俞可平.治理和善治引论.马克思主义与现实,1999(5).

[55] 俞可平.全球化:全球治理.北京:社会科学文献出版社,2003.

[56] 戴维·赫尔德,等.全球大变革:全球化时代的政治、经济与文化.北京:社会科学文献出版社,2001.

[57] D·赫尔德,J·罗西瑙,等.国将不国——西方著名学者论全球化与国家主权.南昌:江西人民出版社,2004.

[58] 王立行.论公共治理与政府治理模式创新.清华大学第二届公共政策与管理国际研讨会论文,2002-05-14.

[59] 殷叙彝.施罗德、吉登斯谈公民社会与国家的互动关系.国外理论动态,2000(11).

[60] 荣长海,等.从新的高度系统研究"三个代表"重要思想——评《作为思想体系的"三个代表"重要思想研究》.北京:人民出版社,2007.

[61] 王仕民,等.中国化马克思主义——"三个代表"重要思想概论.北京:人民出版社,2005.

[62] 王浦劬.政治学基础.北京:北京大学出版社,2005.

[63] 段志超.政党政治视角下的政党与国家权力——兼及中国共产党领导的多党合作制度.学习与探索,2004(3).

[64] 王虹.当代西方政党执政的基本模式及其分析.辽宁大学学报(哲学社会科学版),2004(4).

[65] 林尚立.制度整合发展:中国共产党建设的使命与战略.毛泽东邓小平理论研究,2007(4).

[66] 刘瑞,吴振兴.政府人是公共人而非经济人.中国人民大学学报,2001(2).

[67] 高庆.政府的自利性及其法律调控.探索,2000(1).

[68] 金太军,张劲松.政府的自利性及其控制.江海学刊,2002(2).

[69] 道格拉斯·C·诺斯.经济史中的结构与变迁.上海:上海三联书店,1994.

[70] 黑格尔.法哲学原理.北京:商务印书馆,1961.

[71] 徐勇."政党下乡":现代国家对乡土的整合.学术月刊,2007(8).

[72] 陈锡祺.孙中山年谱长编(下、下册).北京:中华书局,1991.

[73] 冯·哈耶克.通向奴役的道路.北京:商务印书馆,1962.

[74] 陈岱孙,丁冰.现代西方经济学说.北京:中国经济出版社,1995.

[75] 丁冰,等.我国利用外资和对外贸易问题研究.北京:中国经济出版社,2006.

[76] 李道揆.美国政府和美国政治(上、下册).北京:商务印书馆,1999.

[77] 萨缪尔·亨廷顿.第三波:20世纪后期民主化浪潮.北京:生活·读书·新知三联书店,1998.

[78] 丹尼尔·贝尔.后工业社会的来临——对社会预测的一项探索.北京:商务印书馆,1984.

[79] 彭和平,等.国外公共行政理论精选.北京:中共中央党校出版社,1997.

[80] 弗兰克·J·古德诺.政治与行政.王元译.北京:华夏出版社,1987.

[81] 罗大明.改造官僚行政:西方公共行政的理论探索.电子科技大学学

报,2006(8).

[82] 侯少文.依法治国与党的领导.杭州:浙江人民出版社,1998.

[83] 程寿.公共治理理论哲学基础的演进及其对我国政治发展的启示.攀登,2004(6).

[84] 何勤华.法治的追求——理念、路径和模式的比较.北京:北京大学出版社,2005.

[85] 秦宣.论共产党治党治国的理论创新.天津行政学院学报,2003(5).

[86] 人民日报社论.大力推动依法治国进程.人民日报,1997-10-17.

[87] 彼得·德鲁克.后资本主义社会.上海:上海译文出版社,1998.

[88] 托尼·布莱尔.新英国.北京:世界知识出版社,1998.

[89] 比尔·克林顿.希望与历史之间——迎接 21 世纪对美国的挑战.海口:海南出版社,1997.

[90] 聂运麟.论市场经济与民主政治.华中师范大学学报,1998(6).

[91] 弗朗西斯·福山.国家的构建——21 世纪的国家治理与世界秩序.北京:中国社会科学出版社,2007.

[92] 子杉.国家的选择与安全——全球化进程中国家安全观的演变与重构.北京:生活·读书·新知三联书店,2006.

[93] 李世博.知识分子的立场——民族主义与转型期中国的命运.长春:时代文艺出版社,2000.

[94] 叶江.当代西方的两种民族理论.中国社会科学,2002(1).

[95] 路易斯·亨利·摩尔根.古代社会.杨东莼译.北京:商务印书馆,1977.

[96] 姜鹏.民族主义与民族、民族国家.欧洲,2000(3).

[97] 王希恩.民族过程与国家.兰州:甘肃人民出版社,1998.

[98] 王振海.关于国家的起源、本质与特征的思考.文史哲,1999(3).

[99] 唐昆雄.民族国家:本质、现实性和普遍性.载:赵家祥等编.理论视野.贵阳:贵州人民出版社,2002.

[100] 埃里·凯杜里.民族主义.张明明译.北京:中央编译出版社,2002.

[101] C·E·布莱克.现代化的动力——一个比较史的研究.景跃进等译.杭州:浙江人民出版社,1989.

[102] 宁骚.民族和国家——民族关系与民族政策的国际比较.北京:北京大学出版社,1995.

[103] 慕良泽,高秉雄.现代国家构建:多维视角的述评.南京社会科学,

2007(1).

[104] 王逸舟.当代国际政治分析.上海:上海人民出版社,1995.

[105] 李元书.政治发展导论.北京:商务印书馆,2001.

[106] 周丕启.民族主义与国家建构.国际政治研究,1999(1).

[107] 徐勇."回归国家"与现代国家的建构.东南学术,2006(4).

[108] 吉登斯.民族—国家与暴力.胡宗泽、赵力涛译.北京:生活·读书·新知三联书店,1998.

[109] 佩里·安德森.绝对主义国家的谱系.刘北成等译.上海:上海人民出版社,2001.

[110] 杨玲玲.国家利益的基本内涵和本质特征.国际关系学院学报,1997(4).

[111] 来新宁,陈岳.国际政治学概论.北京:中国人民大学出版社,2000.

[112] 亚历山大·温特.国际政治的社会理论.上海:上海世纪出版集团,2000.

[113] 塞缪尔·亨廷顿.文明的冲突与世界秩序的重建.周琪、刘绯等译.北京:新华出版社,1998.

[114] 阿库斯特.现代国际法概论.北京:中国社会科学出版社,1981.

[115] 金应忠,倪世雄.国际关系理论比较研究.北京:中国社会科学出版社,1992.

[116] 拉斯基.政治典范(第1~6册).北京:商务印书馆,1930.

[117] 劳特派特修订.奥本海国际法(上、下卷).北京:商务印书馆,1989.

[118] 田中靖宏.新帝国主义在美英抬头.日本《赤旗报》,2002-04-08.

[119] 王昱.当代欧洲一体化进程中的文化认同问题.国际观察,2000(6).

[120] 刘顺吉.经济全球化条件下中国国家主权的挑战与对策.通化师范学院学报,2005(1).

[121] 王光森,吴永生.从"三个有利于"到"三个代表":人民民主专政合法性的重塑.探索,2005(6).

[122] 赵新国.和谐是我国社会主义民族关系的本质属性.黑龙江民族丛刊,2007(4).

[123] 徐明善,等.论中国特色社会主义理论发展的新境界.青岛大学师范学院学报,2006(4).

[124] 程大鹏,李连仲.当代中国马克思主义的新发展.北京:中共中央党校出版社,2001.

［125］奚洁人,等.科学发展观百科辞典.上海：上海辞书出版社,2007.

［126］中华人民共和国国务院新闻办公室.中国的和平发展道路(白皮书),2005-12-22.

［127］王义桅.和平崛起的三重内涵.环球时报,2004-02-13.

［128］Bob Jessop. Recent Theories of the Capitalist State. Cambridge Journal of Economics,1977(1).

［129］World Bank. The State in the Changing World . World Development Report. Oxford,England：Oxford University Press,1997.

［130］Richard S. Katz. A Theory of Party and Electoral Systems. Baltimore：Johns Hopkins University Press,1980.

［131］Richard Rose. Understanding Big Government ：The Programme Approach. London, Beverly Hills：Sage Publications,1984.

［132］D. Held. Democracy,the Nation-state and the Global System. in Political Theory Today. Edited by David Held. Polity Press,1991.

后 记

很高兴,《全球化与当代中国马克思主义国家理论的新发展》终于要出版了。在本书付梓之际,写一篇后记无疑是一件愉快的事情。

中国特色社会主义事业是在深刻认识和积极应对全球化过程中,并通过自身不断改革创新而求得发展的。中国特色社会主义建设的伟大实践为当代中国马克思主义理论的中国化提供了坚实的现实基础。2007年,我申报的"全球化与当代中国马克思主义国家理论的新发展"被批准为浙江省哲学社会科学发展规划"马克思主义理论和思想政治教育研究"的专项课题,我也就开始了本书的写作。

本书着重从当代中国的国家治理视角来分析和考察当代中国马克思主义国家理论的时代发展及其理论成果。我从国家治理已经是当代中国的一个极其重要的、客观的事实和趋势出发,强调政党治理国家、社会主义民主、社会公共利益等,应当成为我们分析和建构当代中国马克思主义国家理论的重要前提。书中对当代中国的国家的政权基础、国家的政体建构、国家的治理方略、国家的发展战略、国家的职能变革以及国家的民族化建构所作的理论考察,都尽可能置于中国的国家治理实践的基础上,以确保我对当代中国马克思主义国家理论的阐释和建构既具有与马克思主义国家理论的一脉相承的性质,又具有时代创新特色。

当然,由于马克思主义国家理论被指称为"未被系统地理论化",也由于其时代论题十分丰富,因此本研究是有限度的。从时间来看,本书主要是总结并阐释党的第三代中央领导集体以来,党对马克思主义国家理论的新贡献，基本上未涉及党的第三代中央领导集体之前的马克思主义国家理论成果的概括和总结；从内容上看，本课题未涉及当代中国学术界对马克思主义国家理论原本形态的马克思主义（Plain Marxism）国家理论及其理论成果，只是作了一些当代中国马克思主义国家理论的建构性的阐释，也未涉及对消化吸收各种"新"或"后"马克思主义国家理论及其成果，如国家的自主性、国家的意识形态、社会主义国家与资本、社会主义国家与市民社会等，而这些无疑也是当代中国马克思主义国家理论新发展课题需要总结和阐释的重要内容。如果本书能为创建中国特色社会主义国家理论提供某种阐释视角和某些知识准备，那就达到了我的写作目的了。

本书的写作得到了我的工作单位浙江工业大学政治与公共管理学院的领导和浙江省社会科学规划办公室的关心和关注，我的同事刘彦朝和张胜红也对本书的写作做了许多工作。在此，我谨向他们表示衷心的感谢。

罗许成

2009 年 6 月